国家社科基金
GUOJIA SHEKE JIJIN HOUQI ZIZHU XIANGMU
后期资助项目

U0743703

近代早期英国普通法法院转型研究

邵政达 著

天津出版传媒集团
天津人民出版社

图书在版编目（CIP）数据

近代早期英国普通法法院转型研究 / 邵政达著. --
天津：天津人民出版社，2023.8
ISBN 978-7-201-19305-2

Ⅰ.①近… Ⅱ.①邵… Ⅲ.①法院—法制史—研究—
英国 Ⅳ.①D971.262

中国国家版本馆CIP数据核字(2023)第063582号

近代早期英国普通法法院转型研究
JINDAI ZAOQI YINGGUO PUTONGFA FAYUAN ZHUANXING YANJIU

出　　版	天津人民出版社	
出 版 人	刘　庆	
地　　址	天津市和平区西康路35号康岳大厦	
邮政编码	300051	
邮购电话	（022）23332469	
电子信箱	reader@tjrmcbs.com	

责任编辑	王　玮
特约编辑	曹忠鑫
美术编辑	汤　磊

印　　刷	北京虎彩文化传播有限公司
经　　销	新华书店
开　　本	710毫米×1000毫米 1/16
印　　张	14.25
字　　数	240千字
版次印次	2023年8月第1版　　2023年8月第1次印刷
定　　价	88.00元

序

英国法律史家梅特兰指出:"法律与历史是不可分的,尤其是英国的普通法,本身就是历史的产物,只有通过历史才能真正理解它。"政达的这本新著,正是从历史学视角出发,系统考察近代早期英国普通法法院的转型与现代化历程。

政达是我培养的第一位博士,是博士生中的开门弟子。他硕士阶段进入英国史研究领域,关注近代早期英国的宗教与殖民。2011年进入南京大学攻读博士学位后,他开始转向英国法制史研究。本书对近代早期英国普通法法院转型的研究,正是以其博士论文《近代早期英国司法转型(1485—1714)》为基础,将其中的普通法法院转型部分进行拓展和深化而成的。2020年,他以此论题申请国家社科基金后期资助项目并成功立项。这也是他获批的第二个国家社科基金项目,这在青年学者中确实不多见。作为项目结项成果,这本书即将问世,作为他的导师,我倍感欣慰。

自2014年博士毕业以来,政达一直在高校从事世界史的教研工作,取得突出成绩,成长为英国史领域的学术新秀。十余年来,他甘于坐冷板凳,在英国法制史领域辛勤耕耘。他以博士学位论文为基础,不断深化并拓展英国法制史的研究领域。2016年,就博士论文中涉及的英国衡平法院及大法官问题,他以"英国大法官制度变迁研究(1529—2003)"为题,申请并获得2016年度国家社科基金青年项目资助,其结项成果《三栖权力:英国大法官制度变迁研究(1529—2003)》也将于近期问世。这两本书构成政达研究英国法制史的姊妹篇,在成书过程中,已有相关论文在《世界历史》《经济社会史评论》等杂志发表,在学界产生较好反响。英国法制史是21世纪初程汉大教授所开创的新研究领域,在法学界属于边缘领域,在史学界关注较少。我相信,本书的出版,在一定程度上能改变世界史学界法制史研究的薄弱局面,推动外国法制史研究的繁荣。

普通法是英国法的核心,其在近代早期的发展奠定了现代英美法系的基础。成型于13世纪的普通法法院是适用普通法的主要司法机构,其以王座法院、民事诉讼法院和财税法院为主体。至中世纪末,普通法法院已成长为英国司法体系中的主要组成部分,但同时也面临着来自衡平法院和民法法院兴起的挑战。尤其是在都铎和斯图亚特王朝时期,君主试图通过控制司法来加强专制王权,普通法法院自中世纪以来的相对独立地位受到挑战。17世纪初,爱德华·科克提出"技艺理性"的概念,同时援引布拉克顿的名言,指出国王"在上帝和法律之下"。正是在科克等普通法职业者的努力和英国革命的推动下,普通法法院逐步获得独立地位,其标志是1701年《王位继承法》中对法官独立地位的保障。伴随着普通法法院的独立进程,其内部的组织机构、管辖权、法官选任制度、陪审制度、司法程序等各方面都迎来一次较大变革,最终以一种"旧瓶装新酒"的形式,实现了初步的现代化转型。普通法法院的司法独立与组织制度的现代化改造,成为这本书研究的两大主要内容。

本书的研究工作,遵循历史学的传统研究范式,并结合法学和政治学等学科的相关理论与方法。本书首先追溯了中世纪普通法法院的形成与发展,并指出了普通法法院自成型之初就已存在的隐患,如令状制度规约下的司法程序和组织体系的不完善等。在此基础上,本书纵向研究了都铎王朝(1485—1603)、早期斯图亚特王朝(1603—1640)、内战与共和时期(1640—1660)、复辟王朝(1660—1688)及后期斯图亚特王朝(1689—1714)五个阶段普通法法院的变迁。

具体来看,都铎时期,普通法法院遭到大法官法院、海事法院、特权法院等的挑战,普通法法院在王座法院引领下,一方面改革司法程序,提高司法效率;另一方面积极寻求与衡平法院、民法法院的共存和融合。改革取得一定成效,挽救了普通法法院的危机。在早期斯图亚特王朝,王权高压下普通法法院丧失了原本的相对独立地位,充当了斯图亚特君主个人专制统治的工具。内战与共和时期,普通法法院又依附于长期议会各派和克伦威尔,没有获得民众在革命前期望得到的司法独立和公正。复辟王朝的普通法法院仍未摆脱王权的控制,但在议会的支持和普通法职业共同体的努力下,完成了一系列进步性改革。光荣革命后,"议会主权"与"法律至上"原则确立,国王用以干涉普通法法院的法律中止权和赦免权等法律特权受到严格限制,同时普通法法官的固定高薪制度、遴选制度、任职保障制度和司法豁免权等相继确立。总体而言,近代早期英国普通法法院的转型展现出一条与政治变革相伴而生的历史轨迹,并呈现出英国司法现代化的基本特点,即在传统与变革之间寻找平衡、在保守主义的表象下追求现代性。

在研究过程中,本书将普通法法院的演进置于不同历史阶段社会转型与政治变革的宏观历史背景下进行讨论,同时紧扣普通法法院的转型及其与王权、议会关系变化这一线索。作者认为,普通法法院从依附王权到独立,正是在议会主导的革命推动下实现的,这一转型历程既是政治转型的组成部分,也是政治转型的结果。可以说,法院与议会、王权关系的变迁是近代早期英国政治转型的缩影。因此,本书的研究不仅能够深化学界对英国法制现代化道路的认识,而且为解读近代英国政治转型提供了一个新的视角。

在本书即将付梓之际,我表示热烈祝贺,同时也期待政达在英国史领域不断耕耘,取得更大成就!

于南京大学

2023年6月11日

(刘金源,南京大学历史学院教授、博士生导师,

中国世界近代史研究会副会长)

目　录

绪 论

一、研究缘起与意义

作为与大陆法系并称的世界性法系,英美法系是以英国普通法为基础发展而来的。英国法律史家梅特兰(F. W. Maitland,1850—1906年)指出:"法律与历史是不可分的,尤其是英国的普通法,本身就是历史的产物,只有通过历史才能真正理解它。"近代早期(1485—1714年)正是普通法及普通法法院实现重大转型的历史阶段,是我们研究英美法系、英国法治传统形成和司法现代化进程的历史窗口。

英国普通法奠基于12世纪亨利二世(Henry Ⅱ,1154—1189年在位)的司法改革。13世纪以后,普通法法院日益成长为英国多重司法体系中最重要的一支,不断推动英国司法的中央化与世俗化。与此同时,地方习惯法庭、封建法庭和教会法院等传统司法体系走向衰落。

都铎王朝建立后,英国新君主制日益成型,国王加强对司法权的控制。在此背景下,兴起于中世纪末的衡平法及大法官法院(Court of Chancery)迅速崛起,罗马法复兴运动(Resurrection of Roman Law)高涨,海事法院(Court of Admiralty)借势兴起,同时,基于国王特权而建立的特权法院体系不断膨胀,由此对普通法法院的发展构成严峻的外部竞争。加之,普通法在发展过程中以令状制度为核心的司法程序日益陷入僵化,自身弊端渐显。在这种"内忧外患"的背景下,以王座法院(Court of King's Bench)为主导的普通法法院开始一系列自救改革,取得了显著成效。

17世纪初,斯图亚特王朝建立后,王权对司法权的侵蚀更甚,保持相对独立的普通法法院也沦为专制王权的政治工具。在1640年革命的洗礼下,普通法法院遭到司法大众化和民主化改革的冲击,但与此同时,革命时期(1640—1660年)和复辟王朝(1660—1688年)一系列进步改革仍推动了普通法法院的现代化进程。光荣革命后,普通法法院不仅最终确立其在英国

1

司法体系中的主体地位,而且实现了其与王权和议会关系的重塑,形成以"议会主权"(Parliamentary Sovereignty)原则为政治前提和基础,独具英国特色的司法独立模式。普通法在组织上的严密性、司法程序上的规范性、司法权威上的优越性和适用法律的完善性,都推动英国法作为与大陆法并驾齐驱的法律体系的崛起。同时,普通法的上述特点还奠定了近代英国司法转型的基础,因此对这一问题的研究具有重要的学术价值与现实意义。

从学术价值来说,我国对英国法律史的研究方兴未艾,但学者多集中于法学领域,相关研究重法而轻史,忽视对历史背景、动因及历史影响的深入探讨。本书应用历史学的研究方法,同时结合法学和政治学等相关理论对近代早期英国普通法法院的转型问题进行讨论。本书能够推动法律史与英国史研究的有机结合,进一步拓宽欧洲法制史的研究领域,促进历史学与法学、政治学的交融,实现历史学研究理念与方法的更新。

特别值得一提的是,本书还尝试廓清以普通法法院独立为核心的、独具英国特色的司法独立模式,从而深化学界对西方司法独立模式多元化的认识。英国模式最根本的特点在于:它结合了源远流长的法官独立传统和长期的司法实践,在保留旧制度框架的基础上,通过一场"不流血"的革命(光荣革命)和一种"旧瓶装新酒"的方式,重新构建了法院、王权与议会之间的权力关系。这种新型权力关系最突出的表现为——法院司法权的独立与"议会主权"原则的有机结合:一方面,议会(上议院)充当最高司法机关,使司法权分享和融入"最高主权";另一方面,议会担当推动和保障法院司法独立的强大后盾。

在西方各国中,美国等建立在"权力分立"原则(Principle of Separation of Powers)基础上的司法独立模式与建立在"议会主权"基础上的英国模式形成鲜明对比。美国的司法独立以孟德斯鸠"三权分立"学说和亚历山大·汉密尔顿(Alexander Hamilton,1755—1804年)等人成熟的司法独立思想为理论基础,通过成文宪法的明确保障和最高法院司法能动性的有效发挥而逐步确立。1803年美国联邦最高法院(The Supreme Court of the United States)开始行使司法审查权通常被视为美国司法独立确立的标志。尽管英、美两种模式在形成中都借助了法官的司法能动性和制定法的保障,但其不同之处仍是鲜明的。首先,相较于没有成文宪法的英国,美式司法独立由明确的宪法文本予以法律保障;其次,英国最高司法权掌握在兼具立法职能的上议院手中,而美国司法机关自上而下都是形式独立的;再次,英国司法独立是经验主义的产物,而美式司法独立是在成熟的理论指导下,通过人为设计和司法实践互动而成;最后,美国拥有一个独立行使最高司法权的联邦最高法院,它不仅独立于国会和总统,而且能够通过司法审查权这一强大武器对二者形成制约,从而为司法独立提供进一步的现实保障。

相较于英国模式,美式司法独立看似在理论上更成熟、框架更清晰,但二者并无优劣之分,它们都源于各自特殊的历史背景与政治现实,表现出适应本国国情的独特性。英国这种结合本国宪政传统的"原生型"模式对致力通过"渐进改革式"道路实现司法独立的国家尤其具有参考价值。事实上,包括美国在内的西方各国在司法现代化道路上无不受到过英国经验的启迪。爱德华·科克(Edward Coke,1552—1634年)等人在推动英国司法独立进程中提出的"司法权独立于王权""法律至上""司法审查"等思想,经过18世纪启蒙思想家的发展和美、法等国革命的助推,现已成为西方各国宪制的理论基础。最后,必须指出,无论是英国模式还是美国模式,司法独立作为西方宪政原则之一,有其在西方特殊历史背景中的适应性,并非放之四海而皆准,后发现代化国家应在吸取西方经验和教训的基础上,积极探索适合本国国情的司法现代化道路。

从现实意义来看,普通法是英国原生的法律体系,普通法法院是植根于英国特色政治和社会土壤的原生司法体系。中国在古代也拥有较为发达的法律体系。从这一点来说,虽然当今中国的法律和司法体系受到大陆法系重要影响,但英国的普通法与普通法法院如何实现从传统向现代的转型,其间经历了哪些挫折、积累了哪些经验,值得我们深入探究。以普通法法院在中世纪的形成为起点,英国是世界上最早开启司法现代化的国家。在近代早期普通法法院的转型过程中,英国率先实现了初步的"司法独立"和司法制度的现代化,并形成一条独具英国特色的经验主义司法现代化道路。作为一个同样拥有深厚历史积淀和优秀民族传统的国家,中国的司法现代化也必然选择一条符合本国国情的特色道路,本书对英国普通法法院现代化的研究将为我国的司法改革提供参考和现实镜鉴。

二、国内外研究现状

普通法是英国法律文明的重要成就,也是现代英美法系的母体。普通法形成于中世纪,近代以后走向成熟。普通法法院是普通法的主要载体和践行者。

16—17世纪是近代英国法形成的重要时期,也是普通法法院从中世纪脱胎向近代转型的关键阶段。这一时期,英国普通法法院的转型主要涵盖两方面内容:一是普通法法院的司法独立问题,二是普通法司法制度的现代化改革。就前者来说,在都铎和斯图亚特王权不断强化的背景下,特别是在斯图亚特君主与议会的冲突中,普通法法院丧失了中世纪以来保持的相对独立性,被王权驯服,成为打击政治反对者的工具。在1640年和1688年两场革命的洗礼及议会立法的保驾护航下,普通法法院最终摆脱君主的控制,实现了初步的司法独立。普通法司法制度的现代化改革主要指:普通法法院司法程序、法官制度、陪审制度等在适应近代经济、社会、政治转型中的改革,如普通法令状制度改革与司法程序的简化、法官薪酬保障和高薪制的建立、法官与陪审团司法豁免权(judicial immunity)的确立,以及普通法法院与衡平法院和谐关系的重建等方面。英美学界对这一问题的关注较早,在研究旨趣和研究范式上不断推陈出新。国内学界的关注相对较晚,但自改革开放以来的近半个世纪,一批比较法和历史学专业学者的相关研究非常值得关注,也为本书奠定了重要基础。

(一)国外学界研究综述

国外学界涉及近代早期英国普通法及普通法法院的相关研究大体经历了三个各有侧重和特点的阶段。

第一个阶段始于17世纪。斯图亚特王朝入主英格兰后,都铎时期形成的政治平衡被打破,王权与议会的冲突构成这一时期政治舞台上的主要矛盾,处于夹缝中的普通法法院被迫"选边站",最终倒向掌握着法官任免权的国王,丧失了中世纪以来的相对独立性。爱德华·科克等一批志于维护司法独立的法官离开普通法法院,投身议会与专制王权的斗争中。在此背景下,一批普通法法学家结合各自的司法实践,着力于讨论普通法的历史与发展,代表人物包括爱德华·科克、弗朗西斯·培根(Francis Bacon,1561—1626年)和马修·黑尔(Matthew Hale,1609—1676年)等人。

爱德华·科克是17世纪最著名的普通法法官和法学家之一,他出身普通法律师,担任过首席检察官(Attorney General)及民事诉讼法院(Court of Common Pleas)①和王座法院的首席法官(Chief Justice)等职务。结合自身的司法实践,科克在1600—1615年间总结先前案例,编纂出11卷本的《科克报告》(*Coke's Report*),此后又陆续出版第12、13卷。该报告还包括科克亲自撰写的序言、判例和法律评论。在各卷序言中,科克论述了普通法历史及普通法法院管辖权的变迁(第2、3、6、7、8卷),讨论了普通法法官的法律义务(第4卷),并针对各卷判例提出对普通法司法的诸多思考(第7、10、

---

① 以下简称"民诉法院"。

11卷）。1616年,科克因反对詹姆斯一世(James I,1603—1625年在位)干涉普通法法院而被解职,之后他一边投身议会活动,一边撰写《英国法总论》(*Institutes of the Laws of England*)。该系列著作共分4卷,其中第4卷探讨了普通法法院的司法管辖权问题。在《科克报告》与《英国法总论》中,科克通过对普通法渊源和普通法法院历史的追溯,提出了"普通法至上"的主张,并强调"普通法是共同权利的源泉"[1]和"最高理性"[2]。

以"普通法至上"为理论基础,科克进一步阐释了"普通法审查权"和"司法独立于王权"的主张。就审查权来说,科克在论述普通法与制定法关系时指出:"议会制定法用以'解释普通法和弥补普通法的缺失'[3],而普通法则'能够审查议会法令,有时甚至裁定其完全无效'。"[4]"司法独立于王权"是科克普通法理论的核心。在1608年的"禁制令案"(*Case of Prohibitions*)中,科克强调"国王可以出席裁判",但判决必须由法院"根据英格兰的法律和习惯"做出。[5]为进一步支撑自己的观点,科克提出了"技艺理性"(artificial reason)这一理论。在反驳詹姆斯一世关于"国王可以基于理性直接裁决案件"的观点时,[6]他指出:"判决并非基于'自然理性'(natural reason),而是基于'技艺理性'和法律的裁判。法律是一门技艺,任何人都必须经过长期研习与实践后才能真正掌握。"最后,科克又引用了中世纪法学家布拉克顿的名言:"国王不在任何人之下,但在上帝和法律之下。"[7]

不可否认,科克提出的普通法理论对普通法法院的发展及对后世英国法的研究都具有开拓性影响。特别是他主张的"普通法至上""普通法司法审查权""司法独立于王权"和"技艺理性"等理论对于后世学者认识和研究普通法及其司法体系具有近代启蒙的重大意义。

与科克同时代的弗朗西斯·培根也是17世纪普通法研究和发展史上

---

① Edward Coke, *The Fourth Part of the Institutes of the Laws of England*, London, 1644, p.179.

② Edward Coke, *The First Part of the Institutes of the Laws of England*, London, 1629, p.97.

③ Edward Coke, *The Third Part of the Reports of Sir Edward Coke*, London, 1658, p.7

④ Edward Coke, *The Eighth Part of the Reports of Sir Edward Coke*, London: Joseph Butterworth and Son, 1826, p.118.

⑤ [日]藤仓皓一郎、木下毅等主编:《英美判例百选》,段匡、杨永庄译,北京:北京大学出版社,2005年,第181页。

⑥ 詹姆斯一世为自己的司法特权辩护说:"法是基于理性的,不仅是法官,朕或其他人也都有理性"。参见[日]藤仓皓一郎、木下毅等主编:《英美判例百选》,段匡、杨永庄译,北京:北京大学出版社,2005年,第181页。

⑦ Edward Coke, *The Twelfth Part of the Reports of Sir Edward Coke*, London, 1656, pp.64-65.

的重要学者。培根是伊丽莎白一世(Elizabeth I,1558—1603年在位)的掌玺大臣尼古拉斯·培根(Nicolas Bacon,1510—1579年)之子,他本人担任过詹姆斯一世时期(1603—1625年)的大法官。培根出身普通法律师,又长期在衡平法院(大法官法院和星室法院等)主持司法审判,因此他熟谙普通法与衡平法两套法律体系,在推进二者重建和谐、互补关系中起到了重要作用。培根在其著述《英国普通法要义》(The Elements of the Common Laws of England)一书中对普通法司法的法律原则进行了归纳和总结,推动了普通法的体系化发展。①在《论司法》中,他结合自己的司法实践和英格兰古老的司法理念,提出法官作为"王座下狮子"的观点,并阐释了"为法官者应当在法律底范围内以公平为念而毋忘慈悲"的衡平原则,促进了普通法与衡平法的交融。②在其出任大法官的就职演讲中,培根强调:衡平法的司法价值在于补充普通法不足,并明确"不应仅仅根据诉讼优先权"(priority of suit)或在无切实证明的情况下向普通法法院发布禁制令(prohibition)。③培根的法律思想助推了英国司法二元特性的形成,为后世研究普通法法院与衡平法院的关系问题开辟了道路。

马修·黑尔是科克思想"衣钵"的重要传承者。他出版于1713年的《英国普通法史》(The History of the Common Law of England)被视为第一部系统研究英国普通法史的著作,书中论述了普通法的起源、发展及其优越性,对比了成文法与不成文法之间的差别,并针对普通法法院提出一些司法改革建议。④他的另一部著作《王权诉讼史》(The History of the Pleas of the Crown)详细讨论了英国的刑事司法及其程序,直到19世纪一直是英国法律界的权威著作。⑤黑尔等人进一步发展了科克的"司法独立于王权"和"普通法至上"等思想,完善了普通法的理论体系。

18世纪以后,普通法法院进入一个相当长的稳定发展期,学者对普通法司法进一步研究的热情降低。值得注意的是,这一时期法国启蒙思想家孟德斯鸠在1748年出版的《论法的精神》中的《英格兰政制》一节,率先提

---

① Francis Bacon, *The Elements of the Common Laws of England*, London: Printed by the Affignes of J. More, 1636.

② [英]弗·培根:《培根论说文集》,水天同译,北京:商务印书馆,1983年,第193—198页。

③ Basil Montagu, ed., *The Works of Francis Bacon*, Vol.Ⅶ, London: William Pickering, 1827, pp.247-248.

④ Matthew Hale, *The History of the Common Law of England and an Analysis of the Civil Part of the Law*(The Sixth Edition), London: Henry Butterworth, Law-Bookseller, 1820.

⑤ Matthew Hale, *The History of the Pleas of the Crown*, Vol.Ⅰ, Vol.Ⅱ, Philadelphia: Robert H. Small, 1847.

出系统、完整的"三权分立"学说,并进一步阐述了司法权独立的意义。①18世纪后期,英国法学家威廉·布莱克斯通(William Blackstone)受孟德斯鸠影响,依据对英国法和英国政体的研究及他本人的教学实践,出版了多卷本《英国法释义》(Commentaries on the Laws of England)。这部全面阐述英国法的著作最早在英国提出司法权独立于立法权和行政权的主张。②必须指出,布莱克斯通的"司法独立"主张是以政治上的"三权分立"为前提和基础的,并不适用于光荣革命后英国以"议会主权"为核心的政治架构,因此这一理论在20—21世纪之交新宪政主义兴起和工党政府推动宪政改革前,并未对英国的司法与宪制产生实质影响。

综上,17世纪活跃在法律界的英国法学家们受到政治剧变与普通法法院屈从王权的深深刺激,通过对普通法历史的回溯和自身司法实践的摸索,为普通法法院的司法独立寻求法理依据,为后世对近代早期普通法法院的研究梳理了历史档案,并初步构建了理论框架。

第二个研究热潮是19世纪后期至20世纪初。在19世纪前半叶议会改革取得重大进展背景下,英国开启了一场较大规模的司法改革,重新引发了学者们对普通法法院发展史的关注。18世纪以来,普通法法院满足于光荣革命后的转型,陷入一个多世纪的发展停滞期,以令状制度为核心的普通法司法程序虽在此前经历改革,但仍难以适应经济、社会剧变对高效司法的需求,而衡平法院也陷入拖延、僵化的"泥淖",难以承担起弥补普通法不足的传统责任,两套法院体系的分立已失去意义。革除司法体系的长期积弊在1832年议会改革后被提上日程。以19世纪30—50年代一系列改革法令的颁布为基础,③1873—1875年的《司法条例》将普通法法院与衡平法院合并,同时正式确立"衡平法优先"原则,成为近代英国司法体系第二次转型完成的标志。

在上述背景下,对近代早期普通法与普通法法院历史的回溯得到学者们的重视。19世纪末至20世纪初,英国涌现出一批卓有建树的学者,他们

① 孟德斯鸠指出:"如果司法权不同立法权和行政权分立,自由也就不存在了。如果司法权同立法权合而为一,则将对公民的生命和自由施行专断的权力,因为法官就是立法者。如果司法权同行政权合而为一,法官便将握有压迫者的力量"。参见[法]孟德斯鸠:《论法的精神》(上),张雁深译本,北京:商务印书馆,1995年,第155—156页。

② 布莱克斯通指出:"除非公共法官在某种程度上独立于立法权力,同时也独立于行政权力,否则不论在哪个国家,公众的自由都不可能长久保持。"参见[英]威廉·布莱克斯通:《英国法释义》(第一卷),游云庭、缪苗译,上海:上海人民出版社,2006年,第293页。

③ 这一时期通过的一系列法令,可参见牛淑贤《英国近现代司法改革研究》,济南:山东人民出版社,2013年,第58—67页。

将普通法法院置入英国法和宪制的整体历史进程中去考量。梅特兰是这一时期英国法律史研究的奠基人。卡内冈(R. C. Van Caenegem)更是盛赞他"为英格兰法律史研究打开一个崭新局面,并步入现代法律史研究的轨道"[①]。梅特兰的《英格兰宪政史讲义》(*The Constitutional History of England: A Course of Lectures Delivered*)和《衡平法与普通法的诉讼格式》(*Equity, also the Forms of Action at Common Law*)及与波洛克(Frederick Pollock)合作的两卷本《爱德华一世以前的英国法律史》(*History of English Law before the Times of Edward I*)等论著都享有盛誉。[②]尽管这些著作并非专门研究近代早期普通法法院的,但诚如李红海教授所说:梅特兰以"拓荒者"的身份,其作品"为从历史角度研究英国法开辟了道路"[③]。对于普通法与衡平法在司法活动中的关系,梅特兰在充分考察二者的历史发展后认为:"应把衡平法视为围绕普通法的一种补充性或注释性的法律,衡平法与普通法并非竞争对手关系,而是一种主辅关系。"[④]梅特兰与蒙塔古(F. C. Montague)合著的《英国法律史概览》(*A Sketch of English Legal History*)论述英国法律史7—19世纪的变迁,强调政治革命对英国司法的重要影响。他们指出:在革命洪流下,普通法法院在复辟王朝定型,其权威得到长期议会(Long Parliament)的维护;与之相反,特权法院被彻底推翻,宗教法庭权威大大削弱,大法官法院不再是国王的特权工具。[⑤]

沿着梅特兰等人开拓的道路,英国法律史研究进入一个全新阶段。这一时期又适值英帝国最辉煌的时代,土生土长的普通法和普通法法院是英国人引以为傲的文明成就,得到法律史家的重点关注。霍尔兹沃思(W. S. Holdsworth)的多卷本《英国法律史》(*A History of English Law*)不仅全方位

---

① [比]R. C. 范·卡内冈:《法官、立法者与法学教授》,薛张敏敏译,北京:北京大学出版社,2006年,第1页。

② F. W. Maitland, *The Constitutional History of England: A Course of Lectures Delivered*, Cambridge: Cambridge University Press, 1908; F. W. Maitland, *Equity, also the Forms of Action at Common Law*, Cambridge: Cambridge University Press, 1909; Frederick Pollock and F. W. Maitland, *History of English Law before the Times of Edward I*, 2 vols, Cambridge: Cambridge University Press, 1895.

③ 李红海:《普通法的历史解读——从梅特兰开始》,北京:清华大学出版社,2003年,第12页。

④ F. W. Maitland, *Equity, also the Forms of Action at Common Law*, Cambridge: Cambridge University Press, 1909, pp.18-19.

⑤ F. W. Maitland & F. C. Montague, *A Sketch of English Legal History*, New York and London: G. P. Putnam's Sons, 1915, pp. 131-132.

考察了英国法的发展历程,也是对二战前英国法律史研究的一次总结。[①]
罗斯科(E. S. Roscoe)的《英国法的成长:法律与司法程序的进化研究》(*The Growth of English Law: Being Studies in the Evolution of Law and Procedure in England*)纵向论述英国法和司法体系成长的几个关键阶段,对于共和国时期(1648—1660年)的司法改革,他指出:在革命者强烈变革愿望的驱使下,"多项重要变革与进步得以实现,更多的改革建议被提出而未及落实",推动这一时期成为"平静法律发展史上一个奇怪的时代"。[②]此外,爱德华·詹克斯(Edward Jenks)的《英国法律简史:从最早时代到1919年》(*A Short History of English Law from the Earliest Times to the End of the Year 1919*)和波特(Harold Potter)的《英国法及其制度史导论》(*A Historical Introduction to English Law and Its Institutions*)等也阐述了近代早期普通法及普通法法院的演进。[③]

值得注意的是,除对普通法和普通法法院体系的历史解读外,一些学者将关注重点指向普通法法官群体。爱德华·福斯(Edward Foss)的9卷本《英国法官》(*The Judges of England*)以法官的政治角色为线索,梳理中世纪以来普通法法官群体的变迁,其第5、6、7三卷阐述了近代早期剧烈政治变革中普通法法官们的职业生活和政治角色,并对其中一些重要法官的生平进行了精到评述。[④]坎贝尔勋爵(Lord Campbell)编著的多卷本《英国首席法官生平》(*The Lives of the Chief Justices of England*)是针对三大普通法法院首席法官们的"传记词典",对于研究近代早期普通法法院具有重要参考价值。[⑤]韦尔斯比(W. N. Welsby)编著的《17、18世纪的著名法官》(*Eminent English Judges of the Seventeenth and Eighteenth Centuries*)与希尔德雷思(Richard Hildreth)的《残暴的法官:声名狼藉、充当暴政工具的法官生平》(*Atrocious Judges, Lives of Judges Infamous, Tools of Tyrants and Instruments of*

---

① W. S. Holdsworth, *A History of English Law*, Vol. 1-9, London: Methuen & Co. Ltd., 1922—1931.

② E. S. Roscoe, *The Growth of English Law: Being Studies in the Evolution of Law and Procedure in England*, London: Stevens, 1911, pp.72-73.

③ Edward Jenks, *A Short History of English Law from the Earliest Times to the End of the Year 1919*, London: Methuen & Co. LTD., 1920; Harold Potter, *A Historical Introduction to English Law and Its Institutions*, London: Sweet & Maxwell, 1932.

④ Edward Foss, *The Judges of England*, Vol. V (1485-1603), Vol. VI (1603—1660), (1660—1714), London: Longman, Brown, Green, Longmans, & Roberts, 1857, 1857, 1864.

⑤ Lord Campbell, *The Lives of the Chief Justices of England*, Vol. I - Vol. IV, London: John Murray, 1849.

Oppression）以传记的形式，对近代早期以马修·黑尔①、约翰·霍尔特爵士（Sir John Holt, 1642—1710 年）②为代表的"好法官"和以乔治·杰弗里斯（George Jeffries, 1645—1689 年）③等为代表的"坏法官"进行了评述。尽管两部著作都带有辉格派史学家主观的意识形态色彩，但对近代早期普通法法院的独立问题和法官政治角色等方面的研究具有重要价值。④

总之，这一时期是对近代早期英国普通法法院展开研究的开拓期。在借鉴 17 世纪科克等人普通法理论的基础上，梅特兰、波洛克和霍尔兹沃思等学者从历史维度审视普通法法院，并将之置于英国法律和宪制整体发展的视野之下，构建了法律史研究的叙事模式和理论基础。但不可否认，受 19 世纪以来辉格史学的强烈影响，这一时期对普通法法院历史的研究也或多或少地沾染了辉格主义的政治倾向。

第三次研究热潮是 20—21 世纪之交。自 20 世纪 70 年代，在融入欧洲一体化进程与全球化浪潮的推动下，英国启动新一轮司法改革，这是近代以来继 17 世纪和 19 世纪以后英国司法的第三次转型。本轮改革致力于实现司法体系在形式上的独立，并与欧洲大陆国家实现法律上的调和。2005 年《宪政改革法》（Constitutional Reform Act 2005）创建了独立的最高法院（Supreme Court of United Kingdom），取代上议院上诉委员会（Appellate Committee of the House of Lords），获得最高司法权，成为本轮司法改革完成的主要标志之一。在此背景下，一些学者重新重视起对普通法法院发展的历史回溯。

英美学界在这一阶段对近代早期普通法法院的研究主要遵循两条路径：一是延续传统范式，将之置于英国法和宪制的整体发展进程中阐释；二是聚焦于这一时期普通法法院相关的司法制度改革。就前一种路径来说，哈丁（Alan Harding）的《英国法的社会史》（*A Social History of English Law*）、寇松（L. B. Curzon）的《英国法律史》（*English Legal History*）、普拉克内特（T. F. T. Plucknett）的《英国法律史研究》（*Studies in English Legal History*）、贝克（J. H. Baker）的《英国法律史导论》（*An Introduction to English Legal Histo-*

---

① 先后担任过财税法院首席法官（1660—1671 年）和王座法院首席法官（1671—1676 年）。

② 1689—1710 年间担任过王座法院首席法官。

③ 先后担任过王座法院首席法官（1683—1685 年）和大法官（1685—1688 年）。

④ W. N. Welsby, ed., *Eminent English Judges of the Seventeenth and Eighteenth Centuries*, Philadelphia: T. & J. W. Johnson, 1840; Richard Hildreth, *Atrocious Judges, Lives of Judges Infamous, Tools of Tyrants and Instruments of Oppression*, New York and Auburn: Miller, Orton & Mulligan, 1856.

ry)、汤普森(R. S. Tompson)的《法律之岛：不列颠的法律史》(*Islands of Law: A Legal History of the British Isles*)等，都延续了梅特兰开拓的研究模式，在探讨英国法千年变迁史的过程中，将近代早期视为一次重大转型，对普通法法院从依附王权到司法独立的历程讨论较多。[①]特别需要指出，贝克主编的多卷本《牛津英国法律史》(*The Oxford History of the Laws of England*)，继霍尔兹沃思后，对新时期英国法律史研究进行了一次总结性回顾。其中在对都铎时期普通法转型的研究中，贝克特别关注了普通法法院与衡平法院关系的转变。[②]此外，查理·奥格尔维(Charles Ogilvie)的《国王的政府与普通法(1471—1641)》(*The King's Government and the Common Law 1471-1641*)分析了专制王权的兴起与普通法法院发展的关系。塞尔斯(G. O. Sayles)的《法律和历史中的王座法院》(*The Court of King's Bench in Law and History*)和科伯恩(J. S. Cockburn)的《巡回法庭史(1558—1714)》(*A History of English Assizes 1558-1714*)阐述了王座法院与巡回法庭的历史发展进程。[③]

普通法法院的司法改革一直是学界关注的重点。一方面，都铎时期普通法法院面对自身程序僵化与衡平法院、海事法院等的强势竞争做出的"自救"改革受到关注。玛乔丽·布拉彻(Marjorie Blatcher)的《1450—1550年间王座法院研究》(*The Court of King's Bench, 1450—1550*)与冈恩(S. J. Gunn)的《早期都铎政府(1485—1558)》(*Early Tudor Government 1485—1558*)分别从普通法法院内、外两种视角分析衡平法院兴起带来的巨大挑战，并讨论了以王座法院为代表的普通法法院面对挑战时的"应战"改革。[④]埃尔顿(G. R. Elton)的《16世纪英国法：变革时代的改革》(*English*

---

① 主要有以下论著。Alan Harding, *A Social History of English Law*, London: Penguin, 1966; L. B. Curzon, *English Legal History*, Plymouth: Macdonald & Evans, 1979; T. F. T. Plucknett, *Studies in English Legal History*, London: Hambledon, 1983; J. H. Baker, *An Introduction to English Legal History*, London: Butterworth, 1979; R. S. Tompson, *Islands of Law: A Legal History of the British Isles*, New York: Peter Lang Publishing, Inc., 2000.

② J. H. Baker, *The Oxford History of the Laws of England*, Vol. VI, 1485-1558, Oxford: Oxford University Press, 2003.

③ Charles Ogilvie, *The King's Government and the Common Law 1471-1641*, Oxford: Blackwell, 1958; G. O. Sayles, *The Court of King's Bench in Law and History*, London: Selden Society, 1959; J. S. Cockburn, *A History of English Assizes 1558-1714*, Cambridge: Cambridge University Press, 1972.

④ Marjorie Blatcher, *The Court of King's Bench, 1450-1550*, London: The Athlone Press, 1978; S. J. Gunn, *Early Tudor Government 1485-1558*, London: Macmillan, 1995.

Law in the Sixteenth Century: Reform in an Age of Change）则主要从都铎时代政治变局的视角讨论普通法法院的司法改革。[1]

另一方面，革命时期的司法改革仍是学者们关注的重点。普劳尔（S. E. Prall）的《清教革命时期的法律改革浪潮（1640—1660）》（*The Agitation for Law Reform during the Puritan Revolution 1640—1660*）、唐纳德·维尔（Donald Veall）的《大众的法律改革运动（1640—1660）》（*The Popular Movement for Law Reform 1640—1660*）和马休斯（N. L. Matthews）的《作为克伦威尔时代法律改革家的威廉·谢泼德》（*William Sheppard, Cromwell's Law Reformer*）指出，尽管革命期间的司法改革在复辟时期基本被全部废除，但其改革思潮及参与改革的大众性特点对于英国司法发展的意义不容忽视。[2]迈克尔·兰登（Michael Landon）的《法律职业者的胜利：他们在1678—1689年英国政治中的角色》（*The Triumph of the Lawyers: Their Role in English Politics, 1678—1689*）探讨詹姆斯二世（James II，1685—1688年在位）时期普通法职业共同体（Common lawyers）在宪政冲突中的角色，兰登认为：虽然部分普通法法官依附于国王，但多数普通法职业者仍能坚持独立原则，在限制国王法律特权和推动近代宪制生成的过程中起到积极作用。[3]

可见，在这一时期的研究热潮中，英美学界的关注点更加广泛，对近代早期普通法与衡平法的关系、普通法法院的司法改革与司法独立进程及普通法法官在17世纪宪政革命中的角色等新老问题都有深入探讨。同时，受20世纪后半叶修正派史学、正统派史学和马克思主义史学的多方影响，法律史学的研究路径也呈现多元趋势，自上而下的宪政史视野与自下而上的民众视角在研究近代早期普通法法院的历史阐释中得到了同样重视。

综合来讲，英美学界对近代早期普通法法院的相关研究经历了三个阶段，在研究旨趣和理论构建方面各有侧重，且与英国司法现代化进程中的三次转型相伴而生。爱德华·科克等为代表的17世纪法学家重点关注了普通法法院的司法独立问题及普通法法院与衡平法院的关系。在这一过

---

[1] G. R. Elton, *English Law in the Sixteenth Century: Reform in an Age of Change*, London: Selden Society, 1979.

[2] S. E. Prall, *The Agitation for Law Reform during the Puritan Revolution 1640–1660*, Hague: Nijhoff, 1966; Donald Veall, The Popular Movement for Law Reform 1640–1660, Oxford: Clarendon Press, 1970; N. L. Matthews, *William Sheppard, Cromwell's Law Reformer*, Cambridge: Cambridge University Press, 1984.

[3] Michael Landon, *The Triumph of the Lawyers: Their Role in English Politics, 1678–1689*, Alabama: University of Alabama Press, 1970.

程中,科克等人发展了普通法,并构建了后世研究普通法的理论基础。19世纪后期的司法改革助推英国法律史研究进入高潮,诞生了梅特兰、霍尔兹沃思等划时代的法律史大家。他们将近代早期普通法法院置于英国法律和宪制整体发展的历史视野中解读,确立了法律史研究的叙事模式与理论框架。20世纪后期以来,英国的司法传统受到新宪政主义者的质疑,对普通法法院的历史回溯再度得到关注。相关研究视野更为宽广,路径更为多元,不仅将近代早期普通法法院的研究置于英国甚或欧洲法律发展的宏观视野之下,而且受修正史学和马克思主义史学等的影响,引入了政治史和社会史研究的多重理论与视角。

(二)国内学界研究综述

国内对英国法律和司法体系历史发展的关注较晚,改革开放以后,伴随着人们对认识世界、了解世界的渴求,学界开始将目光投向这块新领域,诞生了一些非常有价值的论著。

在对普通法的研究方面,陈敬刚、丁西泠、于洪、沈宗灵等论述了普通法的形成。[1]邓云清等学者提出,7—12世纪的"王之和平"具有公权与私权兼备的特征,它的广泛适用推进了普通法及其治理模式的形成。[2]于明和汪栋分别探讨了爱德华·科克和托马斯·霍布斯(Thomas Hobbes,1588—1679年)对于英国法学近代转型的影响。[3]李红海和李栋等学者分别从历史性和"技艺理性"的角度解读了普通法的本质特征。[4]

在对普通法法院令状制度、组织体系与司法改革等的研究方面,国内学者重点关注了中世纪和近代早期两个阶段。对中世纪普通法法院起步阶段的研究,主要集中在以下三个方面:

其一,对亨利二世司法改革的研究较为深入。程汉大教授认为,12—

---

① 陈敬刚:《英国普通法的形成:一个初步的分析》,北京:中国政法大学博士学位论文,2004年;丁西泠:《从治理工具到宪政力量——驳英国普通法早期发展过程中的悖论》,《西部法学评论》2009年第6期;于洪:《论英国普通法形成的核心因素》,《历史教学》2010年第6期;沈宗灵:《论普通法与衡平法的历史发展和现状》,《北京大学学报》1986年第3期。

② 邓云清、宫艳丽:《"王之和平"与英国司法治理模式的型塑》,《历史研究》2010年第5期。

③ 于明:《爱德华·科克爵士与英国法学近代化——对〈科克报告〉与〈英国法总论〉的初步考察》,上海:华东政法学院硕士学位论文,2007年;汪栋:《霍布斯与英国普通法的近代转型》,《政法论坛》2011年第2期。

④ 李红海:《普通法的历史之维》,《环球法律评论》2009年第2期;李栋:《英国普通法的"技艺理性"》,《环球法律评论》2009年第2期。

13世纪的司法改革"确定了未来英国法制发展的独特走向和模式"①。他强调这次改革是"司法现代化的起步",并开启"英国现代法治的历史之门";②屈文生认为这次改革在很大程度上决定了英国法在以后若干世纪里的命运;③孙培培从法律与王权关系视角论证了亨利二世司法改革的深远影响;④杨利敏提出这一改革对英国的国家建构也具有关键意义;⑤周威讨论了12—13世纪普通法治理模式的发展,并强调王权在这一过程中的作用。⑥学者们肯定了以亨利二世改革为核心的12—13世纪的司法改革决定了英国法的基本走向,引领英国走上普通法之路,同时奠定了英国普通法司法制度的基本模式。

其二,对中世纪普通司法程序与法院体系等的研究。屈文生、孙彼德、孙德鹏、龚春霞和李巍涛等学者分别从令状制度的起源及其司法化、令状制度与王权的关系、令状制度与普通法的发展等多个视角探讨中世纪英国令状制度的发展及其对普通法发展的意义。⑦此外,张传玺阐释了中世纪后期"王室司法地方法"和"令状制受限"的背景下,"控诉状"(Bills)⑧发展为相对独立的法律制度的进程及对"英国法律机制和实体法律体系发展"的推动作用。⑨宫雪讨论了中世纪"英国民事执行制度从自力救济到自力救济与公力救济相结合、从纷乱混杂到条理清晰的发展脉络"⑩。梁津明等

① 程汉大:《12—13世纪英国法律制度的革命性变化》,《世界历史》2000年第5期。
② 程汉大:《亨利二世司法改革新论》,《环球法律评论》2009年第2期;程汉大:《英国司法现代化述评》,《法制现代化研究》(第十二卷),南京:南京师范大学出版社,2009年,第58—68页。
③ 屈文生:《试论亨利二世的法律改革》,《贵州社会科学》2009年第11期。
④ 孙培培:《亨利二世的司法改革》,《吉林省教育学院学报》2005年第9期。
⑤ 杨利敏:《亨利二世司法改革的国家构建意义》,《比较法研究》2012年第4期。
⑥ 周威:《普通法的治理》,《华东政法学院学报》2004年第5期。
⑦ 屈文生:《论行政令状的司法化与普通法的诞生——兼议中世纪时期英王治理国家方式的转变》,《河北法学》2010年第2期;孙彼德:《令状的司法化与早期英国王权的特殊性》,《西南政法大学学报》2004年第6期;孙德鹏:《令状的司法化与普通法的形成——早期英国法治理方式的历史考察》,重庆:西南政法大学硕士学位论文,2004年;龚春霞:《浅述令状在英国普通法发展中的作用——从王室司法管辖权的角度阐述》,《云南大学学报》2007年第3期;李巍涛:《中世纪英国令状制度与普通法的发展》,《法律文化研究》(第五辑),北京:中国人民大学出版社,2009年。
⑧ 亦可译为"诉状",规避令状制而采用"诉状"的司法程序称为"诉状程序"(bill procedure)。
⑨ 张传玺:《私人喊冤及国家应对:英国普通法上的控诉状》,《历史研究》2016年第6期。
⑩ 宫雪:《延续抑或改革:中世纪英国民事执行制度研究》,《外国法制史研究》(第19辑),2016年。

综述了中世纪英国法律制度从习惯法到普通法的演化及普通法司法体系的形成。[①]

其三，对以普通法法官和律师为主体的普通法职业共同体的研究。李栋等学者认为14世纪中叶以前，伴随着英国普通法司法体系的完善，具备"同质性的法律知识、思维模式与价值追求"的普通法职业共同体逐渐形成。[②]陈绪刚的《法律职业与法治——以英格兰为例》通过对英格兰普通法职业共同体兴起历史的阐释，分析了其与英国法治社会形成之间的联系。[③]李栋探讨了英国法律职业共同体的"普通法心智"观念。[④]谢汉卿的博士论文《英国律师会馆研究》讨论普通法职业共同体的形成，认为"拥有专业法律知识和经验的职业法官群体直到亨利三世(Henry III, 1216—1272年在位)时期才最终得以成形"，标志着"英国法治进程迈出了重要一步"。[⑤]

上述研究成果较为全面地论述了中世纪英国普通法和普通法法院的形成，以及普通法司法制度的改革等内容，为进一步探讨近代英国普通法法院的发展提供了必不可少的研究基础。

对于近代早期普通法法院的研究主要集中在以下两个方面：

其一，普通法法院的历史演进。程汉大教授是国内最早关注英国司法制度的学者之一。他的著作《英国法制史》和《英国司法制度史》(与李培锋教授合著)是国内研究英国司法史的奠基之作。他以宏观意义上的司法制度作为研究对象，高屋建瓴地阐述英国法院组织、法官制度、律师制度、审判制度、警察制度和刑罚制度等的历史演进，对普通法法院的探讨着重于法官制度与司法程序等方面。[⑥]何勤华教授主编的《英国法律发达史》专辟一章探讨了英国的法院组织和诉讼制度，为普通法法院的深入研究做了重要铺垫。[⑦]

① 梁津明、张馨艳：《习惯法到普通法：中世纪后期英国法律制度的演化路径》，《民间法》(第十八辑)，2016年。

② 李栋：《试论中世纪英格兰法律职业共同体的形成》，《广州大学学报》2011年第1期；程汉大、陈垣：《英国法律职业阶层的兴起》，《中西法律传统》(第二卷)，北京：中国政法大学出版社，2002年。

③ 陈绪刚：《法律职业与法治——以英格兰为例》，北京：清华大学出版社，2007年。

④ 李栋：《试述英格兰法律职业共同体的"普通法心智"观念》，《华中科技大学学报》2009年第1期。

⑤ 谢汉卿：《英国律师会馆研究》，长春：东北师范大学博士学位论文，2021年，第32—33页。

⑥ 程汉大、李培锋：《英国司法制度史》，北京：清华大学出版社，2007年。

⑦ 何勤华主编：《英国法律发达史》，北京：法律出版社，1998年，第462—522页。

另有一些学者从判例制度和普通法令状制度等不同方面论述16—17世纪英国普通法及普通法法院的历史。曹永军的博士论文《陪审制度变革的历史成因》以国家与社会的关系为视角分析了陪审制度的成因,并指出:"陪审团制度的形成过程实际上就是英国国王加强中央集权的过程,也是教会法院和封建法院的司法管辖权向王室法院转移的过程。"①屈文生的《普通法令状制度研究》是国内研究令状制度最重要的论著,系统探讨了普通法令状的起源、嬗变、分类、运用及在英国普通法发展中不可或缺的作用和价值。②李巍涛、汪栋、项焱、孙德鹏等学者分别从令状制度与国家治理、法律文化、法治传统的形成等不同角度论述普通法令状制度的变革及历史影响。③孟凡哲深入分析了判例制度在英国的产生及演变,并对判例制度的结构及其运行做了深入探讨。④上述论著对于16—17世纪司法制度中的各方面给予了一定重视,为研究这一时期普通法法院的转型提供了重要的研究基础。

其二,关于普通法法院的管辖权与司法独立问题。程汉大教授的《英国司法现代化述评》专辟一节评述了17世纪宪政革命与司法独立的关系,并强调这一时期英国普通法法院的发展是司法现代化历史进程中的"堡垒攻坚"阶段。⑤李栋的《通过司法限制权力——英格兰司法的成长与宪政的生成》从宪政发展的角度分析了英国普通法法院独立的历程。⑥对于普通法法院独立的实现过程,马登峰和温祥国的硕士论文分别从条件和基础两个方面进行了论述。⑦徐煜、高志平等人探讨了17世纪民众争取司法独立

① 曹永军:《陪审制度变革的历史成因——以国家与社会的关系为视角》,长春:吉林大学博士学位论文,2007年。

② 屈文生:《普通法令状制度研究》,北京:商务印书馆,2011年。

③ 汪栋:《普通法令状与英国司法化国家治理路径的形成》,《经贸法律评论》2020年第2期;李巍涛:《令状制度对英国法律文化的影响》,《辽宁大学学报》2007年第5期;项焱、张烁:《英国法治的基石——令状制度》,《法学评论》2004年第1期;孙德鹏:《源于"书写"的权利与技术》,《现代法学》2008年第3期。

④ 孟凡哲:《普通法系的判例制度——一个源与流的解读》,长春:吉林大学博士学位论文,2004年。

⑤ 程汉大:《英国司法现代化述评》,《法制现代化研究》(第十二卷),南京:南京师范大学出版社,2009年,第68—72页。

⑥ 李栋:《通过司法限制权力——英格兰司法的成长与宪政的生成》,北京:北京大学出版社,2011年。

⑦ 马登峰:《从条件看英国历史上的司法独立》,烟台:烟台大学硕士论文,2007年;温祥国:《论司法独立的基础——以十七世纪前的英国为中心的分析》,南京:南京师范大学硕士学位论文,2004年。

的斗争。①李艳华则探讨了司法独立思想在英国的起源与演变。②于明否定了英国司法独立的"中世纪起源"说,认为这一时期普通法法院的"法官自主性仍然是非制度化的,也无法等同于现代意义的司法独立的起源"③。对于司法独立的意义,魏建国从市场经济的建构角度提出:"英国普通法法院司法独立的最重要意义在于促成了英国政治与经济、行政与司法的分离,完成了英国法治秩序与市场经济的建构。"④对于普通法法院在宪制中的角色问题,李栋认为:议会与普通法法院结盟后,促成了"议会主权与司法独立相结合",这成为英国宪制"运行顺畅、效果良好"的根本原因。⑤此外,还有一些学者从不同方面探讨普通法法院及司法独立问题,如管火明、李栋、王本存等学者探讨了法官在英国法律、宪政革命及司法独立发展中的作用与影响。⑥

　　普通法法院管辖权问题的专题探讨不多,但也产生了一些极有价值的研究论文。冷霞和李红海探讨了普通法法院与衡平法院在司法实践中的冲突和协作问题。⑦杨晓艳的硕士学位论文讨论了17—18世纪英国商人法被纳入普通法的历史进程之中。⑧

　　总的看来,国内学界对于英国普通法及普通法法院的研究方兴未艾,

① 徐煜:《论17世纪初英国民众争取司法独立的斗争及其原因》,《湖北师范学院学报》2009年第6期;徐煜、高志平:《论英国斯图亚特王朝早期争取司法独立的斗争》,《湖北大学学报》2010年第5期。
② 李艳华:《司法独立学说在西方的轨迹与魅力》,《中西法律传统》(第一卷),北京:中国政法大学出版社,2001年。
③ 于明:《早期普通法中的司法与王权——英国司法独立的"中世纪起源"的再思考》,《南京大学法律评论》(秋季卷),2014年。
④ 魏建国:《司法独立:近代英国法治秩序与市场经济建构的制度之基》,《学习与探索》2006年第2期;魏建国:《近代早期英国普通法法院司法独立的特点及其意义》,《广西社会科学》2004年第3期。
⑤ 李栋:《英国宪政的精髓:议会主权与司法独立相结合的宪制》,《法学论坛》2012年第2期。
⑥ 管火明:《论法官在英国法律形成和发展中的作用》,《警官教育论坛》(第1辑)2005年;李栋:《英国法律职业者在"英国宪政革命"中的推动性作用》,《世界历史》2013年第2期;王本存:《法官的权威与国王的境遇——革命前英国司法权一瞥》,重庆:西南政法大学硕士学位论文,2003年。
⑦ 冷霞:《衡平法的胜利——大法官法院与普通法法院的管辖权冲突》,《南京大学法律评论》2009年秋季卷;李红海:《自足的普通法与不自足的衡平法——论英国普通法与衡平法的关系》,《清华法学》2010年第6期。
⑧ 杨晓艳:《英国商人法纳入普通法的历史探析(1606—1788)》,上海:华东政法大学硕士学位论文,2016年。

相关研究对普通法的发展、普通法法院组织体系的变迁、普通法法院与衡平法院关系的发展等方面进行了一定研究。本书正是在国内外相关研究基础上,尝试对以下三个方面进行补足和阐释:其一,普通法法院如何蜕去中世纪末已僵化的司法程序,在衡平法院、罗马法法院的强大竞争下完成初步的现代化改造?其二,普通法法院在17世纪英国政治转型中充当了怎样的角色?普通法法院与王权、议会的关系如何在政治革命中转变和重构?其三,光荣革命后普通法法院司法独立的保障制度如何建立,其模式和特点有哪些英国特色?

三、结构安排与要旨

本书将普通法法院置于近代早期(1485—1714年)英国社会转型与政治变革的宏观历史背景之下进行讨论,紧扣普通法法院的现代化转型及其与王权、议会关系变化这两条线索,重点探讨普通法法院对王权从依附到独立的地位变迁及其司法程序、法官制度等方面的现代化变革。近代早期英国普通法法院的转型进程,展现出一条与政治变革相伴而生的历史轨迹,因此对该问题的研究不仅能够深化学界对英国司法现代化道路的认识,而且为解读近代英国政治转型提供了新的视角。

本书认为,近代早期英国的王权与议会经历了协调合作、激烈冲突到议会战胜王权三个阶段,普通法法院的独立是在议会主导的革命推动下得以实现的,既作为政治转型的组成部分,也是政治转型的结果。在都铎时期王权与议会协调合作、共同兴起的背景下,依附于专制王权的大法官法院、海事法院和星室法院(Court of Star Chamber)等特权法院迅速扩张,而普通法法院借助传统习惯和崛起中的议会的力量,勉强维持了自身的"相对独立"地位。同时,在王座法院引领下,普通法法院通过改革司法程序和法官制度等实现了一定程度的自救与革新。17世纪初,斯图亚特君主强化个人专制,与试图维护传统宪政平衡的议会发生冲突。在此背景下,由于受制于君主手中的法官任免权等因素,普通法法院被驯服,成为专制王权的政治工具。革命爆发后,议会赢得对国王的胜利,但无论是长期议会还是奥利弗·克伦威尔(Oliver Cromwell, 1599—1658年)的护国主政府都将普通法法院作为打击政敌的政治工具,普通法法院的依附地位并没有发生实质改变。斯图亚特王朝复辟后,国王继续强化对普通法法院的控制,直到1688年光荣革命后,在"议会主权"原则确立的政治基础上,普通法法院取得独立于王权的地位。就普通法法院司法制度的现代化来说,近代早期英国的政治、经济和社会转型对普通法法院摆脱封建主义和专制主义的双重束缚,进而向现代司法体系过渡提出了时代要求。在此背景下,普通法法院在司法程序、法官选任与薪酬制度、陪审团制度等方面进行了初步的现代化改造。

本书共分为七章。第一章论述中世纪英国普通法法院的发展。该章主要在中世纪英国司法中央化背景下,对普通法法院形成的三个层面进行讨论:其一,普通法的兴起。普通法是以各地习惯法为基础建立起来的一套适用于全国的法律体系。普通法的兴起是英国中央集权统一国家构建的产物,体现了王权向地方的扩张,构成英国国家治理体系中的重要一环。诺曼征服后强大封建王权的建立是普通法发展的政治基础和转折点。至亨利二世统治时期,安茹王朝空前统一和强大,普通法在适应英国王权扩张和中央集权化发展的土壤中兴起,至爱德华一世(Edward I, 1272—1307年在位)统治时期,普通法已成为英国法律体系中最强势的一支。其二,普通法法院体系的成型。在普通法逐渐成熟的催化下,普通法法庭体系亦不断成型。普通法法院是在适应诺曼征服后英国特殊的封建社会土壤中逐渐形成的,并在与封建法院、教会法院、地方习惯法庭等传统司法体系的竞争中茁壮成长,至13世纪已然成为英国司法体系中最重要的一支。普通法法院主要包括三大中央法院(王座法院、民诉法院和财税法院)及由普通法法官主持的巡回法庭等,在13世纪以后承担着为英国民众提供司法救济的主要角色。其三,普通法专业法官群体的形成。普通法的兴起与普通法法院的成型为专业法官群体的产生提供了前提条件。同时,以律师会馆为核心的普通法教育体系的日益成熟也起到进一步助推作用。世俗的普通法专业法官群体打破了此前教士群体对英国司法的垄断地位。尽管法官的司法权源出于王权,且任免权掌握在国王手中,但中世纪专业法官群体自诞生以来就具有一种"相对独立"的特性。

第二章论述都铎时期(1485—1603年)普通法法院发展面临的内外危机、自救改革,以及改革的成效和影响。该章主要从三个方面探讨普通法法院的发展:其一,在都铎王朝王权兴起的背景下,基于国王直接权威建立的一系列特权法院崛起,加之中世纪晚期兴起的大法官法院和海事法院在王权支持下不断扩张司法权,从而对普通法法院的地位构成严峻的外部挑战。14、15世纪普通法尽管已开始走向僵化,但在司法中央化不断加速的助推下,封建法院与地方习惯法庭等的衰落仍能使普通法的司法阵地保持扩张状态,但至都铎时期,普通法的僵化已经成为普通法法院发展的内部桎梏。在此背景下,普通法法院丧失了大片司法阵地,其在英国司法体系中的主体地位遭到前所未有的挑战。其二，在内外危机下，普通法法院开启了一场自救改革，旨在革除普通法自身僵化的弊端，并寻求与衡平法院重建和谐和互补关系。这一时期，普通法法院的司法程序、法官制度和法院组织等都进行了一定程度的改造，成功挽救了普通法的衰落之势，完成了普通法法院现代化的重要一步。其三，分析都铎时期普通法法院"相对独立"地位的维系及与衡平法院"二元互动"司法模式的奠基。普通法法院在王权与议会权力并起，且二者维系和谐关系的政治背景下，独立性有了进一步的增长。它一方面继续为王权服务，另一方面开始寻求与议会的合作，成为英国宪制中一支重要力量。与此同时，随着都铎后期普通法与衡平法和谐互补关系的逐渐恢复，碎片化的中世纪司法体系，在中央层面上，开始向普通法法院与衡平法院"二元互动"为主的近代模式转型。

第三章探讨斯图亚特早期（1603—1640年）普通法法院"相对独立"地位的丧失。该章以普通法法院独立性的丧失为线索，分为三部分内容：其一，交待普通法法院独立性丧失的政治背景。斯图亚特王朝建立后，在专制王权不断加强，并与议会冲突加剧的政治背景下，中世纪以来保持"相对独立"的普通法法院也卷入其中。其二，普通法法院沦为专制王权的政治工具。从詹姆斯一世至查理一世（Charles I, 1625—1649年在位），父子二人在强化个人专制的过程中，不仅将星室法院等特权法院和大法官法院作为打击反对势力的工具，而且迫使普通法法院屈从，由此拉开普通法法院在政治高压下被迫屈从又不断抗争的历史。这一时期涌现出以爱德华·科克为代表的法律斗士，坚决捍卫普通法法院的独立性及其在司法体系中的主体地位。在王权的高压下，特别是国王手中掌握着法官的任免权，普通法法院最终被王权驯服，从而打破了中世纪以来保持的"相对独立"传统。其三，普通法法院独立性丧失的原因和影响。普通法法院的"沦陷"是"司法权源出于王权"的传统和国王掌握法官任免权等多方面因素共同促成的。这一变化还对英国的司法体系和政治发展都产生了极大的消极影响。对司法体系来说，法院和法官们在英国民众中的声誉大大降低，被贴上专制主义"政治工具"的标签。对英国政治而言，都铎时期王权与议会之间的政治平衡被打破，专制君主得以在法院支持下，"合法"地侵犯民众的权利、财产和自由。当然，普通法法院对专制王权的依附也推动了法律界的正直之士转向议会，使普通法职业共同体与议会建立起联盟，进而壮大了革命力量。

第四章讨论普通法法院在英国革命风暴洗礼下一系列司法改革试验及其政治地位的变迁。该章的研究主要分为两个层面：其一，分析英国革命对普通法法院带来的剧烈冲击。革命初期,维护司法独立与公正一度是革命者的口号,但汹涌的革命浪潮很快使司法体系陷入议会和军队各派争夺权力的旋涡之中。星室法院和恳请法院(Court of Requests)等特权法院被议会废除,大法官法院的司法职能一度被中断,普通法法官们纷纷遭到弹劾,本应承担起司法重任的普通法法院也几近瘫痪。长期议会在革命中一方面打压传统的司法体系,一方面大力扩张自己的司法特权。直到共和国和克伦威尔治下,普通法法院的司法工作才基本恢复,但革命初期建立公正、独立的司法体系的愿望并没有实现,残缺议会(Rump Parliament)和克伦威尔先后取代王权成为悬在普通法法院之上的达摩克里斯之剑。其二,尽管普通法法院并未获得独立地位,但这一时期普通法法院仍进行了一系列有益的改革试验。普通法法院的竞争对手、广受诟病的特权法院被废除,巩固了普通法法院在英国司法体系中的核心地位;法官的固定高薪制初步建立;英语成为普通法法院的司法语言。此外,激进派和温和派还提出了一系列旨在推进司法民主化与大众化的改革主张。尽管革命期间的改革大多由于不具备政治基础和社会土壤而无法取得成效,但其为17世纪后期普通法法院的转型准备了必要条件。

第五章分析复辟王朝普通法法院与王权、议会关系的变迁及其一系列进步改革。该章的研究主要分为两个方面:其一,普通法法院对王权依然是绝对的依附关系。斯图亚特王朝复辟后,普通法法院仍缺乏必要的政治保障,因此在国王加强控制司法权时,普通法法院仍被迫屈从。在某种程度上,复辟时期英国的政治状况与革命前相似:一方面是国王企图撇开议会建立专制统治,另一方面是议会千方百计限制王权。王权与议会的冲突仍然是英国政治舞台上的核心内容。在司法方面,革命期间进行的司法改革几乎全部被废除,除特权法院外,大法官法院与普通法法院又回到17世纪初的状态。普通法法院也依然没有摆脱依附强权的地位。其二,与早期斯图亚特王朝最大的不同是,革命留下了一个更加强有力的议会和在革命中一度威严扫地的王权,由此普通法法院得以在议会支持下和自身的司法实践中进行一系列改革,为光荣革命后实现司法独立奠定初步基础。这一系列进步改革主要包括以下三点:正当法律程序原则(due process of law)初步确立,国王特权对民众人身安全的肆意侵犯受到限制;法官与陪审团的司法豁免权得到一定保障,作为普通法法院司法程序最关键环节的陪审团审判实现初步独立;作为国王干涉普通法法院司法事务的两大"武器"——"赦免权"(dispensing power)和"中止权"(suspending power)受到限制。这些改革构成了英国普通法法院独立于王权与司法制度现代化的重要步骤。

第六章探讨光荣革命后普通法法院的独立，并尝试解析独具英国特色的司法独立模式。光荣革命胜利后，以"议会主权"为核心的英国宪制生成。以此为基础，普通法法院获得了独立于王权的政治条件。复辟时期，由于国王凌驾于法律之上的特权并未废除，普通法法院的独立仍面临不可逾越的障碍，但1688年光荣革命解决了这一问题。在此背景下，一是法官遴选制度与任职保障制度的改革取得突破，二是民众的正当法律权利得到有效维护，三是法官的固定薪俸得到有效保障。此外，法官与陪审员司法豁免权的确立及陪审团独立裁断地位的巩固等也为普通法法院的司法独立提供了重要条件。

以普通法法院的独立为标志，独具特色的英国司法独立模式初步形成。这一模式建立在光荣革命后形成的"议会主权"原则的政治前提之下，并以王权、议会和普通法法院关系的重塑为基础。该模式最根本的特点在于：它结合了源远流长的法官独立传统和长期的司法实践，在保留旧制度框架的基础上，通过一场"不流血"的革命（光荣革命）和一种"旧瓶装新酒"的方式，重新构建了法院、王权与议会之间的权力关系。这种新型权力关系最突出的表现在于——法院司法权的独立与"议会主权"原则的有机结合。一方面，议会（上议院）充当最高司法机关，使司法权分享和融入"最高主权"；另一方面，议会担当推动和保障法院独立司法的强大后盾。从进程与特点来看，英国模式体现出鲜明的"原生性"和对本国法律传统和宪制的独特适应性。

第七章讨论近代早期英国政治变革与普通法法院转型的互动关系，并在此基础上解析英国司法现代化道路及其特点。该章主要从以下两方面展开讨论：其一，政治变革与普通法法院独立的关系。近代早期普通法法院的转型围绕着两条线索完成了现代化的阶段任务。一是普通法法院与王权、议会关系的变化；二是普通法法院为适应近代早期英国经济和社会转型需要而进行的司法改革，包括司法程序、组织机构、法官制度、陪审制度等多个方面。在第一条线索中，议会主导下的政治革命及革命后近代英国宪制的生成无疑是普通法法院独立的主要推手。在此过程中，以"议会主权"原则为前提和基础，普通法法院与王权、议会的关系得以重塑。其二，评价在经验主义法律哲学的作用下，英国司法渐进式现代化道路的形成及其特点。在与政治变革的互动中，近代英国普通法法院的转型呈现出一条在传统与变革之间寻找平衡、在保守主义的表象下追求现代性的独特道路。我们可以将之概括为渐进的经验主义之路。不过，注重传统与实践的经验主义虽然保证了司法体系发展的平稳与持续,但在这种法律哲学的引领下,英国法院长期缺乏形式上的独立和现代化的清晰架构,相关质疑和争论一直持续至今。在某种程度上,普通法法院正如一座不断装配各种现代化家具、家电的千年古堡。这种形式上的保守主义和对内在现代性的追求正是英国司法现代化的最大特点。

四、概念界定与说明

(一)英国(England; England and Wales; Great Britain; United Kingdom)

本书中关于"英国"一词的使用,遵循学术界通行的用法,在不同的历史阶段其涵盖的范围确有差异。一般来讲,盎格鲁—撒克逊时代及13世纪威尔士被征服以前的"英国"指的是英格兰地区;1284年,爱德华一世征服威尔士全境,并颁布"威尔士法"后,"英国"涵盖了英格兰与威尔士两个部分;1707年,苏格兰王国并入英国,"英国"涵盖了英格兰、威尔士与苏格兰三个地区;1801年,爱尔兰也被正式并入英国,"英国"指的是大不列颠和爱尔兰联合王国,包括英格兰、威尔士、苏格兰和爱尔兰四个部分。1948年,爱尔兰共和国成立后,北爱尔兰地区六郡继续留在英国,直到现在,"英国"指的是大不列颠与北爱尔兰联合王国。无论英国在不同历史阶段范围如何变化,都不影响英国史以英格兰为主体的历史连续性,这主要基于英格兰及英吉利民族始终是英国的主体地区和主体民族这一事实。截至目前,英格兰人口占联合王国总人口的比例超过83%,经济总量与人口比例大体相当。因此,在没有特指的情况下,"英国"实际上主要指的就是"英格兰"(或"英格兰与威尔士")。本书中的"英国"按照习惯用法主要指英格兰和威尔士。苏格兰在1701年正式并入英国,但保留了以欧洲大陆法为核心的法律体系,该体系与英格兰和威尔士以普通法为主导的法律体系存在巨大区别。因此,本书中的英国普通法法院与苏格兰无关。

(二)近代早期(Early Modern Times)

本书将研究时限定为"近代早期",即1485年都铎王朝建立至1714年斯图亚特王朝结束这段历史时期,涵盖都铎王朝(1485—1603年)、早期斯图亚特王朝(1603—1640年)、革命时期(1640—1660年)、复辟时期

（1660—1688年）、晚期斯图亚特王朝（1688—1714年）五个历史阶段。在这段时期内，英国开始从中世纪向近代社会过渡，普通法与普通法法院也在政治变革的推动下完成向近代过渡的历史任务，实现了一次较大转型。

（三）普通法法院（Common-law Courts）

本书所探讨的英国"普通法法院"有广义和狭义之分。狭义的普通法法院仅指普通法法官适用普通法的场所，主要指位于威斯敏斯特的王座法院、民诉法院、财税法院和巡回法院等；广义的普通法法院涵盖普通法法院的司法活动、司法程序、法官制度等多方面内容。对于适用衡平法、教会法、地方习惯法、罗马民法、封建法等普通法以外的法院、相关制度和司法活动均不在本书研究范围之内。本书的讨论将普通法法院的发展置于近代早期英国政治转型的背景下，特别是放入近代早期英国王权与议会冲突至英国近代宪制生成的历史进程中进行研究。

（四）衡平法院（Equity Court）

本书在探讨普通法法院转型的历程中涉及其与衡平法院的关系。其中，所涉及的衡平法（Equity）是指与普通法相对应的一套法律原则和法律程序体系。本书中所涉及的衡平法院包括大法官法院、星室法院和恩请法院等依据衡平法审理案件的法院。其中，由大法官主持的大法官法院是最主要的衡平法院。

（五）大法官（Lord Chancellor）

"大法官"在中世纪是具有重要政治地位的御前大臣，主持文秘署（Chancery）和谘议会等。除了"大法官"这一较为常见的译法外，还可在国内论著中见到如下译法："御前大臣"[1]"枢密大臣"[2]"枢密使"[3]"文书大臣"[4]"掌玺大臣""中书令"[5]等。

必须指出，"掌玺大臣"（Lord Keeper of Great Seal）和"大法官"在职权上并无实质差异，但"大法官"是象征崇高地位和贵族身份的称号，授予极

---

① 张玮麟：《英国御前大臣的历史与变革》，《贵州社会科学》2014年第9期。
② 沈达明编著：《衡平法初论》，北京：对外贸易大学出版社，1997年，第3页。
③ ［英］戴雪：《英宪精义》，雷宾南译，北京：中国法制出版社，2001年，第397页。
④ 杨兆龙：《大陆法与英美法的区别究竟在哪里？》，杨兆龙：《杨兆龙法学文选》，北京：中国政法大学出版社，2000年，第193页。
⑤ 马克垚：《英国封建社会研究》，北京：北京大学出版社，1992年，第76页。

为慎重。一部分掌玺大臣会在任职一段时间后由国王再授予"大法官"委任状,以明确其权威地位,但也有相当一部分掌玺大臣并未获得该称号。1532年,亨利八世授予托马斯·奥德利"掌玺大臣"之职,并在他的委任状中添加了下面的内容:"他具有在大法官法院、星室法庭和谘议会与大法官同样的权力。"伊丽莎白一世在授予其首任掌玺大臣尼古拉斯·培根的委任状上,进一步明确培根"享有与大法官同等的权力"。1563年议会又通过立法对此进行了追认,明确规定掌玺大臣根据普通法拥有与大法官同样的"地位、权威、司法权、执法权以及所有其他习俗上的权利和地位"[1]。通过议会与王权的双重保障和权威认可,对掌玺大臣权威的质疑得到基本平息。此后,两者的差异主要在身份地位上,而非职权上,大多数情况下是通用的,可以统称为"大法官"。

因对"Lord Chancellor"的翻译不同,对"大法官法院"的翻译也可见"御前大臣法庭""文秘署法庭""大法官庭"等多种。本书统一采用学界最为常见且相对更为准确的"大法官法院"一译。英国革命期间,星室法院和恳请法院等特权法院被议会法令废除,至斯图亚特复辟王朝以后,衡平法院主要指大法官法院,二者在大多数情况下可以通用。

需要说明,本书出现的外国人名和地名除部分学术界约定俗成或通用的译法外,均采用新华通讯社译名室编写,并由商务印书馆出版的《英语姓名译名手册》(第四版)和中国地名委员会编写的《外国地名译名手册》的译法。[2]本书中出现的法律专业术语的翻译,除部分学术界约定俗成的译法外,主要采用薛波主编的《元照英美法词典》中的译法。[3]

---

[1] Edward Foss, *The Judges of England*, Vol. Ⅴ, 1485—1603, London: Longmans, 1857, pp.395-396.

[2] 新华通讯社译名室编:《英语姓名译名手册》(第四版),北京:商务印书馆,2017年;中国地名委员会编:《外国地名译名手册》,北京:商务印书馆,2009年。

[3] 薛波主编:《元照英美法词典》,北京:北京大学出版社,2013年。

第一章 中世纪普通法法院体系的成型

普通法是现代英美法系的母体,它的兴起是西方法律发展史上的重要篇章。中世纪英国普通法是以各地习惯法为基础建立起来的一套适用于全国的法律体系。伴随着普通法的兴起,普通法法院逐渐适应诺曼征服后英国特殊的封建社会土壤,并在与传统司法体系的竞争中成长起来。中世纪英国的司法机构类型多样,包括盎格鲁–撒克逊时代(5世纪中叶至1066年)留下的地方习惯法庭、诺曼征服以后成型的封建法庭、自成一体的教会法院、各种特许法庭,以及中世纪后期崛起的普通法法院、衡平法院、海事法院等。普通法法院在13世纪以后成为英国司法体系的主体,三大中央法庭(王座法院、民诉法院及财税法院)是其核心,扮演着为英国民众提供法律救济的关键角色。普通法的兴起与普通法法院的成型作为英国法制史上的里程碑,是在中世纪后期英国司法的中央化和世俗化进程中实现的,具有划时代意义。

第一节 中世纪普通法的兴起

诺曼征服以前,英国的法律主要是盎格鲁–撒克逊人带来的日耳曼习惯法。[①]由于习惯法在不同地区的差异极大,对于试图在政治上统一英格兰的国王来说,统一王国的法律是重要一环。这一时期出现了几部著名的成文法典,如《阿尔弗雷德法典》(*Laws of Alfred*)、《埃塞尔斯坦法典》(*Laws of thelstan*)、《克努特法典》(*Laws of Cnut*)等。[②]但这些法典主要是对一些

---

① Frederick Pollock and F. W. Maitland, *The History of English Law before the Time of Edward I*, Vol. 1, Cambridge: Cambridge University Press, 1895, pp.30-32.
② 自阿尔弗雷德开始,威塞克斯(Wessex,即"西撒克逊")国王拥有了"盎格鲁–撒克逊人的国王"(King of the Anglo-Saxons)的名号,至埃塞尔斯坦时,国王有了"英吉利人的国王"(King of the English)的名号。参见孙银钢:《盎格鲁–撒克逊法探析》,上海:华东师范大学博士学位论文,2013年,第29页。

普遍认可的习惯法的汇编。正如阿尔弗雷德大王（Alfred the Great，871—899年在位）在其编纂的法典中所说："我将先辈尊奉的法律统一记载下来……我未敢妄自记入自己制定的法律，因为我不知道哪些能够获得人们的赞同。"[1]总之，在诺曼征服之前，英国普通法尚处于孕育阶段。

诺曼征服是普通法发展的转折点。正如有学者所说：诺曼征服为普通法的发展"创造了至关重要的政治条件和社会环境"[2]。征服者威廉（William the Conqueror，1066—1087年在位）通过军事手段结束了盎格鲁–撒克逊时代英国长期分裂割据、屡遭外侵的历史，引入了较为完善的诺曼底封建制度，并加以改造。他通过各种措施加强对教俗两界封建领主的控制，巩固和强化了中央集权。强大的中央王权将统治伸展到地方，为普通法的形成提供了政治土壤。威廉一世的法律改革，主要表现在两个方面：一是奉行"上帝的归上帝，凯撒的归凯撒"的原则，将世俗管辖权从教会的司法管辖权分离出来，并规定主教不得干涉地方法院事务[3]；二是确立"封臣的封臣还是我的封臣"的封建法基本原则。同时，诺曼王朝（1066—1154年）诸国王都宣称对传统盎格鲁–撒克逊习惯法的认可。威廉一世宣称："我决意并命令：除我为英国人民利益添加的法律外，所有人都须遵守爱德华国王治下关于土地和所有其他方面的法律"。亨利一世（Henry I，1100—1135年在位）即位后也宣称："我将爱德华国王时期的法律与我父王（威廉一世）在贵族建议下制定的法律返还给你们。"[4]总的来看，尽管封建法迅速发展，普通法也开始成长，但传统的盎格鲁–撒克逊地方习惯法仍然是这一时期世俗法律的主体。

亨利二世统治时期，普通法的兴起进入关键阶段。亨利二世的司法改革包括以下四方面：其一，进一步廓清世俗和教会管辖权的界限。1166年，亨利二世发布《克拉伦敦法令》（Assize of Clarendon），明确世俗司法权和教会司法权的基本范围。梅特兰对此指出："尽管在亨利二世之后一个世纪甚至更长的时间里这条边界仍存有争议"[5]，但总算为教俗两界的司法

---

[1] John Cannon & R. A. Griffiths, *The Oxford Illustrated History of the British Monarchy*, Oxford: Oxford University Press, 1988, p.34.

[2] 于洪：《论英国普通法形成的核心因素》，《历史教学》2010年第6期。

[3] G. B. Adams and H. M. Stephens, eds., *Select Documents of English Constitutional History*, London: Macmillan, 1919, pp.1–2.

[4] F. W. Maitland, *The Constitutional History of England: A Course of Lectures Delivered*, Cambridge: Cambridge University Press, 1965, pp.7–8.

[5] F. W. Maitland, *The Constitutional History of England: A Course of Lectures Delivered*, Cambridge: Cambridge University Press, 1965, p.13.

权划了一条大致的边界。其二,亨利二世"将全国所有自由土地保有人对土地的占有纳入王权保护之下"。他通过"新近侵占和收回继承地"(*possessory assizes of novel disseisin and mort d'ancestor*)两个令状为受到侵扰的土地所有者在王室法庭提供法律救济。其三,亨利二世将陪审制推广到所有诉讼案件中。其四,将巡回法庭制度常态化。巡回法官们前往全国各地行使王室法院的司法权,这样一来,业已形成的普通法被输送到全国。与此同时,巡回法官们不断将各地习惯法吸收进普通法中来。[1]在上述法律改革的基础上,普通法渐渐形成。[2]总之,伴随着英国司法的中央化,英国法律的主体逐渐由地方习惯法转化为普遍适用的普通法。

"无地王"约翰(John the Lackland,1199—1216年在位)时期,英国发生剧烈的政治动荡,安茹王朝在欧洲大陆上的领地丧失殆尽,贵族发动政变,迫使约翰王签署了著名的《大宪章》。[3]法律史家普拉克内特将整个英国宪政史视为"对《大宪章》进行解读的历史"[4]。对于普通法的发展来说,《大宪章》也具有深远的意义。首先,它首次以制定法的形式明确国王的统治必须限定在法律的范围之内,蕴涵了法治原则。[5]梅特兰指出:"所有事务不再由含糊的承诺保证,国王的权力范围以白纸黑字的形式明确。另外,除去具体内容外,发布这样一份冗长、详细而实用的文件本身,就意味着法治(rule of law)的诞生。"[6]其次,亨利二世引入的陪审制度在《大宪章》中确立。第39条明确规定:"任何自由人未经其同等身份的人(his peers)或王国法律审判不得被逮捕、监禁、没收财产、剥夺法律保护权、放逐或其他任

---

① F. W. Maitland, *The Constitutional History of England: A Course of Lectures Delivered*, Cambridge: Cambridge University Press, 1965, p.13.

② F. Pollock and F. W. Maitland, *The History of English Law before the Time of Edward I*, Vol. 1, Cambridge: Cambridge University Press, 1895, pp.136—137.

③ 大宪章包括 1215、1216、1217、1225 年四个版本,后世多以 1225 年版为准。参见 F. W. Maitland, *The Constitutional History of England: A Course of Lectures Delivered*, Cambridge: Cambridge University Press, 1965, p.15.

④ T. F. T. Plucknett, *A Concise of History of the Common Law*, Boston: Little Brown and Co., 1956, p.25.

⑤《大宪章》被认为是英国制定法的源头和开端。参见 F. W. Maitland, *The Constitutional History of England: A Course of Lectures Delivered*, Cambridge: Cambridge University Press, 1965, p.16.

⑥ F. W. Maitland, *The Constitutional History of England: A Course of Lectures Delivered*, Cambridge: Cambridge University Press, 1965, p.15.

何伤害。"①陪审制是普通法区别于大陆法的重要特征,它的确立是普通法形成的重要标志之一。

亨利三世统治时期,普通法继续大踏步发展,大量案件涌入威斯敏斯特的中央法庭及派往各郡的巡回法庭,由此"普通法法院迅速成为所有重要世俗案件的常规法院"②。这一时期也是法官立法的黄金时代,梅特兰指出:"法官们具有很大的司法空间,他们可以创造新的救济措施来应对新的情势",而"创制新的救济措施实际上就是在制定新的法律"。③这一时期还诞生一位伟大的法官和法学家——亨利·布拉克顿(Henry Bracton,?—1268)。布拉克顿是一名教士,并曾担任过王座法院法官。他的代表作《论英格兰的法律与习惯》(De legibus et consuetudinibus Angliae)包含了其主要的法学成就。布拉克顿对英国普通法的形成具有划时代的影响。其一,他提出了"王在法下"的思想。布拉克顿本人经历了约翰王时期英国的动乱,目睹了贵族的反叛及《大宪章》的出现,结合英国古老的自由主义,他提出"国王不受制于人,但受制于上帝和法律"④。这一思想后来成为17世纪反抗国王专制特权的重要口号,被爱德华·科克等人继承,最终汇入近代英国宪政思想的洪流,成为光荣革命后英国的宪政原则之一。其二,开创判例制度。布拉克顿曾大量阅读13世纪的司法案卷,对其中约两千个案件做了笔记,结合长期的司法实践,他认为:"如果出现相同的案件,就应该用一种相同的办法来判决。"⑤判例原则作为普通法原则的核心内容之一,加速了普通法的成熟。丹宁勋爵(Lord Denning,1899—1999)评价布拉克顿是"第一个使法律成为科学的人"⑥。

爱德华一世时期,伴随着议会立法(制定法)的兴起,普通法的发展有所放缓。不过,这一时期普通法本身得到进一步完善。其一,普通法作为一种专门法律的地位得到明确。根据梅特兰的观点,"普通法"这一术语即产生于这一时期。他指出:"普通法"与"专门法"相对,它并非人定法,因而

---

① G. B. Adams & H. M. Stephens, eds., *Select Documents of English Constitutional History*, New York: Macmillan, 1919, p.47.

② F. W. Maitland, *The Constitutional History of England: A Course of Lectures Delivered*, Cambridge: Cambridge University Press, 1965, p.18.

③ F. W. Maitland, *The Constitutional History of England: A Course of Lectures Delivered*, Cambridge: Cambridge University Press, 1965, p.18.

④ [英]丹宁勋爵:《法律的未来》,刘庸安、张文镇译,北京:法律出版社,2011年,第7页。

⑤ [英]丹宁勋爵:《法律的未来》,刘庸安、张文镇译,北京:法律出版社,2011年,第6页。

⑥ [英]丹宁勋爵:《法律的未来》,刘庸安、张文镇译,北京:法律出版社,2011年,第56页。

不同于制定法(statutes)和条例(ordinances);它具有普遍适用性,因而不同于地方习惯法;它在世俗法院适用,因而不同于教会法(ecclesiastical law)。①其二,熟悉普通法的世俗人士逐渐占据各主要法庭的法官职位,同时,一支数量庞大的普通法职业群体出现。其三,判例制度等普通法原则得到确立和巩固。自1292年起,各中央法庭的诉讼记录作为普通法判例的重要来源,以《年鉴》(Year Books)的形式留存。总之,至13世纪后期,一套普遍适用于整个英格兰的普通法体系基本形成,并在"此后数个世纪的司法实践中保证了其连续性"②。

在普通法法院的司法实践中,普通法令状制度逐渐走向成熟,构成普通法司法程序的核心。令状制度起源于盎格鲁-撒克逊时代的"程式"(formulae)③,在其早期的发展过程中作为一种行政性的文书。现存盎格鲁-撒克逊时代的令状大多出自"忏悔者"爱德华时期,这些令状的形式基本固定,语言精确凝练,表明令状制度已经萌芽。诺曼征服以后,诺曼王朝的历任君主都致力于发展令状制度,使之迅速成为国王政府行政管理中的核心制度。这一时期,令状使用范围迅速扩张。相对于"忏悔者"爱德华时期内容单一的情况,④诺曼王朝的令状涉及军事、司法、税收、人事任免和一般性的行政命令等多个方面。最常见的令状类型如召集封臣提供军事服务、命令官员解决纠纷、推动司法审判、宣布对主教和伯爵的委任等。⑤

司法令状分为起始令状(original writs)⑥和司法过程令状(judicial writs)两种。起始令状是启动司法程序的第一步,是普通法对于不动产诉讼的起始或根据,当事人必须向文秘署申请购买,大法官和文秘署以国王的名义签发,并加盖国玺,授予法官审理令状中所包含事由的权力。由于

---

① F. W. Maitland, *The Constitutional History of England: A Course of Lectures Delivered*, Cambridge: Cambridge University Press, 1965, pp.22–23.

② [英]约翰·哈德森:《英国普通法的形成——从诺曼征服到大宪章时期英格兰的法律与社会》,刘四新译,北京:商务印书馆,2006年,第253页。

③ W. S. Holdsworth, *Sources and Literature of English Law*, Oxford: Clarendon Press, 1925, p.200.

④ 大都是通知某郡郡长或教俗贵族等关于国王对某处土地或某项权利的权威确认,并要求他们保证受让人(grantees)的权益得到尊重。See D. C. Douglas and G. W. Greenaway, eds., *English Historical Documents 1042–1189*, London: Eyre Methuen, 1981, pp.460–461.

⑤ Nicholas Underhill, *The Lord Chancellor*, Lavenham, Suffolk: Terence Dalton Ltd., 1976, p.8.

⑥ 起始令状一直沿用到1873年才取消。

垄断了起始令状的签发,大法官实际上掌握了通往普通法救济的"唯一钥匙"。此外,早期的司法过程令状也由大法官的文秘署签发,13世纪以后才转交由普通法法院自己签发,用于处理诉讼开始后的相关事务,加盖法院印章。①13世纪普通法兴起后,"司法令状已同财政方面的令状一起成为金雀花王朝文秘署工作中最繁重的两项常规事务"②。为此,文秘署的组织体系不得不随之扩充。1388年发布的《文秘署条例》扩大了文秘署的文书人员数量,并确立了以一等文书(clerks of the first grade)、二等文书(clerks of the second grade)和书记官(cursitors)三级组织为核心的等级结构。③

爱德华一世以后,一直到都铎王朝初期,普通法的发展陷入一个较长的停滞期。究其原因,一方面,普通法法院的司法管辖权继续扩张,封建法和地方习惯法持续衰落,普通法确立了在英国法律体系中的核心地位。另一方面,普通法的诉讼程序逐渐僵化,无法满足中世纪末期英国社会、经济的剧烈变动,从而催生了更加灵活的衡平法的产生,以弥补普通法的救济失位。但无论如何,12—13世纪普通法的形成在英国法律史中都具有里程碑式的重大意义。

第二节 三大普通法法院的成型

在亨利二世改革前,各种不同的司法体系交叉并行、互不统属,整个王国的司法权被分割成碎片,主要的法院体系包括地方习惯法庭体系、封建法院体系、教会法院体系、国王法院和一些特许法庭等。其中,郡法庭、百户区法庭、封臣法庭、庄园法庭等组成的地方法院是适用地方习惯法的主要场所,在英国的世俗司法体系中居于主要地位。国王法院适用萌芽中的普通法和封建法,但司法管辖权非常有限,主要包括以下三个方面:一是作为地方法院的上诉法院(Court of Appeal);二是作为处理国王直属封臣纠纷的封建法庭;三是享有对涉及国王特别利益的案件,即"国王之诉"(pleas of the crown)的司法管辖权。④特许法庭是由国王颁发特许状而享

---

① 薛波主编:《元照英美法词典》,北京:北京大学出版社,2013年,第1012、751页。

② Nicholas Underhill, *The Lord Chancellor*, Lavenham, Suffolk: Terence Dalton Ltd., 1976, p.12.

③ A. R. Myers, ed., *English Historical Documents, 1327-1485*, London and New York: Routledge, 1969, pp. 499-500.

④ F. W. Maitland, *The Constitutional History of England: A Course of Lectures Delivered*, Cambridge: Cambridge University Press, 1965, pp.106-107.

有特殊司法管辖权的法庭,如兰开斯伯爵领地法庭(Duchy Court of Lancaster)①、达勒姆巴拉丁郡领地衡平法庭(Chancery Court of County Palatine of Durham)②、兰开斯特巴拉丁领地大法官法庭(Chancery Court of County Palatine of Lancaster)③等,以及通过购买城市特许状而独立于郡法庭之外的伦敦城市法庭等。④

一、普通法法院的成长

亨利二世时期是普通法形成和普通法法院成长的关键阶段。其一,司法的中央化趋势越来越快。至爱德华一世统治时期,王室法庭已经初步完成对地方法院特别是郡法庭司法管辖权的上收。其二,司法权与行政权不断分离。1268年,英国取消兼行政和司法的政法官(Justiciar)一职,标志着司法权分立的初步实现。⑤其三,普通法法院的组织机构日趋完善。针对不同种类的诉讼,王室法院逐渐分成王座法院、民诉法院和财税法院三大法院,并固定在威斯敏斯特办公。至13世纪后期,英国的普通法法院基本成型。

王座法院是主要的刑事诉讼法院。1178年,亨利二世任命两名教士和三名世俗人士在国王法院听审王国所有的诉讼,他们主持的这个法院将成为一个“永久性的中央法院”。中世纪英国最负盛名的法学家格兰维尔(Ranulf Glanvill)在1180年成为首席法官。⑥1268年,罗伯特·德·布鲁斯

---

① 由兰开斯特公爵领地的枢密大臣或其代表主持的一个处理该领地内有关衡平及税收事务案件的法庭。参见薛波主编:《元照英美法词典》,北京:北京大学出版社,2013年,第446—447页。

② 威廉一世认可了达勒姆主教对其巴拉丁领地的各种权力,后设置了该法庭,并由国王任命领地枢密大臣作为法官,法庭还有诸如总检察长、副总检察长等官员。1971年该法庭并入高等法院。参见薛波主编:《元照英美法词典》,北京:北京大学出版社,2013年,第213页。

③ 1351年,爱德华三世准予兰开斯特公爵(Duke of Lancaster)设立大法官法庭(Court of Chancery)和一名大法官(chancellor),并授予其附属于巴拉丁领地的“准王权”。该法庭设有总检察长,1971年并入高等法院。参见薛波主编:《元照英美法词典》,北京:北京大学出版社,2013年,第213页。

④ Bryce Lyon,*A Constitutional and Legal History of Medieval England*,New York: W·W·Norton & Co.,1980,pp.193−194.

⑤ F. W. Maitland,*The Constitutional History of England: A Course of Lectures Delivered*,Cambridge: Cambridge University Press,1965,p.133.

⑥ Frederick Pollock and F. W. Maitland,*History of English Law*,Vol. 1,Cambridge: Cambridge University Press,1895,p.154.

（Robert de Brus）被正式任命为"在国王面前受理诉讼的首席法官"（Chief Justiciar to Hold Pleas before the King），其最大意义在于他成为第一个"仅以司法目的而授予职位"的法官，并在"王座"（the Bench）上主持正义，因此他被视为王座法院第一位正式的首席法官，这一事件也标志着王座法院的正式诞生。①除首席法官（Chief Justice）外，该法院法官还包括数名陪审法官（Puisne Judges）。亨利二世之后，该法院管辖权不断扩张，除享有对所有王室官员、郡长等行政官员相关控诉案件的司法管辖权外，还可以处理任何被认为涉及"破坏王之和平"②的民事诉讼。③王座法院最初要随国王在全国各地巡游，13世纪逐渐固定在威斯敏斯特办公。霍尔兹沃思认为，至亨利三世统治末期（13世纪后期），王座法院发展成为一个真正独立的中央法院。④

至都铎王朝建立之前，王座法院每年大约受理500个案件，⑤其管辖权相当宽泛且已较为明确。1483年，时任英国内殿会馆（Inner Temple）主管（Bencher）⑥的摩根·基德威利（Morgan Kydwelly）在演讲中归纳了王座法院的司法管辖权，包括：涉及国王的所有诉讼，如叛逆、谋杀、重罪（felony）、非法入侵（trepass）、非法干扰或唆讼（maintenance）、共谋（conspiracy）、由国王亲自签发的权利令状（writs of right brought by the king himself）、纠错令状（writs of error），以及"债务、非法占有（detinue）、账目往来（account）以及诸如通过诉状（bill）指控被关押的某人"⑦。此外，还有一些未被纳入的方

---

① Frederick Pollock and F. W. Maitland, *History of English Law*, Vol. 1, Cambridge: Cambridge University Press, 1895, p.204.

② "破坏王之和平"在《克努特法典》中表述为"mund-bryce"（破坏国王的和平）；在《亨利一世之法》中则表述为"infortio pacis regiae per manum vel breve datum"（破坏国王亲自或通过令状建立的和平）。参见 F. W. Maitland, *The Constitutional History of England: A Course of Lectures Delivered*, Cambridge: Cambridge University Press, 1965, p.108.

③ F. W. Maitland, *The Constitutional History of England: A Course of Lectures Delivered*, Cambridge: Cambridge University Press, 1965, p.134.

④ W. S. Holdsworth, *A History of English Law*, Vol. I, London: Methuen, 1956, p.205.

⑤ J. H. Baker, *The Oxford History of the Laws of England*, Vol. VI, 1483—1558, Oxford: Oxford University Press, 2003, p.156.

⑥ 律师会馆的主管一般由王室法院法官、高级律师等担任。主管对会馆的财产有控制权，并有权决定会员吸收、授予律师资格或驱逐出会馆等问题。"对于主管与公会会员之间的纠纷，由御前大臣（大法官）与高等法院法官组成的公会（会馆）内部裁判庭（domestic tribunal）解决。"参见薛波主编：《元照英美法词典》，北京：北京大学出版社，2013年，第141页。

⑦ Reading in the Inner Temple (1483) CUL MS. Ee.5.18, ff. 28-29. 转引自 J. H. Baker, *The Oxford History of the Laws of England*, Vol. VI, 1483-1558, Oxford: Oxford University Press, 2003, p.151.

面,包括:要求发还财物的诉讼(replevin);处于监护下的未成年人未经监护人同意的婚姻(revishment of ward)①;巡回审判中的诉讼(assizes)、法定诉讼(statutory actions),如蔑视王权罪(praemunire);以及各种形式的对于王权的监督管辖权(supervisory jurisdiction),如人身保护令(*habeas corpus*)、权利开示令(*quo warranto*)②和禁制令。③值得一提的是,王座法院除拥有对王室案件的排他性管辖权外,还享有对法院内任职的法官、文书官员及其随从,甚至低级的事务职员如绞刑执行人及所有被监禁在王室内务法庭监狱(Marshalsea prison)④的被告人等所涉案件的垄断管辖权。⑤

至15世纪,王座法院组织体系已经建立。法院的主要文职人员及其职能主要包括:公诉书记官(Clerk of the Crown)由国王授予任命状(letters patent)⑥,负责起草、宣读、记录对犯罪的起诉,特别是负责所有刑事案件的记录;⑦首席书记官(Chief Clerk)由首席法官任命,⑧负责记录所有民事案件;⑨令状保管官(Custos Brevium)也由首席法官任命,负责接收和存档必须回呈的令状;⑩十三令状归档官(Thirteen Filazers)也由首席法官任命,负责起始

---

① 薛波主编:《元照英美法词典》,北京:北京大学出版社,2013年,第1148页。

② "权利开示令状"是指:"一种为国王利益而颁发的带有权利令状(writ of right)性质的特权令状(prerogative writ),主要针对那些主张或盗用公职、特权及司法管辖权者,要求他们说明其权利依据,他们凭什么行使上述特权。"参见薛波主编:《元照英美法词典》,北京:北京大学出版社,2013年,第1142页。

③ J. H. Baker, *The Oxford History of the Laws of England*, Vol. VI, 1483–1558, Oxford: Oxford University Press, 2003, p. 151.

④ "王室内务法庭监狱"起初为王室内务法庭(Court of the Marshalsea)的监狱,用于关押债务人,之后归王座法院使用,此监狱于1300年开始启用,一直沿用到1842年,位于索斯沃克(Southwark)。参见薛波主编:《元照英美法词典》,北京:北京大学出版社,2013年,第898页。

⑤ 马瑛:《中世纪的王座法院》,上海:华东政法大学硕士学位论文,2008年,第29—30页。

⑥ 又译作开封特许状,指由国王授予个人的任命状,即公开颁发的国王所做的公示命令并盖国玺的文书,主要是用来对个人或公司授予某种特权或从事某种特定活动的权利。它不同于特许状(charters),因其抬头形式"致所有本特许证所及之人"("To all to whom these present come"),而且还通常可由国王亲自公开表明对其权威的确认。参见薛波主编:《元照英美法词典》,北京:北京大学出版社,2013年,第833页。

⑦ 王座法院公诉书记官也处理民事诉讼中涉及金钱处罚等事务,并将之记录于监督账目(controlment rolls)中。参见 Marjorie Blatcher, *The Court of King's Bench 1450–1550: A Study in Self-help*, London: The Athlone Press, 1978, p.38.

⑧ 王座法院和民诉法院都有首席书记官,前者称为"Chief Clerk",后者称为"Prothonotary"。

⑨ 薛波主编:《元照英美法词典》,北京:北京大学出版社,2013年,第1111—1112页。

⑩ 薛波主编:《元照英美法词典》,北京:北京大学出版社,2013年,第362页。

令状的分类整理与归档。①除此之外,法院还包括一批低级文职人员,如由首席书记官任命的王座法院办公室副书记官(Secondary of the King's Bench Office)②和文件管理员(Clerk of Papers);由公诉书记官任命的"公诉副书记官"(Secondary of the Crown Office)等。武职人员主要指由王室典礼官(Earl Marshal of England)委任的王座法院监狱典狱长(Marshal of the King's Bench Prison)和副典狱长(Under-Marshal)。③其他工作人员还包括负责法院秩序和警卫工作的法警或门吏(Usher or Doorkeeper);职责为宣布开庭、休庭、传唤及其他依法官命令进行宣告的传令官(Crier)等,④他们也由开封特许状获得委任,并可能由其副手或代理人(deputy)履行职务。⑤这些职员的收入主要分为两类:由国王任命的法官、法院官员可以从王室领到相对固定的薪酬和津贴,同时还能从自己的工作中获得各种服务费;非王室任命的职员收入主要来自其工作和少量来自法院和上级发放的津贴。

民诉法院受理大多数一般性的民事诉讼案件,它是英国"第一个独立于其他政府工作之外的专职法庭"⑥。亨利二世时期,民诉法院的主持者获得"首席法官"之称,除首席法官外,还包括数名陪审法官。此外,根据《大宪章》第17条的规定:民事诉讼不应跟随国王四处移动,而应在固定场所审理。⑦因此,民诉法院基本都固定在威斯敏斯特办公,不过由于这里空间有限,所以部分法院的职员是在律师会馆里办公的。都铎王朝建立前的民诉法院内部组织与王座法院相似,除了四五名法官外,还拥有较为庞大的职员队伍。首席书记官(Chief Clerk)是由国王委任的令状保管官,但担任这一职位的人往往并不履行实际职责,而是由其代理人负责。⑧

民诉法院的管辖权一直到都铎前期都没有太大变化。一般而言,对于

① 薛波主编:《元照英美法词典》,北京:北京大学出版社,2013年,第551页。

② 副书记官一职的记名册(Remembrance rolls)虽然迟至1552年才正式出现,但该职位可以追溯到15世纪。参见 J. H. Baker, *The Oxford History of the Laws of England*, Vol. VI, 1483-1558, Oxford: Oxford University Press, 2003, p.146.

③ J. H. Baker, *The Oxford History of the Laws of England*, Vol. VI, 1483-1558, Oxford: Oxford University Press, 2003, p.146.

④ 薛波主编:《元照英美法词典》,北京:北京大学出版社,2013年,第350页。

⑤ Marjorie Blatcher, *The Court of King's Bench 1450-1550*, London: The Athlone Press, 1978, pp.35-36.

⑥ 程汉大:《12—13世纪英国法律制度的革命性变化》,《世界历史》2000年第5期。

⑦ G. B. Adams & H. M. Stephens, eds., *Select Documents of English Constitutional History*, New York: Macmillan, 1919, p.45.

⑧ J. H. Baker, *The Oxford History of the Laws of England*, Vol. VI, 1483-1558, Oxford: Oxford University Press, 2003, p.127.

涉及破坏"王之和平"的诉讼案件,民诉法院与王座法院享有并列管辖权,而对于所有其他一般性的民事案件,民诉法院则享有理论上的垄断性管辖权。例如,民诉法院"享有对不动产诉讼的垄断性管辖权。……对于一些混合之诉(mixed actions)如妨碍圣职推荐之诉(*quare impedit*)[①]和损坏之诉(waste)也享有排他性管辖权。另外,民诉法院还享有对地方法院错误判决的垄断管辖权,以审查地方法院的非记录诉讼(proceedings in local courts which were not of record)"[②]。但正如梅特兰所说:"王座法院与财税法院都攫取大量本该属于民诉法院的业务"[③],因此民诉法院实质上在民事司法管辖权方面并不享有真正的垄断地位。事实上,在14—15世纪,该法院大多数非排他性管辖权之外的诉讼都是与王座法院分享的,如侵权行为(trespass),包括案件的诉讼和财物发还(replevin)等。这一时期最主要的诉讼涉及债务令状(writs of debt),紧随其后的是"缘何侵入私地令"[④](*quare clausum fregit*)。[⑤]

中世纪民诉法院每年受理案件的数量并不十分清晰,但一些学者给出的数据能够作为参考。根据黑斯廷斯(M. Hastings)的统计,1482年米迦勒节开庭期(Michaelmas term)受理了4412个债务案件和1252个侵权案件,其中接近700个案件得到判决(issue)或实现庭外和解(imparlance)。[⑥]贝克根据这一数据推测该法院一年受理并进入庭审阶段的案件约2800

---

① 一种属于不动产占有之诉性质的诉讼及其令状。它是指在圣职推荐权(advowson)发生纠纷时,一方起诉所用的令状及由此开始的诉讼,源于令状中要求被告说明他为什么妨碍原告推荐圣职的语句。参见薛波主编:《元照英美法词典》,北京:北京大学出版社,2013年,第1129页。

② J. H. Baker, *The Oxford History of the Laws of England*, Vol. VI, 1483–1558, Oxford: Oxford University Press, 2003, p.141.

③ F. W. Maitland, *The Constitutional History of England: A Course of Lectures Delivered*, Cambridge: Cambridge University Press, 1965, p.135.

④ "缘何侵入私地令"是侵权令的一种。侵权行为分三种:一是对人身的侵害,二是对动产的侵害,三是对地产的侵害。基于第三种侵权引起的诉讼称侵入私地之诉(trespass quare clasurum fregit),这源于上述令状中指令被告说明他为何侵入私地的理由之语句(quare clausum fregit),该语句之后紧跟的便是"acetiam"语句。参见薛波主编:《元照英美法词典》,北京:北京大学出版社,2013年,第1129页。

⑤ J. H. Baker, *The Oxford History of the Laws of England*, Vol. VI, 1483–1558, Oxford: Oxford University Press, 2003, p.141.

⑥ Margaret Hastings, *The Court of Common Pleas in Fifteenth Century England: A Study of Legal Administration and Procedure*, Ithaca, NY, University Press for American Historical Association, 1947, pp. 26–27, 190.

个。①布鲁克斯(C. W. Brooks)则根据自己的推算认为每年受理案件应该在1600个左右。②无论如何,这在都铎王朝之前的中世纪已经是一个较为庞大的数字,足以体现出民诉法院在英国司法体系中的重要地位。

财税法院负责审理财税方面的案件,即财税诉讼管辖权(the revenue side),同时也享有一定的民事诉讼管辖权(the plea side)和衡平管辖权(the equity side)。财税法院形成时间较晚,最初从属于财政署。财政署既是负责税金的征收及支出事务的行政机构,又是审理财税案件的司法机构。至13世纪末期,行政权与司法权分离,负责司法事务的"财政诉讼署"(Exchequer of Pleas)和负责财政行政事务的"财政核算署"(Exchequer of Account and Receipt)在事实上取得独立地位,前者即是财税法院。③这种变化是中世纪后期经济社会发展和政府职能精细化的产物。

在都铎王朝建立前,财税法院拥有一名首席法官(Chief Baron)和数名有等级之分的陪审法官(Puisne Baron),此外还有一批从属于财政署的职员。财税法院尽管享有一定的独立性,但其仍很难与财政署完全分离。财政署的最高职位是王室财务大臣(Lord Treasurer)和财政大臣(Chancellor of the Exchequer),他们既拥有一定的司法权,也是王室和政府的行政官员。财政署地位较高的法律事务官是两名"财务纪事官"(Remembrancer):一个是直接向国王负责的"王室财务纪事官"(King's Remembrancer);另一个是向财务大臣负责的"财务大臣财务纪事官"(Lord Treasurer's Remembrancer)。④二者都有行政和司法两方面的职责,主要是追讨国王政府收

---

① J. H. Baker, *The Oxford History of the Laws of England*, Vol. VI, 1483–1558, Oxford: Oxford University Press, 2003, p.141.

② C. W. Brooks, *Pettyfoggers and Vipers of the Commonwealth: The "Lower Branch" of the Legal Profession in Early Modern England*, Cambridge: Cambridge University Press, 2004, p.51.

③ 程汉大、李培锋:《英国司法制度史》,北京:清华大学出版社,2007年,第37页。

④ 财务大臣财务纪事官主要负责王室继承所得方面收入的征收,但它于1833年被取消财务总卷保管(Clerk of the Pipe)之职位的法律(即1833年的《罚金法》(*Fines Act*))所取消,后者主要保存涉及上述收入之账目。王室财务纪事官主要负责征收应向王室缴纳的罚金、欠款等,保存涉及王室地产交易的文书,并在签署衡平法令状(bill inequity)方面也有一些职能。1859年的《王室财务纪事官法》(*Queen's Remembrancer Act*)规定该职位不再作为独立的职位存在,而转为财税法庭事务官(Master of the Court of Exchequer),依1873年《司法组织法》,该职位附属于最高法院,依1879年《司法(职位)法》[*Judicature (Officers) Act*],它又转归最高法院中央办公室(Central Office),成为最高法院事务官(Master of the Supreme Court)。王座分庭的事务主管(Senior Master of the Queen's Bench)同时担任王室财务纪事官一职,但现在该职位主要负责选举郡长等其他事务。参见薛波主编:《元照英美法词典》,北京:北京大学出版社,2013年,第1177页。

入,处理部分税收诉讼业务,及管理"诉讼事务官"①(Clerk of the Pleas)等。②此外,还有财务总管保管(Clerk of the Pipe)③、土地复归管理官(Clerks of the Parcels)④、司法行政财务审计官(Foreign Opposer)⑤、财政署首席法警(Chief Usher of the Exchequer)⑥等官员,以及法律事务代理人(Attorneys)等。中世纪财税法院的地位仍低于王座法院和民诉法院。该法院的陪审法官不能出席一些涉及诸如王权的承继问题等重大问题的案件或会议,他们也不能在巡回法庭中充当法官。⑦这种地位的差别也反映在法官的选任制度上。13世纪以后,王座法院和民诉法院的法官都是从高级律师(Serjeant)中选任,而财税法院的陪审法官一般都是从律师会馆的学员或财政署的职员中选任。他们中的多数都是在离开法院之后才开始律师生涯。⑧事实上,中世纪财税法院的陪审法官尚未被正式列入法官行列。不过,随着英国商品经济的发展和土地流转的加快,财税法院的业务呈现膨胀趋势,财税法院的重要性也愈益凸显,其地位不断上升。⑨

---

① 财税法院诉讼事务官财税法院所有官员均可向其申请在本法院起诉或被诉的特权。通过法律拟制,一般认为每个人都可向其申请诉讼,如同欠国王的债一样。诉讼事务官还领导着大量的诉讼事务员,他们都是财税法院的律师。该职位一直存续到被1837年《高级法院(官员)法》[*Superior Courts (Officer)Act*]撤销。参见薛波主编:《元照英美法词典》,北京:北京大学出版社,2013年,第237页。

② J. H. Baker, *The Oxford History of the Laws of England*, Vol. VI, 1483-1558, Oxford: Oxford University Press, 2003, pp.160, 165.

③ 负责保管财务总卷(Pipe Roll),审查郡长(Sheriff)的账目等。该职位被1833年的《罚金法》废止。参见薛波主编:《元照英美法词典》,北京:北京大学出版社,2013年,第237页。

④ 即"Escheator",指"每一郡中被任命来照管该郡中复归国王的土地以及为免除兵役而上缴给国王的土地等的官员"。参见薛波主编:《元照英美法词典》,北京:北京大学出版社,2013年,第488页。

⑤ 即司法行政财务审计官(Foreign Apposer),财政署官员之一,审核司法行政官执行某些带有财务内容的命令之记录,并将其与原记录核对,还要询问每一笔收入的具体情况等。据称,除支付其副手的工资及其他费用后,该职位的保有人每年可获收入210英镑,而他本人可能仅仅是坐享其成。该官职于1833年被废除。参见薛波主编:《元照英美法词典》,北京:北京大学出版社,2013年,第566页。

⑥ 该职位世袭,长期由比尔斯比(Billesby)家族的成员担任。参见John Baker, *The Oxford History of the Laws of England*, Vol. VI, 1483-1558, Oxford: Oxford University Press, 2003, p.160.

⑦ Edward Foss, *The Judges of England*, Vol. V, 1485-1603, London: Longman, Brown, Green, Longmans, & Roberts, 1857, p.410.

⑧ Edward Foss, *The Judges of England*, Vol. V, 1485-1603, London: Longman, Brown, Green, Longmans, & Roberts, 1857, pp.11, 95.

⑨ 财税法院与其他两大中央法庭的同等地位要到近代以后才实现。

普通法法院有固定的开庭期,一年分为四次。春季开庭期(Hilary term)始于1月23日,持续三周。复活节开庭期(Easter term),从复活节后的第二个星期二开始,一直持续到耶稣升天节(Ascension Day),即复活节后第五个星期日后的星期四,持续一个月。圣三一开庭期(Trinity term),从5月22日至6月12日。米伽勒开庭期是最长的开庭期,持续七周时间。①

由王室法院法官组成的巡回法院也在普通法司法体系中居于重要位置。巡回法院制度的常规化始于亨利二世时期。该法院的法官一般从现任法官中挑选,得到国王签发的委任状后前往各郡处理案件。巡回法院主要包括:有权审理"所有种类案件"的总巡回法庭、审理民事案件的特别委任巡回法庭(Commission of Assize)、提审关押在某一监狱中所有囚犯的清监委任巡回法庭(Commission of Gaol Delivery)和刑事特别委任巡回法庭(Commissions of Oyer and Terminer)等。②巡回法院作为中央法院的组成部分,拥有与三大普通法法院法庭同等的权威,通过巡回地方有效地"避免了地方法院的坐大,并避免了难以规范、复杂多样的地方法的产生"③。

除了位于威斯敏斯特的三大普通法法院和定期派出的巡回法院,作为文秘署首脑和掌玺大臣的大法官也具有一定的普通法管辖权,经常以普通法程序主持审判。14世纪以后,大法官的普通法管辖权得到基本明确。特别是在爱德华三世(Edward III,1327—1377年在位)时期得到扩大和明确,主要包括以下内容。其一,涉及国王封建收益(feudal revenue)的普通法管辖权,如对关于什一税、特许状、监护权(wardship)和嫁妆(dower)等案件拥有管辖权。爱德华三世在位第36年颁布的法令对此予以确认。④其二,对涉及印玺和文秘署官员的相关诉讼拥有普通法管辖权。前者由爱德华一世在位第8年(1279年)颁布的一项法令确认,后者由爱德华三世在1345年正式授予。⑤

---

① 米伽勒节是基督教纪念天使长米迦勒的节日。西部教会定在9月29日,东正教会定在11月8日。中世纪时,米迦勒节是非常隆重的节日,此时恰值秋收时节。

② 参见 F. W. Maitland, *The Constitutional History of England: A Course of Lectures Delivered*, Cambridge: Cambridge University Press, 1965, pp.137—140.

③ F. W. Maitland, *The Constitutional History of England: A Course of Lectures Delivered*, Cambridge: Cambridge University Press, 1965, p.141.

④ Joseph Parkes, *A History of the Court of Chancery*, London: Longman, Rees, Orme, Brown, and Green, 1828, p.35.

⑤ Joseph Parkes, *A History of the Court of Chancery*, London: Longman, Rees, Orme, Brown, and Green, 1828, p. 29; D. M. Kerly, *An Historical Sketch of the Equitable Jurisdiction of the Court of Chancery*, London: Cambridge University Press, 1890, p.33.

普通法法院体系的成型是普通法成熟的重要标志。三大中央法院依据国王的权威，各司其职，很快成为英国司法体系的核心。巡回法院将普通法延伸到地方和底层社会，一方面推动普通法在英国法中主体地位的确立，另一方面也为英国统一中央集权国家的建立准备了条件。亨利二世时期，伴随着普通法的发展，"司法中央化趋势日显"，普通法法院日益成为最繁忙的初审法院。[①]

二、其他司法体系的竞争

尽管普通法司法体系的逐渐成熟成为中世纪英国法律发展史中最为重要的篇章，但是中世纪英国法律和司法领域呈"碎片化"的现实并未改变。相反，在普通法法院兴起的时代，不仅古老的地方习惯法庭和自成一体的教会法院及封建法院仍然居于重要地位，中世纪后期兴起的衡平法院、海事法院及市镇法院（Borough Courts）等也开始在英国各个诉讼领域发挥重要影响。

作为英国早期法律的主流，地方习惯法源自日耳曼人的古老习俗，由盎格鲁-撒克逊人带到不列颠。[②]习惯法的特征是"法律通过口耳相传，复杂混乱，诸郡民众之间可能相互一无所知"[③]。在此后的数百年中，由于国家的分裂与法律文明发展的滞后，尽管有一些强大的国王试图搜集整理出一套适用范围更广的法律，但在政治统一实现之前，其成效并不理想。诺曼征服后，威廉一世"并没有一套成文法律可以带到英国"[④]，因此在13世纪以前，传统的地方法院在世俗司法领域长期居于重要地位，习惯法仍是英国法律的主体之一。

大众法庭（communal courts）是最古老的地方法院形式，具有公众集会的性质，它由全体自由民共同出席审理该地区自由民之间的各种纠纷。随着封建制度的发展，自由民为自由土地保有人（freeholders）所取代。最常见的大众法庭是郡法庭和百户区法庭。所有自由民或自由土地保有人都

① F. W. Maitland, *The Constitutional History of England: A Course of Lectures Delivered*, Cambridge: Cambridge University Press, 1965, p.13.

② F. Pollock and F. W. Maitland, *The History of English Law before the time of Edward I*, Cambridge: Cambridge University Press, 1895, p.30.

③ F. W. Maitland, *The Constitutional History of England: A Course of Lectures Delivered*, Cambridge: Cambridge University Press, 1965, p.3.

④ F. W. Maitland, *The Constitutional History of England: A Course of Lectures Delivered*, Cambridge: Cambridge University Press, 1965, pp.6–7.

有资格参与审判,他们既是起诉人,又是法官,被称为诉讼人(suitors)。郡长或者百户长负责召集公众,并充当法庭的主持者和判决的执行者。①

封建庄园法庭是中世纪封建制度形成中发展起来的地方法院。诺曼征服虽然没有改变英国的传统习惯法,但给英国带来了更加完善的封建法。在此之前,英国封建制度仍处于萌芽状态,封建依附关系虽然存在却并不固定。威廉一世通过强化封建关系、清查全国土地财产,建立了具有一定中央集权性质的封建体制,从而衍生出相对应的封建法权关系,即"通过土地分封和建立在骑士领有制基础上的封主-封臣之间的权利-义务关系……建立在相互依存、彼此利用基础上的双向性的封建契约关系"②。与此同时,英国封建法庭(feudal courts)开始在社会生活中起到更加重要的作用,成为地方法院体系中的组成部分。封建法庭主要处理涉及封建保有权(tenure)和封建依附关系的诉讼,包括庄园领地法庭(manorial court baron)、庄园习惯法庭(hall-moot or customary court of the manor)等。前者是为庄园内的自由土地保有者建立的,充当法官的是领主;后者则是为农奴土地保有者(tenants in villeinage)设立的,由领主的管家充当法官。③

庄园法庭的开庭周期和场所都非常随意,领主、管家和农奴均参加审判。封建法和习惯法是庄园法庭的法律来源,重要的司法审判会被记录下来,成为此后类似案件的判决依据。领主享有司法管辖权,但判决一般是由全体出席者共同做出的,因而维护领主的利益虽然是主要的任务,但保障庄园公共权益及农奴基本权益也是该法庭的重要职责。侯建新教授指出:"庄园法庭既是封建领主对佃户进行统治和剥削的工具,也同时具备保护农奴权益的功用。"④尽管庄园法庭的组织结构和司法程序并不规范,但在英国专业司法体系建立之前,庄园法庭在中世纪扮演着重要角色。它调节着封建领主与农奴的关系,肩负着维系庄园内部公正与司法正义的重任,成为地方社会和封建休系稳定的基石。

随着普通法的发展,封建法庭的地位持续下降。12世纪,亨利二世授权庄园中的自由土地保有者可以直接向更具权威性的普通法法院提起诉讼。爱德华一世于1278年颁布《格罗斯特敕令》(Statute of Gloucester),规

---

① 程汉大、李培锋:《英国司法制度史》,北京:清华大学出版社,2007年,第127—128页。

② 程汉大:《〈大宪章〉与英国宪法的起源》,《南京大学法律评论》2002年秋季号。

③ F. W. Maitland, *The Constitutional History of England: A Course of Lectures Delivered*, Cambridge: Cambridge University Press, 1965, pp.105–106.

④ 侯建新:《现代化第一基石——农民个人力量与中世纪晚期社会变迁》,天津:天津社会科学院出版社,1991年,第98—99页。

定标的额超过40先令的侵占土地案件可以向国王巡回法庭提出诉讼。[1]国王法院法官"对此曲意引申,试图将庄园法庭的审理侵占动产之诉限于标的值40先令以内"[2]。

随着货币的贬值和物价水平的上涨,40先令的价值已经越来越微不足道,这样,庄园领主法庭的实际效能越来越低。此外,随着中世纪后期农奴制的瓦解,传统的维兰阶层(Villein)已经成为类似于小土地保有者的公薄持有农(Copyholders),传统的庄园习惯法庭也随之失去价值,越来越多的案件被送往日益完善的普通法法院。

市镇法院兴起于中世纪后期,其审判模式类似于大众法庭。自11世纪以后,英国市镇随着工商业的兴起而广泛建立,为获得自治权,市镇不得不向国王购买自治特许状,作为附送权力,国王同时授予市镇司法管辖权。例如,在亨利一世颁发给伦敦市的自治特许状中明确授予其司法权——"市民可以任命任何一位他们喜欢的治安法官来行使司法权,市民不必向任何其他地方进行诉讼"[3]。最重要的市镇法庭是被称为"灰脚法庭"(Court of Piepowder)的"行商法庭"。灰脚法庭泛指"所有以处理商人间纠纷和商业事务为主的法庭",包括"市集法庭、城镇的市长法庭、市政官法庭、市场民事法庭、海事法庭等"。[4]该法庭最主要的司法职能是以调解和仲裁的形式快速处理市镇中商人之间或商人与顾客之间的纠纷。

司法的中央化推动了中世纪后期地方法院的衰落。亨利二世的司法改革为司法的中央化开辟了道路,普通法司法程序和法院体系逐步完善,越来越多的案件转至更具权威性的普通法法院裁决。在这一过程中,除各中央法院的司法实践创制了大量的普通法先例和原则外,巡回法官对地方习惯法及地方法院的衰落产生了关键性的影响。总之,伴随着普通法的兴起,曾作为英国法主体的地方习惯法走向衰落,这是中世纪后期英国社会发展和法律演进的必然结果。

教会法院是随着罗马天主教在西欧的不断扩张建立起来的。476年,西罗马帝国在日耳曼人的入侵下正式宣告灭亡,罗马天主教会与新兴的日耳曼王权之间达成相互利用的"共赢"局面,天主教会的势力得以借助日耳

---

① Harry Rothwell, ed., *English Historical Documents 1189-1327*, London: Eyre & Spottiswoode, 1975, p.417.

② 李云飞:《中世纪英格兰庄园法庭探微》,《世界历史》2005年第2期。

③ Carl Stephenson & F. G. Marcham, eds., *Sources of English Constitutional History*, New York: Harper & Row, 1937, p.62.

④ 赵立行:《论中世纪的"灰脚法庭"》,《复旦学报》2008年第1期。

曼王国（特别是法兰克王国）的力量不断扩张至日耳曼人生活和征服的各地方。6世纪，奥古斯丁（St. Augustine of Canterbury, ?—604）奉教皇格列高利一世（Gregory I, 590—604年在位）之命来到英格兰这片"被上帝遗忘的土地"[①]。此后，基督教在英国各地迅速发展。在664年举行的惠特比宗教会议上，罗马派战胜自爱尔兰传入的凯尔特派，取得正统地位。之后在672年召开的赫特福德宗教会议上，主教制度得以确立，"在组织上完成了英格兰教会的罗马化"[②]。随着主教制度的确立，一套受罗马教皇节制的教会司法体系也逐步形成。

中世纪英国教会法院包括主教法庭和大主教法庭两级。对于一些重大案件或上诉案件，英国教会可以直接提交给罗马教皇法庭。教会法院的司法权主要涉及以下两个方面：一是教会内部事务，包括对教会的财产权及税收权加以保护、对各级教士履行圣职加以监督、对教职人士的各类过失实行司法审判；二是涉及信仰与宗教道德的事务，如婚姻、遗嘱以及各种道德违法行为，如通奸（adultery）、卖淫（prostitution）、诽谤（slander）、毁约（breach of promise）等相关案件。[③]无论这些案件发生在僧界还是俗界都由教会法院负责，且由于大多属于俗界之事，因此这一管辖权也被称为教会法院的"世俗管辖权"。

教会法院在中世纪的发展与普通法法院的发展一定程度上呈"此消彼长"的关系。一般来讲，在13世纪普通法法院成型之前，早期国王法院主要行使两个方面的司法权：一方面是对涉及土地财产的纠纷实施仲裁，其中包括地产的封授和继承，以及与之相应的权利转移等；另一方面是对各类刑事犯罪的审判和惩治，主要涉及杀人、放火、抢劫等重罪和叛逆罪等。[④]从这一管辖权范围来看，教会法院和国王法院之间并没有明显冲突，但随着世俗的普通法法院的兴起，两者的界限越来越模糊，冲突也不可避免。

威廉一世最早试图将教会司法权与世俗司法权分离，即奉行"上帝的归上帝，凯撒的归凯撒"原则。不过，威廉一世尽管明确了教会法院与世俗法院分别享有对教会和世俗诉讼的管辖权，但由于教会与世俗之间的界限并不清晰，因而并没有真正解决这一问题。至亨利二世时期，国王法院的

---

① 早在奥古斯丁一行到来之前，罗马统治时期的不列颠就已经传入基督教，但在罗马人撤出不列颠后，基督教在英格兰逐渐式微。关于罗马统治时期不列颠基督教的发展情况，参见邵政达：《英国宗教史》，北京：中国社会科学出版社，2017年，第20—22页。

② 邵政达：《英国宗教史》，北京：中国社会科学出版社，2017年，第30—31页。

③ S. J. Gunn, *Early Tudor Government 1485–1558*, London: Macmillan, 1995, p.74.

④ 刘城：《英国中世纪教会法院与国王法庭的权力关系》，《世界历史》1998年第3期。

管辖权得到大大扩张,其与教会法院的冲突激化了。

首先,对于教士的司法豁免权(benefit of clergy)问题,教会法院和世俗法院之间的冲突最为激烈。教会法院宣称对教会人员所涉案件享有垄断性管辖权,即教士不受世俗法院的司法管辖,但普通法法院认为任何触犯普通法的人都要接受普通法的审判。12世纪发生的亨利二世与坎特伯雷大主教托马斯·贝克特(Thomas Becket)的冲突深刻反映出这一点。贝克特原是亨利二世的亲信重臣,但在被提升为大主教后,致力于维护教会的利益,反对王权对教会的干涉。亨利二世坚持犯罪的教士在教会法院审判后仍必须接受国王法院的处罚,而贝克特坚持教会法院对涉及教士的诉讼享有垄断管辖权。双方的冲突酿成了悲剧。贝克特被国王侍卫刺死,亨利二世尽管并不承认刺杀由他指使,但也难辞其咎。在教皇的强大压力下,亨利二世被迫做出让步。这样,教士的司法豁免权得以保留。这种践行法律的双重标准既反映了中世纪教权与王权之争的政治结果,也是对司法公正的挑战。伴随着13世纪以后普通法法院的崛起及教权与王权关系的变化,这种司法豁免权逐渐被限制在极小的范围之内。至中世纪末期,教士司法豁免权只限于涉及重罪、叛逆罪,且不触及国王利益的案件。①

其次,对于圣俸归属权纠纷的司法管辖权问题也是教会法院和世俗法院之间争论的焦点。圣俸是涉及教会与世俗两界的复杂问题,对其纠纷的司法管辖权问题在教会法院和世俗法院之间长期争执不休,17世纪还发生了著名的"薪俸代领权案"(*Case of Commendams*)。14世纪以前,两者实际上享有并列管辖权。14世纪以后,随着教权的势衰与王权的强化,尽管争执仍然持续,但普通法法院成为此类诉讼的主要审判场所。

最后,"违背信义"之诉(action of *fidei laesio*)的司法管辖权问题也是教会法院与世俗法院争论的重要内容。依据教会法关于"遵守信义"的原则,教会法院宣称:对包括借贷、土地转让、遗嘱、婚姻等世俗诉讼享有管辖权。普通法法院承认教会法院对遗嘱、婚姻等诉讼的管辖权,但认为其他涉及契约、债权等的诉讼完全属于世俗事务,应由普通法法院审理。1164年,亨利二世颁布的《克拉伦敦宪章》(Constitutions of Clarendon)第15条明确规定:涉及债务的诉讼,无论是否有违"信义"(pledge of faith)都归属于国王法院。②但在教权强大的12—13世纪,教会仍然坚持自己的主张,两者

---

① 刘城:《英国中世纪教会法院与国王法庭的权力关系》,《世界历史》1998年第3期。

② Carl Stephenson & F. G. Marcham, eds., *Sources of English Constitutional History*, New York: Harper & Row, 1937, p. 76.

之间的冲突一直持续至中世纪结束。至16世纪宗教改革爆发后,教会法院的世俗司法管辖权才遭到打压而衰落。

教会法院与世俗法院的司法管辖权冲突既是中世纪教会法院管辖权的发展线索,也能从中一窥普通法法院在竞争中兴起的进程。伴随着教权与王权的此消彼长,两者之间的竞争也经历相应的变化。不过,至中世纪末期,教会法院尽管有所衰落,但在英国司法体系中仍扮演着重要角色。

综合来看,中世纪英国司法体系呈现出复杂多样的状况。适用习惯法的古老地方大众法庭依然保持着生命力,与封建主义兴起伴生的封建法院、与教会体系兴起伴生的教会法院、与城市兴起伴生的市镇法院等也扮演着重要角色。同时,国王授予特别司法权的衡平法院、海事法院等也是英国司法体系的组成部分。这正是普通法法院在竞争中成长的背景。

第三节 普通法专业法官群体形成

普通法的兴起与普通法法院的建立为专业法官的产生提供了前提条件。一般认为经过亨利二世时代以来法官职业化特征的不断凸显,至亨利三世统治时期,"英国的职业法官群体才正式形成"。这一时期不仅法官职业化得以基本确立,正规的法官薪酬制度也初步形成。[①]一般而言,专业法官应包括以下三个特点:

一是拥有专业的法律知识或司决实践经验,二是专职于司法工作,三是拥有来自司法工作的固定收入。[②]在普通法获得飞速发展的13世纪,具备上述特点的法官群体逐渐产生。

就专业性来说,1215年的《大宪章》对法官的专业素质提出了明确要求,其第45条明确规定:"除熟习本国法律而又志愿遵守者外,余等将不任命任何人为法官、巡察吏、执行吏或管家吏。"[③]早期从事司法工作的人员主要是有一定知识的教士,但他们只对教会法有所了解,根本谈不上专业的法律知识素养。至亨利二世统治时期,法官们在性质上还只不过是较为熟悉法律、较多介入司法工作的王室官员。直至13世纪以后,"法律本身作为一系列条规和准则以及将之付诸实施的复杂程序,成了一个专业阶层的行业"[④],由

① 谢汉卿:《英国律师会馆研究》,长春:东北师范大学博士学位论文,2021年,第32页。

② 程汉大、李培锋:《英国司法制度史》,北京:清华大学出版社,2007年,第129—130页。

③ G. B. Adams & H. M. Stephens, eds., *Select Documents of English Constitutional History*, New York: Macmillan, 1919, p. 47.

④ [法]泰勒、利维:《法律与资本主义的兴起》,纪琨译,上海:学林出版社,1996年,第149页。

专业法律人员充当法官成为法院司法规范化、专业化的客观需要。

　　普通法教育的发展为专业法律人员的产生创造了条件,进而促进了专业法官的产生。早在12世纪,就有大批律师和法律爱好者聚集伦敦,旁听王室法院的审判活动。①审判结束后,他们仍定居在威斯敏斯特附近,相互交流学习,有时一些法官会亲自对他们进行指导,这样,在一些聚集地逐渐形成独特的法律教育机构——律师会馆。律师会馆发展迅速,至14世纪时已经具有相当的规模,多达十几所。这种律师会馆类似于中世纪的行会,教育的模式是"自助式"(self-help)的。法律学徒在法庭中听取法官们的审判与律师间的辩论,耳濡目染地学习法律知识。学者贝克指出:"律师会馆教育的唯一目标就是培养实践技能,而不是获得关于法律的系统全面的知识。"②律师会馆的法律教育虽然算不上正规,但更注重司法实践,因而较之于同时代大学(如牛津大学和剑桥大学)中的民法教育有着独特优势。这样,尽管罗马法在中世纪后期曾在欧洲掀起复兴运动,但在英国普通法的强势竞争下,终究只能偏居英格兰法律教育体系的一角。逐渐成形的法律教育为英国法庭输送了大批有专业法律知识和技能的律师,其中的佼佼者成为法官的后备人才。13、14世纪之交,选任有经验的普通法律师为法官逐渐成为惯例,法官的专业素质由此得到保证。③这种从高级律师中选任法官的制度一直沿用至今。

　　就专职性来说,伴随着法官的专业化,教士法官在普通法法院逐渐消失,一个由世俗的普通法律师构成的专职法官群体逐渐形成。④英国法学家密尔松指出:"当我们谈到专业法官的时候,我们所讲的是一个法律已经变得与一般政府职能有明显区别的时代。在某种意义上说,法律已经成为一种一个人可以将自己的一生贡献给它的事业。"⑤法官的专职化为专业法官群体的形成奠定了基础。

　　就法官的司法收入来说,13世纪时,法官领薪制开始成形。最早的记载是威斯敏斯特的王室法官在1218年1月和7月分别收到100先令的工

---

①　韩慧:《英国近代法律教育转型研究》,济南:山东大学博士论文,2010年,第18页。

②　J. H. Baker, *An Introduction to English Legal History*, London: Butterworths, 1979, pp.147-148.

③　程汉大、李培锋:《英国司法制度史》,北京:清华大学出版社,2007年,第138页。

④　[美]罗斯科·庞德:《法理学》(第1卷),邓正来译,北京:中国政法大学出版社,2004年,第388页。

⑤　[英]S. F. C.密尔松:《普通法的历史基础》,李显冬等译,北京:中国大百科全书出版社,1999年,第22页。

资。13世纪后半叶,法官领薪制逐渐正规。首席法官的工资一般固定为年薪60马克,其他法官为40~50马克。[1]除工资外,法官们还可以从巡回审判中得到收入,一般为6镑至15马克,通常是10马克。此外,作为国王的属员,法官与其他官员一样,经常可以得到各种形式的物品,特别是王室林地的产品。[2]法官领薪制的形成一方面吸引了更多优秀的律师加入法官队伍,另一方面也为法官的公正司法提供物质保障,进而提高司法的质量。

与专业法官产生同时,维护法律尊严和司法公正的职业道德在法官中逐渐产生。R. V. 特纳指出:"在专业法官队伍形成之际,即已具有一种不受国王意志支配而对所有人公正司法的庄严使命感。"[3]梅特兰进一步指出:"自普通法法院形成以来就存在一支被期望远离政治的法官队伍,无论是普通民事案件,还是涉及国王利益的诉讼,他们都保持司法的公正。"[4]

中世纪普通法法官萌生的司法公正思想是现代司法独立思想的源头之一。他们承认司法权源于国王,也认可忠于国王是法官的义务,但他们也认为:"国王已经把他的司法权力全权委托给各类法院。"[5]他们还坚持:效忠国王并不意味着要忠于作为"自然人"的国王,而是效忠于抽象意义的"王权"(Crown),即国王所代表的,并在加冕时郑重承诺的"法律与秩序"。虽然国王作为上帝在俗世的代表,肩负着维护法律和正义的责任,但作为"自然人"的国王毕竟是肉体凡胎,必须依靠忠于"法律与秩序"的专业法官才能确保上帝正义的实现。[6]

客观地说,中世纪英国法官的独立性仅仅是一种"相对独立"。在封建君主制时代,虽然法官独立于国王、依据公正的准则进行司法审判的事例有许多,其对推进英国司法独立和法治社会形成的意义不容抹杀,但是法官完全独立于王权的条件尚不具备。他们既无法置身于政治斗争之外,又受制于国王的任免权,因而正如梅特兰指出的:"法官获取真正的独立还需

---

① 1马克(mark)约2/3镑。

② R. V. Turner, *The English Judiciary in the Age of Glanvill and Bracton 1176-1239*, Cambridge: Cambridge University Press, 1985, pp. 245-246.

③ R.V. Turner, *The English Judiciary in the Age of Glanvill and Bracton, 1176-1239*, Cambridge: Cambridge University Press, 1985, p. 227.

④ F. W. Maitland, *The Constitutional History of England: A Course of Lectures Delivered*, Cambridge: Cambridge University Press, 1965, p. 134.

⑤ J. H. Baker, *An Introduction to English Legal History*, London: Butterworths, 1979, p.83.

⑥ 程汉大、李培锋:《英国司法制度史》,北京:清华大学出版社,2007年,第139—140页。

时日,他们仍然只是国王的臣仆。"①

　　总的来说,普通法的成熟与普通法法院的建立无疑是中世纪英国法律史上最为重要的内容,奠定了近代以后以普通法为主体的英国法的基础和发展方向。普通法的兴起是英国从盎格鲁-撒克逊时代的分裂状态,向诺曼征服后统一的封建国家过渡的重要成果。在普通法兴起的催化下,一套完整的普通法法院体系逐渐成形,其司法权脱胎于王权,又天生具有一种相对独立性。这种独立性既是司法公正的重要保障,也是推动普通法法院在与其他各类司法体系在竞争壮大的重要动力。最终,随着专业法官群体的形成与不断成长,普通法司法体系成形。在这一过程中,普通法法院奠定了其在英国司法体系中的主体地位。尽管普通法在近代以后遭到衡平法和罗马法的有力竞争,但在不断改革和自我修正下,依然保有强大的生命力和发展势头,成为塑造英国现代政治体制和法治社会的重要力量。

---

① F. W. Maitland, *The Constitutional History of England: A Course of Lectures Delivered*, Cambridge: Cambridge University Press, 1965, p. 134.

第二章 都铎时期普通法
法院的危机与自救

都铎王朝是英国从中世纪向近代转型的关键阶段。此时的英国经过了英法百年战争和持续三十年的红白玫瑰战争,封建贵族集团几被战争涤荡殆尽,新君主制初步建立。亨利八世发动宗教改革以后,英国教会摆脱罗马教廷的遥控,完全依附于王权。由此,君主最主要的两大权力竞争者——罗马教会和封建贵族集团都已败下阵来。为进一步加强专制王权,都铎君主不仅重用托马斯·克伦威尔改革政府,而且强化对司法权的控制。这一时期新建了一系列特权法院,星室法院、大法官法院、海事法院等也都在王权支持下迎来扩张期。与此同时,普通法法院则越来越陷入程序僵化的泥沼之中,内外危机共同构成这一时期普通法法院发展的背景。

第一节 普通法僵化带来的内部危机

都铎王朝的政府革命、宗教改革和社会转型极大地冲击了中世纪英国复杂而混乱的司法体系,一场"司法革命"呼之欲出。大法官法院、特权法院和海事法院等衡平法或罗马法法院借助王权的强化与自身的优势迅速崛起,而中世纪延续下来的教会法庭、封建法庭和地方习惯法庭等迅速衰落,内外交困下的普通法法院也面临"洗礼"。梅特兰称,这一时期"英国法律史的连续性遭遇严重威胁"[1]。布拉彻将这一时期称为普通法的"大萧条时代"[2](the Great Depression)。

普通法的僵化是14世纪以来普通法法院发展的一大瓶颈。13世纪,

---

[1] F. W. Maitland, *English Law and the Renaissance*, Cambridge: Cambridge University Press, 1901, p.17.

[2] Majorie Blatcher, *The Court of King's Bench, 1450-1550*, London: The Athlone Press, 1978, p.10.

普通法取代地方习惯法成为英国法的主体,但成熟的普通法并没有在14、15世纪继续进化,以适应中世纪晚期英国社会、经济、政治等领域剧烈变革的步伐。相反,普通法满足于对传统大众法庭和封建法庭的胜利,其法律适用程序陷于僵化,民众的法律诉求常常无法得到满足。在此背景下,大法官法院另辟蹊径,应用衡平法原则及相应的高效救济程序弥补了普通法的救济失位。从这个意义上说,这一时期普通法法院司法地位的下降也源于其自身存在的问题。

普通法适用最大的特点是其程序性,即由一系列的诉讼形式(forms of action)规制整个法律过程。没有法典的普通法,形式就是构成司法正义的保障。正如庞德所说:"在一个不存在详尽且系统的实质性法律律令以提供审判模式的时代,形式乃是一种防止法官采取专断行动的保障措施。"①普通法司法体系的成形正是以诉讼形式的全面建立为重要标志的。但诉讼形式的全面建立日益呈现矫枉过正的趋势,由此带来严重的副作用——普通法的僵化。②普通法的僵化在14、15世纪开始凸显。波洛克对此指出:"旧时代的诉讼程式自由地发展,呈现出多样化的面貌,但这条发展道路后来逐渐被扭曲,保守的形式主义日益腐朽。"③

普通法僵化最大的症结在于令状制度的异化。随着中世纪后期诉讼类型的多样化,相应的"令状"种类越来越繁多。诺曼王朝的司法令状还只是针对特殊诉讼偶尔签发,但在亨利二世时期,"原先的例外成为常态","每个令状都开启了一个独特的诉讼形式",亦即"有多少诉因就有多少诉讼形式"(*Tot erunt formulae brevium quot sunt genera actionum*)。令状制度的弊端一开始就出现端倪,正如梅特兰指出的:"由权利令状启动的诉讼是一个相当缓慢且庄严的事件","权利令状启动的诉讼包含了大量的延期审理,还有不时地休庭"。④此外,传唤被告、诉讼答辩、审理方式、判决形式和执行方式等都由各种各样的令状予以规约。根据昂德希尔的统计,亨利三世统治后期的标准令状数已超过120个,而至1320年,已经达到820个。⑤

① [美]罗斯科·庞德:《法理学》(第1卷),邓正来译,北京:中国政法大学出版社,2004年,第400、402页。

② 胡桥:《衡平法的道路——以英美法律思想演变为线索》,上海:华东政法大学博士学位论文,2009年,第43页。

③ [英]弗雷德里克·波洛克:《普通法的精神》,北京:商务印书馆,2015年,第26页。

④ [英]梅特兰:《普通法的诉讼形式》,王云霞等译,北京:商务印书馆,2010年,第43、47页。

⑤ Nicholas Underhill, *The Lord Chancellor*, Lavenham, Suffolk: Terence Dalton Ltd., 1976, pp.76-77.

在如此繁多的标准令状中选择最适合的一种并非易事,而一旦选择错误,起诉将被驳回,这就是普通法上的"程序先于权利"(procedures precede rights)、"无令状即无权利"(*non potest quis sine brevi agere*)的原则。[①]后者最早应用于地产案件中的权利令状,并逐渐发展为普通法上的普适原则。[②]曾担任亨利二世政法官(Justiciar)的格兰维尔在谈及权利令状时,明确说:"当有人对其以自由役保有自他人处的地产或役务有任何诉讼请求时,如他没有获得国王或他的法官的令状的许可,均不得开启诉讼。"[③]

　　普通法法院的弊端在中世纪末期愈加明显。一方面,大量案件难以获得最终裁判。以王座法院为例,1488年和1490年的两个米迦勒开庭期,总共112名被告中有92人选择以赎罪金代替裁判结案,以避免陷入耗时耗钱的普通法程序。[④]冈恩在做了初步统计后认为:"少于十分之一的案件能够通过完整的司法程序结案。"[⑤]另一方面,即便案件进入诉讼阶段,拖延也严重制约了司法救济的有效性。许多案件都是如此,例如,1474年圣三一开庭期中被起诉的理查德·奥斯本(Richard Osburn),被关押在王室内务法庭监狱[⑥],一直等到14年后(1488年)的米迦勒开庭期,才获得在法庭上辩护的机会,而此时案件的原告已经去世。由于缺乏执行力导致的,被告出庭率低也是诉讼拖延的重要因素。例如,1470年的复活节开庭期,在王座法院出庭应诉的被告不及20%。在威廉·休斯(William Huse)担任王座法院首席法官期间(1485—1495年),刑事诉讼卷宗中记录的254起案件,其中多达232件因被告缺席而导致诉讼迟延;民事诉讼卷宗记录的883起案件中,也有多达685件因被告未按时出庭应诉而导致迟延。[⑦]

---

① 即"若无起始令状,当事人无权向王室法院提出诉讼"。参见 F. Pollock and F. W. Maitland, *The History of English Law before the Time of Edward I*, Vol. 1, Cambridge: Cambridge University Press, 1895, p. 194.

② [英]梅特兰:《普通法的诉讼形式》,土云霞等译,北京:商务印书馆,2010年,第43页。

③ [英]拉努尔夫·德·格兰维尔:《论英格兰王国的法律和习惯》,吴训祥译,北京:中国政法大学出版社,2015年,第161页。

④ 通常的方式是被告请求国王对他们处以罚金或赎罪金以获取宽恕。参见 Martorie Blatcher, *The Court of King's Bench 1450-1550*, London: The Athlone Press, 1978, pp. 50-51.

⑤ S. J. Gunn, *Early Tudor Government 1485-1558*, London: Macmillan, 1995, p. 90.

⑥ 王室内务法庭监狱始建于1300年,起初为王室内务法庭(Court of the Marshalsea)监狱,用于关押债务人,后归王座法院使用。王座法院对关押在王室内务法庭监狱的嫌疑人享有排他性管辖权。参见薛波主编:《元照英美法词典》,北京:北京大学出版社,2013年,第898页。

⑦ Martorie Blatcher, *The Court of King's Bench 1450-1550*, London: The Athlone Press, 1978, pp. 60, 64-65.

正是严苛的程序主义和形式主义,使原本蕴含衡平原则的普通法走向僵化,与之相伴的是诉讼烦琐、拖延,以及诉讼费用的高昂。大多数诉讼当事人都极力谋求庭外和解,以避免复杂冗长、劳民伤财的普通法程序。对于那些只有通过法庭才能解决的纠纷,衡平法院则成为优先选择。[1]因此,梅特兰说:僵化的普通法已经越来越"像一架步履蹒跚的机器,难以适应时代的新要求"[2]。

第二节 衡平法与罗马法的外部竞争

14、15世纪普通法尽管走向僵化,但在司法中央化不断加速的推动下,普通法的司法阵地仍保持着扩张态势。此一期间,英国陷入长期战争的旋涡,政治上跌宕起伏,民众生活深受影响,普通法法院为英国政治及社会的稳定起到重要作用。都铎王朝建立后,亨利七世一方面出于稳固国家的客观需要全盘继受前朝的普通法法院,另一方面开始有意强化对司法的控制,扶持便于控制的衡平法院和罗马法法院。亨利八世统治期间,大法官法院、特权法院和海事法院扩张迅速,普通法法院丧失大片司法阵地,传统的司法地位遭到挑战。

一、衡平法的兴起与罗马法的复兴

衡平法的兴起是都铎前期英国"司法革命"中最为显著的内容之一。这一重大变革深刻地影响了近代英国法的发展道路,也对政治进程产生了一定影响。

衡平法与王权之间构成一种相互促进和强化的关系。一方面,国王权威为衡平法的兴起提供了坚实的政治后盾。衡平法的兴起始于14世纪中叶,它最初以仲裁的方式补充或取代普通法法院的部分司法管辖权。14、15世纪,持续的战争、乡绅阶层的兴起、工商业的发展等推动着社会结构的深刻变革,贵族、主教、乡绅、市民等社会阶层之间及阶层内部的冲突不断增多。一般情况下,他们之间的纠纷能够在地方贵族或王室官员的调解下达成和解,但当他们不能达成相互谅解时,原来的仲裁者就把他们交给更高的仲裁者——谘议会,并强行达成衡平的解决方案,以维护社会的

---

① S. J. Gunn, *Early Tudor Government 1485–1558*, London: Macmillan, 1995, p. 90.

② F. W. Maitland, *The Constitutional History of England: A Course of Lectures Delivered*, Cambridge: Cambridge University Press, 1965, p. 224.

秩序与和平。在这一过程中,星室法院和大法官法院通常不再将案件直接交由谘议会成员裁断,而是引入国王的直接权威,即申请国王的裁断。这样,国王就直接介入到司法活动之中,这是大法官法院和星室法院司法权的渊源。

都铎王朝建立后,亨利七世经常亲自坐堂问案,而亨利八世也时常亲自裁决案件。当然,国王不可能对每一起提交到面前的案件亲自过问,通常国王的司法权威会被赋予代理人。早在爱德华四世时期,国王就赋予一些地方贵族以国王之名享有某一地方的衡平司法权。例如,格罗塞斯特(Gloucester)、斯坦利(Stanley)、黑斯廷斯(Hastings)几位贵族以国王之名对英格兰北部、西北部和中部地区行使衡平司法管辖权。亨利七世延用爱德华四世的做法,在直接参与司法的同时,频繁委任谘议会成员或信任的贵族以国王之名审理案件。例如,他的母亲博福特夫人(Lady Margaret Beaufort)就在她位于北安普顿郡的宫中对谘议会管辖范围内的一些案件行使司法权;国王的权威还被引入英格兰以外的其他地区,包括威尔士、加莱,甚至是爱尔兰。那里的地方贵族、王室官员、主教甚至乡绅和律师都可能被赋予特权,以衡平原则听审案件。宗教改革期间,亨利八世设立一系列特权法院用以维护王权的利益、推动宗教改革的进程,这些法院通常以衡平原则审案。因此,正是国王的权威被直接引入司法活动之中,推动了衡平法的兴起。正如冈恩所说:"王权将其权威置于司法程序之后,赋予衡平司法极高的信誉,使之走向成功。"[1]

另一方面,衡平法也服务于王权,并推动王权的进一步强化,两者构成一种相辅相成、互为依托、相互强化的关系。冈恩为此指出:"越多的人寻求衡平法院的司法救济,国王的统治就越巩固;国王的统治越巩固,衡平法院对于诉讼者就越有吸引力。"[2]亨利八世时期是衡平法院与王权相互强化的黄金时期。大法官法院和星室法院是国王利用衡平司法权在中央打击宗教和政治异见者的重要场所。例如,反对宗教改革的大法官托马斯·莫尔(Thomas More)被迫辞职,由宗教改革的支持者托马斯·奥德利(Thomas Audley)继任。

不久,莫尔被亨利八世以叛逆罪处死。在地方上,一系列特权法院以维护国王的利益为行事准则,处理宗教改革过程中所产生的各种纠纷,将大量原属教会的土地、财产收归国王所有,处罚反对国王"至尊"权力的天

---

① S. J. Gunn, *Early Tudor Government 1485–1558*, London: Macmillan, 1995, pp.84–85.

② S. J. Gunn, *Early Tudor Government 1485–1558*, London: Macmillan, 1995, p.86.

主教徒。

在王权支持下,衡平法获得了空前的发展良机,逐渐脱离中世纪的不成熟状态,向现代衡平法过渡。在衡平法的现代化改造中,其相对于普通法的"优先地位"逐渐确立。通过发布禁制令和调卷令(certiorari)行使诉讼优先权和"纠错权"①是中世纪衡平法用以补足普通法缺陷的主要方式。16世纪以后,大法官将之发展为现代英国法的"衡平法优先"原则。托马斯·莫尔在接替托马斯·沃尔西(Thomas Wolsey)担任大法官后,尽管他尽力避免同普通法法院的冲突,但仍坚信有必要通过发布禁制令矫正普通法的严苛与僵化,"以减少人民受到的伤害"②。尼古拉斯·培根在任时,声明大法官签发的"用以捍卫衡平法诉讼当事人免遭普通法法院逮捕"的中止执行令(supersedeas)具有绝对权威,用以维护衡平法的诉讼优先权。③至托马斯·埃杰顿(Thomas Egerton)任职期间(1596—1617年),爱德华·科克宣称"普通法至上"④,并利用人身保护令和蔑视王权罪法令(Statute of Praemunire)等作为武器向衡平法发出挑战。⑤埃杰顿坚决捍卫大法官发布禁制令的权力与衡平法的优先地位。在这场世纪之争中,国王詹姆斯一世驳斥了科克的观点,并公开支持大法官及其主张。⑥霍尔兹沃思对此指出:"埃尔斯米尔勋爵(即埃杰顿)通过战胜科克证明了衡平法作为独立法律体系存

---

① 即"纠正一般法院错误的权力"(The power to correct the errors of the ordinary courts of law),这一权力由大法官从谘议会司法管辖权发展而来。See F. W. Maitland, *The Constitutional History of England: A Course of Lectures Delivered*, Cambridge: Cambridge University Press, 1965, p.216.

② J. H. Baker, *The Oxford History of the Laws of England*, Vol. VI, 1485-1558, Oxford: Oxford University Press, 2003, p.178.

③ Robert Tittler, "Sir Nicholas Bacon and the Reform of the Tudor Chancery", *The University of Toronto Law Journal*, Vol. 23, No. 4, 1973, pp.390-391.

④ 科克宣称:"普通法乃王国共同权利的源泉"和"最高的理性",并"能够审查议会法令,裁定其无效"。参见 Edward Coke, *The Fourth Part of the Institutes of the Laws of England*, London, 1644, p.179; Edward Coke, *The First Part of the Institutes of the Laws of England*, London, 1629, p.97; Edward Coke, *The Eighth Part of the Reports of Sir Edward Coke*, London: Joseph Butterworth and Son, 1826, p.118.

⑤ 冷霞:《衡平法的胜利:大法官法院与普通法法院的管辖权冲突》,《南京大学学法律评论》,2009年秋季卷。

⑥ 1616年6月詹姆斯一世在星室法院发表演说,为大法官的衡平法优先权辩护。参见[英]詹姆斯:《国王詹姆斯政治著作选》(影印本),北京:中国政法大学出版社,2003年,第214—215页。

在的权利,并一举解决了衡平法与普通法的关系问题。"①梅特兰进一步指出,衡平法的这次胜利是"最终性和彻底性的"②。律师、大法官们对衡平法特权的捍卫和发展在事实上推动现代英国法"衡平法优先"原则的确立。

比衡平法兴起更早,欧洲罗马法复兴运动的风潮很早就刮到英国。罗马法真正传入英国应始于诺曼征服。跟随威廉一世来到英国的意大利人兰弗朗克(Lanfranc)是当时欧洲著名的罗马法学家和罗马法复兴的代表人物,他"在诺曼底被视为罗马法的奠基人之一"③。爱德华一世(1272—1307年在位)也被视为英国罗马法复兴运动的标志性人物,其在位期间进行了大量立法,有"英国的查士丁尼"称号。当然中世纪罗马法对英国的影响十分有限,主要体现在教会法和海事法当中,迅速崛起的普通法拥有的强势地位抵消了罗马法复兴的浪头。但在普通法僵化和都铎王权支持下,罗马法的复兴在15世纪末至16世纪初再次迎来新高潮。亨利八世十分重视对罗马法的研习。1540年和1546年,亨利八世在剑桥大学和牛津大学设立罗马法教授讲席,并重用一批罗马法博士在特权法院和教会法院担任法官。例如,1525年建立的北方法庭就是由五个普通法律师和五个罗马法律师共同担任法官。④这一时期的一些立法及"在处理商业交易(商事法规)和海事方面的纠纷时,都体现出罗马法原则的影响"⑤。宗教改革后的高等教务法庭和星室法院等特权法院也在一定程度上依据罗马法原则来审理案件。

总之,都铎时期作为英国新君主制兴起和确立的阶段,普通法的相对衰落无疑是一种历史必然。国王为强化和巩固自身的权力推动衡平法和罗马法的兴起,并建立从中央到地方的一系列特权法院。反过来,基于国王权威的衡平法院和罗马法法院也致力于维护国王的利益,推动王权的进一步扩张。在这一政治背景下,罗马法复兴运动在英国迎来一次新浪潮,衡平法也在这一时期不断改造,向现代衡平法过渡。以此为基础,作为现

① 霍尔兹沃思还将托马斯·埃杰顿尊为继圣·日耳曼和莫尔之后,英国衡平法体系的"第三位奠基者"。参见 William Holdsworth, *Some Makers of English Law*, Cambridge:Cambridge University Press, 1938, p. 99.

② F. W. Maitland, *The Constitutional History of England: A Course of Lectures Delivered*, Cambridge: Cambridge University Press, 1965, p. 270.

③ Frederick Pollock and F. W. Maitland, *The History of English Law before the Time of Edward I*, Vol. 1, Cambridge: Cambridge University Press, 1895, p. 28.

④ S. J. Gunn, *Early Tudor Government 1485-1558*, London: Macmillan, 1995, p. 89.

⑤ 冀明武:《16世纪罗马法复兴运动在英国失败原因探究——论培根新归纳法的法哲学意义》,《外国法制史研究》(第17辑),2014年。

代英国法基本原则的"衡平法优先"原则初步确立。①

二、来自特权法院的竞争

多数特权法院的司法审判基于衡平法或罗马法,其司法管辖权来自谘议会和国王的直接权威。作为国王司法权的延伸,谘议会的司法管辖权非常广泛。

梅特兰将其分为三个方面:一是纠正普通法法院错误判决的权力,即作为普通法法院的上诉法庭;二是对刑事案件的初审管辖权(Original Jurisidiction);三是对民事案件的初审管辖权。②基于上述管辖权,都铎君主建立了一系列特权法院用以服务王权。这些特权法庭在都铎初期剧烈的政治、宗教和社会动荡中为王权的稳固与强化发挥了重要作用,成为国王打压贵族集团、教会势力和镇压民间反抗的重要工具。

星室法院是都铎时期最具代表性的特权法院。③一般认为,星室法院起源于1487年的一项议会制定法(3 Hen. VII, c.1)。对此,也有些学者持有不同意见。如G.史密斯认为:该法庭早已存在,"1487年的法令不过是给予了它新生,同时,通过法令的形式强化并明确了它的构成和权力",而其真正独立为一个法庭则是"1526年枢密院建立后才从谘议会中分离出来的"。④当然,无论该法院起源于何时,1487年的制定法都是该法院正式成为一个官方司法机构的开始。

这一制定法授权组建一个由大法官领衔,由"财务大臣、掌玺大臣、王座法院和民诉法院首席法官、一名主教和一名谘议会世俗贵族"参加的法庭,并授予其对诸如"暴乱、做伪证、贿赂法官和陪审员、郡长犯罪"等常规刑事案件的司法管辖权。⑤该法庭在威斯敏斯特一间天花板上绘有星辰的房间办公,由此得名"星室法院"。星室法院受理的诉讼业务量在都铎前期迅速增长:亨利七世时期,星室法院仅仅作为辅助,年均受理案件仅约12

---

① 这一原则在19世纪的司法改革中得到明确。

② F. W. Maitland, *The Constitutional History of England: A Course of Lectures Delivered*, Cambridge: Cambridge University Press, 1965, p. 216.

③ 星室法院对罗马法的继受可参见:李源:《英格兰罗马法继受运动中的星座法院》,《外国法制史研究》(第17辑),2014年。

④ Goldwin Smith, *A Constitutional and Legal History of England*, New York: Charles Scribner's Sons, 1955, p. 252.

⑤ G. R. Elton, ed., *The Tudor Constitution Documents and Commentary*, Cambridge: Cambridge University Press, 1982, pp. 166—167.

件。沃尔西担任大法官期间,星室法院成为谘议会的主要司法机构,业务量增长约10倍。亨利八世统治后期,增长到年均150件。①

亨利八世统治后期是特权法院蓬勃兴起的黄金时代。权臣沃尔西的下台及宗教改革的开展将亨利八世的专制权力推向顶峰。亨利八世规避议会和普通法法院对权力的掣肘,进一步扩大谘议会的司法权,建立一系列依据衡平法或罗马法的特权法院。

其一,恳请法院(Court of Request)最初作为谘议会的下辖委员会出现,亨利八世正式赋予其对低级民事侵权案件的司法管辖权,主要受理贵族侵害普通民众的案件。②该法庭在组织机构和审判模式方面完全模仿大法官法院,其首脑也是大法官,因而被称为"次级衡平法院"③。该法庭在都铎中后期发展迅速,仅在伊丽莎白一世时期业务量就增长近3倍,年均受理案件超过260件。④它的建立成为国王打击贵族,强化王权的重要工具。

其二,宗教改革还催生了一批财政特权法庭。宗教改革开始后,原属天主教会的大量地产和税收被亨利八世没收,他设立了一系列专门法庭负责处理相关纠纷。1540年成立监护法庭(Court of Wards and Liveries),受理税收方面的案件。该法庭由一名主事法官(Master of the Wards)和一名"国王法律代理人"(King's Attorney)负责,致力于"服务国王的利益"。⑤此外,亨利八世还设立负责处理涉及没收教会土地案件⑥的土地没收法庭(Court of Augmentations)、处理涉及国王地产案件的王室地产检查员法庭(Court of General Surveyers)和处理涉及新任教会人员首年薪俸及什一税案件的首年金及什一税法庭(Court of First Fruits and Tenths)。

其三,为加强中央集权,亨利八世还设立作为枢密院派出机构的地方特权法院,主要包括北方委员会(Council of the North)和威尔士边区法庭

① S. J. Gunn, *Early Tudor Government 1485–1558*, London: Macmillan, 1995, p. 77.

② Edward Foss, *The Judges of England*, Vol. V, 1485–1603, London: Longmans, 1857, pp. 83–84.

③ Goldwin Smith, *A Constitutional and Legal History of England*, New York: Charles Scribner's Sons, 1955, p. 259.

④ 1561—1562年间为72件。See C. W. Brooks, *Pettyfoggers and Vipers of the Commonwealth: The "Lower Branch" of the Legal Profession in Early Modern England*, Cambridge: Cambridge University Press, 2004, p. 55.

⑤ *Court of Wards Act*, Edward Foss, *The Judges of England*, Vol. V, 1485–1603, London: Longmans, 1857, p. 83.

⑥ Edward Foss, *The Judges of England*, Vol. V, 1485–1603, London: Longmans, 1857, p. 84.

(Court of Wales and the March)等。①1536年,英国发生天主教暴动,亨利八世在没有任何议会立法授权的情况下成立北方委员会。该委员会对约克及其以北的四郡享有司法管辖权。威尔士边区法庭最早出现于爱德华四世时期。1542年,议会通过一项制定法(34 Henry VIII, c. 26)对这一法庭的权限和地位进行了确认,其司法管辖权涉及"威尔士本土及边境的格罗斯特(Gloucestershire)、伍斯特(Worcestershire)、赫里福德(Here-fordshire)和萨洛普(Shropshire)四郡"。北方委员会和威尔士边区法庭都享有广泛的初审管辖权,并使用简捷、高效的诉讼模式,且为穷人免费提供律师辩护,这些优势受到了穷苦大众的普遍欢迎。据统计,1598年,仅北方委员会每年受理诉讼就超过1000起。②当然,作为国王特权法庭,他们都以服务国王为宗旨,在加强地方控制、打击地方贵族和天主教势力以维护王权方面发挥着重要作用。

其四,亨利八世建立高等教务法庭(High Court of Delegates,又译"皇家教务代表法院")为宗教改革服务。宗教改革发动后,该法庭攫取原属教皇和天主教会的司法权,以维护新创立的国教会为宗旨,"反击所有攻击它的敌人"③。该法庭的法官由国王亲自任命,主要是一些精通教会法或罗马民法的专业法律人员或教会人员。都铎中后期,伴随着清教等异端派别的兴起,宗教冲突持续不断,高等教务法庭进一步发展。1559年的《至尊法》授权女王可以"委任任何数量的特使以女王之名对任何涉及宗教事务案件行使司法管辖权",并且,只要任何3名特使(其中1名须为主教)联名就可以行使"处以罚金或监禁"的自由裁量权。④

都铎时期特权法院的兴起既缘于其自身的优势,特殊历史环境也起了推动作用。就其自身来说,特权法院与大法官法院一样具有高效性、权威性与人性化的特点,受到民众的欢迎。正如冈恩评价星室法院时所

---

① 除了威尔士边区法庭,亨利八世还在威尔士划分了四个司法分区,每个区建立一个季审法庭(Courts of Great Session)。各法庭在辖区内享有广泛的普通法和衡平司法权。See Donald Veall, *The Popular Movement for Law Reform 1640-1660*, Oxford: Clarendon Press, 1970, p. 37.

② Donald Veall, *The Popular Movement for Law Reform 1640-1660*, Oxford: Clarendon Press, 1970, pp. 36-37.

③ Goldwin Smith, *A Constitutional and Legal History of England*, New York: Charles Scribner's Sons, 1955, pp. 270-271.

④ P. L. Hughes & R. F. Fries, eds., *Crown and Parliament of Tudor and Stuart England, A Documentary constitutional 1485-1714*, New York: G. P. Putnam's Sons, 1959, pp. 104-107.

说:"像大法官法院一样,星室法院在许多方面比普通法法院有更强的吸引力。"①特权法院大多遵循衡平法原则,"依据良心的原则寻找解决办法,通常能够在两个当事人之间找到一种公平的折中方案,避免了普通法法院生硬地满足其中一方"②。这样,大量不满于烦琐的普通法司法程序的诉讼当事人涌入特权法院寻求法律救济,客观上推动了特权法院的兴起。

另一方面,都铎时期特殊的政治、经济与社会变革推动了特权法院的兴起。都铎王朝建立之初,国内外反对势力仍蠢蠢欲动,为加强中央集权和巩固新王朝,亨利七世加强对司法权的控制,星室法院正是在这一背景下发展起来的。亨利八世发动宗教改革后,国家陷入新的不稳定局面,为巩固王权并保持国家的稳定,亨利八世建立一批受命于国王,并直接向国王负责的特权法院作为统治工具。此外,宗教改革结束了中世纪以来英国传统的二元政治结构,原本属于罗马教会的权益收归国王所有,包括各种税收和教会土地等,国王也需要一些专门法庭负责处理随之而来的各种法律问题。

这些特权法院在国王的权威之下,依据衡平法和罗马法的原则进行司法审判活动,具有高效性和权威性。特权法院的兴起对普通法法院的管辖权和司法地位构成有力的挑战。

三、来自大法官法院的竞争

都铎王朝建立之初,大法官法院延续中世纪的模式,③至亨利八世时期,特别是在红衣主教托马斯·沃尔西担任大法官期间,对大法官法院进行大规模改造,强化其司法职能,使之向具有广泛衡平管辖权的司法机构转型。

首先,大法官法院衡平管辖权大大扩张。沃尔西是其中最主要的推动者,他被认为是"从旧式教会大法官向新式律师大法官转型时期的关

---

① S. J. Gunn, *Early Tudor Government 1485–1558*, London: Macmillan, 1995, p. 82.

② S. J. Gunn, *Early Tudor Government 1485–1558*, London: Macmillan, 1995, p. 75.

③ 亨利七世建立都铎王朝后基本沿用了理查三世时期的大臣和法官。在大法官法院,除大法官和两名主事官(Masters)外,其他重要成员均得以留任。两名新任主事官是威廉·艾略特(William Eliot)和约翰·摩根(John Morgan)。See Edward Foss, *The Judges of England*, Vol. V, 1485–1603, London: Longman, Brown, Green, Longmans & Roberts, 1857, p.7.

键人物"①。作为亨利八世的宠臣和一位精力充沛、能力卓越的红衣主教,自1515年起,他连续执掌大法官法院长达14年。坎贝尔勋爵指出:"沃尔西显示出对于法律原则及衡平法的敏锐洞察力,并在担任大法官期间一丝不苟地开展司法活动。"在审案中,他总是"以一种理性的方式引入衡平法原则,并按照自己的理解做出判决"②。他认为:依据良心(conscience)是限制和减轻普通法僵化的最强力方式,大法官法院即良心法院,拥有限制和纠正普通法法院判决和执行的管辖权。③基于此,他极力扩张大法官法院的组织机构和管辖权,设立了四个新的附属法院,包括由其助手在白厅主持的附属法庭、伦敦主教主持的法庭、谘议会成员在财政署主持的法庭和卷档总管(Master of Rolls)在属衙主持的法庭。④大法官法院司法机构的扩大使其业务量呈现激增趋势。

同时,沃尔西还极力限制普通法法院的司法管辖权,其惯常手段是向诉讼人发布禁制令,阻止他们向普通法法院提起诉讼或废止普通法法院做出的判决;以权威干涉或威胁普通法法院的法官推迟审理或判决;通过调卷令强行将诉讼转移到大法官法院等。这些行为直接损害了普通法法院的法官们的利益,他们控诉沃尔西此举是在建立一种"超越和漠视法律"的"一言堂"(one-man supreme court),⑤结果是"使他和他的仆从们捞取更多的钱财,而使人民承受更多的误判"⑥。沃尔西扩大衡平管辖权的努力推动了大法官法院在都铎时期司法体系中的强势崛起。

其次,为适应大法官法院管辖权不断扩张而对司法人员法律专业技能的需求,大法官和其他主要成员都完成了向专业化与世俗化的过渡。与此同时,大法官法院组织机构、司法程序不断革新。

---

① 冷霞:《英国早期衡平法概论——以大法官法院为中心》,北京:商务印书馆,2010年,第187页。

② Lord Campbell, *Lives of the Lord Chancellors and Keepers of the Great Seal of England*, Vol. I, Toronto: R. Carswell, 1876, p. 434.

③ Lord Campbel, *Lives of the Lord Chancellors and Keepers of the Great Seal of England*, Vol. I, Toronto: R. Carswell, 1876, p. 462.

④ W. F. Finlason, *Reeves's History of the English Law, from the Time of the Romans to the End of the Reign of Elizabeth*, Vol. IV, Philadelphia: M. Murphy, 1880, p. 369.

⑤ J. H. Baker, *The Oxford History of the Laws of England*, Vol. VI, 1485-1558, Oxford: Oxford University Press, 2003, p. 177.

⑥ D. M. Kerly, *A Historical Sketch of the Equitable Jurisdiction of the Court of Chancery*, London: Cambridge University Press, 1890, p. 96.

沃尔西因处理国王"离婚案"失败而于1529年被解职。[1]亨利八世任命著名的人文主义学者、普通法律师托马斯·莫尔为大法官。此后,这一职位大都由普通法律师出任。[2]普通法律师担任大法官惯例的形成是大法官法院发展史上的标志性事件。这一转变一方面是大法官法院司法职能扩张的客观需要决定的;另一方面,正如冈恩指出的:"占主流地位的普通法职业共同体(Common Lawyers)对衡平法的兴起非常恐惧,他们担心英国法律的整体结构都会因此受到破坏,为消除这种恐惧,亨利八世挑选普通法律师担任大法官,以保持英国法律体系的平衡。"[3]

在大法官由普通法律师担任后,作为大法官法院重要司法职位的卷档总管也完成了世俗化与专业化。最后一位担当此职的教士是约翰·泰勒(John Taylor)。1534年,出身普通法律师的托马斯·克伦威尔(Thomas Cromwell)接任,成为首位担任卷档总管的普通法律师。此后,大法官的一般主事(Masters)也逐渐完成世俗化与专业化。

主要司法人员的专业化使大法官法院"与普通法法院一样被明确的规则和法律所规范"[4],大大推动大法官法院向专业司法机构的转型,进而推动其作为衡平法院的兴起。普通法律师执掌大法官法院后,对该法院不断进行革新。例如,托马斯·莫尔任职后,他立即致力于提高大法官法院的司法效率,清除中世纪以来的陈规陋习,他还极大地关注下层民众的法律诉求,将大法官法院的管辖权向底层社会延伸。

伊丽莎白一世时期的首位掌玺大臣尼古拉斯·培根对大法官法院在组织机构、司法程序上的改革更具成效。在组织机构方面,他增设了一些必要的职位,如撰写医院保护令状和王室土地转让许可的文书人员。他还针对常设性职位,如起始令状起草员(Cursitor)、二等文书(Secondary)、六书

---

① 亨利八世因王后阿拉冈的凯瑟琳(Catherine of Aragon,1485—1536)未生下男性继承人而向教皇提出离婚诉求,遭到教皇克莱门特七世(Pope Clement VII,1523—1534年在位)否决。红衣主教、大法官沃尔西在国王与教皇之间的斡旋以失败告终,也直接导致他本人的失势。这一事件也成为英国宗教改革的导火索。参见邵政达:《英国宗教史》,北京:中国社会科学出版社,2017年,第66—67页。

② 此后出现的教士大法官只有爱德华六世时期的托马斯·古德里奇(Thomas Goodrich)、玛丽一世统治时期的斯蒂芬·加德纳(Stephen Gardiner)、尼古拉斯·希思(Nicholas Heath)和詹姆斯一世时期的约翰·威廉姆斯(John Williams)。

③ S. J. Gunn, *Early Tudor Government 1485—1558*, London: Macmillan, 1995, pp. 79-80.

④ J. H. Baker, *An Introduction to English Legal History*, London: Butterworth, 1979, pp.126-127.

记官(Six Clerks)等,制定详细的职责规章,规范他们的业务范围,提高工作效率。①在司法程序方面,他制定了大法官法院发展史上第一部详细规则,如规范永久保存证词制度(*testimony in perpetuam rei memoriam*)、多重调卷令的签发制度、诉讼当事人义务等。②他还进一步明确大法官法院的司法管辖权,如理清大法官法院与其他法院的关系、明确大法官法院受理案件的类型等。③

大法官法院的改革在都铎王朝最后一位掌玺大臣埃杰顿在位时期得以进一步展开。他的改革主要针对大法官法院的文书工作和令状签发制度,如他以行政指令(administrative directives)的方式改革登记簿(enry book)制度、令状起草与签发制度等。④

莫尔、尼古拉斯·培根、埃杰顿等人的改革提高了大法官法院的司法效率和业务承载能力。对此,冈恩指出,大法官个人"在司法机构和程序改革上所付出的巨大努力极大促进大法官法院地位的上升"⑤。

再次,作为大法官法院的二号人物,在大法官法院司法权不断扩张的背景下,卷档总管的司法权得到明确。沃尔西执掌大法官法院期间,将大量案件交由卷档总管在属衙审理,⑥其司法权随之膨胀,地位也不断提高。亨利八世时期首次设立了一个先例,即由卷档总管领导一个"国玺委员会"(Commission of the Great Seal),以在大法官职位空缺或无法履行职责时,掌管国玺和司法权。1529年,亨利八世任命一个由卷档总管约翰·泰勒领衔的委员会来取代沃尔西在大法官法院的司法权。该委员会由20人组成,包括大法官法院的主事官、普通法法院的法官和枢密院的几名成员。此后,在大法官职位空缺或无法履行职责时,卷档总管领导国玺委员会主持大法官法院的先例得以确立。 1544 年,托马斯·赖奥斯利(Thomas

① W. S. Holdsworth, *A History of English Law*, Vol. IV, London: Methuen & Co. Ltd., 1924, p. 228.

② Robert Tittler, "Sir Nicholas Bacon and the Reform of the Tudor Chancery", *The University of Toronto Law Journal*, Vol. 23, No. 4, 1973, pp. 392-395.

③ Robert Tittler, "Sir Nicholas Bacon and the Reform of the Tudor Chancery", *The University of Toronto Law Journal*, Vol. 23, No. 4, 1973, pp. 390-392.

④ 冷霞:《英国早期衡平法概论——以大法官法院为中心》,北京:商务印书馆,2010年,第204—208页。

⑤ S. J. Gunn, *Early Tudor Government 1485-1558*, London: Macmillan, 1995, p. 78.

⑥ Lord Campbell, *Lives of the Lord Chancellors and Keepers of the Great Seal of England*, Vol. I, Toronto: R. Carswell, 1876, p. 434.

Wriothesley)任职大法官后,亨利八世再次任命一个由卷档总管罗伯特·索思韦尔(Robert Southwell)领衔的委员会,职责是在大法官不在的情况下行使大法官的司法职能,亨利八世授权该委员会对案件的裁决及发布的命令与大法官拥有同样的效力。[1]

此后,在玛丽一世(Mary I,1553—1558年在位)和伊丽莎白一世(Elizabeth I,1558—1603年在位)统治时期,卷档总管领衔的委员会多次出现。玛丽一世曾任命一个由卷档总管尼古拉斯·黑尔(Nicholas Hare)召集的委员会接替去世的大法官斯蒂芬·加德纳的工作,其间,黑尔完全掌握着大法官的各项职权。正如爱德华·福斯所说:虽然没有大法官的头衔,但他拥有大法官职权,"他是这一时期许多政治案件的重要参与人"[2]。即使在新大法官尼古拉斯·希思上任后,黑尔仍然控制着大法官法院的司法事务。卷档总管在都铎时期地位的提升使其获得"副大法官"的称号,[3]并奠定其在大法官法院中仅次于大法官的重要地位。

在上述变革的基础上,大法官法院受理的诉讼数量呈"爆炸式增长"趋势。根据冈恩的统计和整理,亨利七世统治时期为年均571件;亨利八世前期,即沃尔西主政期间为年均770件;亨利八世统治后期攀升到年均1243件;玛丽一世至伊丽莎白一世统治前期为年均1300件。[4]从都铎王朝建立至亨利八世后期短短的半个世纪,大法官法院受理的案件数量翻了一倍多。至都铎中期以后,这一增长趋势才放缓,根据S.辛德尔的统计,在整个伊丽莎白一世时期,大法官法院年均约受理诉讼1600件。[5]关于趋缓的原因,冈恩认为这是大法官法院受理案件的能力达到"饱和状态"所致。[6]

都铎时期大法官法院兴起的原因是多方面的。从其自身来说,大法官法院拥有独特的优势。相对于普通法法院来说,其一,大法官法院的司法程序更具效率和效力。就效率而言,无论案件多么特殊,大法官法院都能

---

① Edward Foss, *The Judges of England*, Vol. V, 1485-1603, London: Longmans, 1857, p. 86.

② Edward Foss, *The Judges of England*, Vol. V, 1485-1603, London: Longmans, 1857, p. 341.

③ Harold Potter, *A Historical Introduction to English Law and Its Institutions*, London: Sweet & Maxwell, 1958, p. 162.

④ 上述数据根据冈恩制定的民事诉讼受理趋势统计表整理而成。See S. J. Gunn, *Early Tudor Government 1485-1558*, London: Macmillan, 1995, p. 77.

⑤ Steve Hindle, *The State and Social Change in Early Modern England 1550-1640*, London: Palgrave, 2000, p. 69.

⑥ S. J. Gunn, *Early Tudor Government 1485-1558*, London: Macmillan, 1995, p. 76.

够受理,并"基于亲眼所见的证据和文件力争做出公平的裁决"。相对于普通法法院复杂的诉讼程序,大法官法院仅仅依靠衡平原则,无须经过复杂的诉讼程序就可以直接断案。就效力而言,大法官作为国玺的掌管人和国王最重要的大臣之一,其职位本身拥有一种"权威的光环",他可以直接通往国家权力的中心,因而人们相信其有能力执行自身的命令与判决。在大法官传唤被告到庭时,发出的传票(subpoena writ)规定:"如果他不来,他将必须向国王支付100镑。"这种直接以国王权威作为威慑手段的方式比普通法法院中由郡长负责传唤被告到庭的方式有效得多。①

其二,大法官法院的裁决依据"良心"原则,更具人性化。在大法官法院的司法审判中,依据"良心"裁决,大法官通常都会做出一个同时考虑诉讼双方利益的折中方案。与此相对,普通法法院的法官会参考当事人双方律师的辩论,关于事实的问题则交给陪审团,其裁决结果往往是"赢家通吃"(winner-take-all)。例如在涉及土地用益(use)的案件中,大法官法院的法官们可以决定是否某人非正义地持有证明土地所有权的证书,并依据"良心和正义"决定土地的用益权,这样就避免了普通法中仅仅依据土地所有权证明书来判决案件的非正义行为。②显然,衡平原则比普通法更具人性化。正如密尔松所说:"法律的确定性存在于普通法法院之中,而公平正义则存在于大法官的衡平法院里。"③正是大法官法院的这一优势,使得大量关于土地权属的案件涌入该法院。根据统计数据,沃尔西在任时期,有约67%的案件都是土地方面的,是大法官法院受理的最主要案件类型。④这一情况使大法官法院司法工作出现拥堵,许多案件不得不被退回到普通法法院。

其三,大法官法院还拥有变更其他法院裁决的权力,即它在一定程度上作为普通法法院的上诉法院而存在。一般情况下,如果诉讼人在普通法法院没有获得公正的判决,他可以向大法官法院提出上诉。这一权能大大提高了大法官法院在司法领域中的地位,也吸引大量无法从普通法法院获得司法救济的案件转向大法官法院。在沃尔西在任期间,商业合同案件中有90%从下级法院特别是市镇法庭上诉到大法官法院。⑤

---

① S. J. Gunn, *Early Tudor Government 1485-1558*, London: Macmillan, 1995, p. 78.

② S. J. Gunn, *Early Tudor Government 1485-1558*, London: Macmillan, 1995, pp. 78-79.

③ [英]S. F. C. 密尔松:《普通法的历史基础》,李显冬等译,北京:中国大百科全书出版社,1999年,第94页。

④ S. J. Gunn, *Early Tudor Government 1485-1558*, London: Macmillan, 1995, p. 79.

⑤ S. J. Gunn, *Early Tudor Government 1485-1558*, London: Macmillan, 1995, pp. 78-79.

从大法官法院兴起的外部环境来说,都铎王朝在政治和宗教方面经历了剧烈变革,社会、经济、文化等其他方面也随之迎来巨变。中世纪发展滞缓的封建体系在战争中瓦解,社会结构重组、工商业发展、对外贸易和殖民扩张也取得重要成果。这些变革引发了近代早期英国的"诉讼大爆炸"(explosion of litigation)现象,[1]激增的诉讼数量对大法官法院这一高效、权威的衡平法院的兴起提出了时代诉求。

四、来自海事法院的竞争

海事法院管辖权起源于14世纪国王授予海军上将(Lord High Admiral)处理海盗行为的司法权。1340年,英国在斯勒伊斯海战(Battle of Sluis)后正式获得英吉利海峡的统治权,海事案件的增加为明确的海事管辖权归属提出了要求。1360年,海军上将之一的约翰·佩夫利(John Pavely)被明确地赋予海事案件管辖权,在其委任状中,授予他"完全的权力……以审理海事案件,伸张正义,纠正和惩罚违法行为,监禁和释放囚犯,以及按照海洋法应该做的所有其他相关之事"[2]。罗斯科指出:"这是第一次明确地授予海军上将司法管辖权。"[3]卡特认为,海事法院的实际出现可能更早一些,大体在1340至1357年间。海军上将在处理所辖海域中海盗行为的过程中即已开始行使司法权,由他主持的这个法庭就是早期的海事法院。由于海事案件的国际性特点,当事人常常包含外国人或都是外国人,因此英国本土的普通法无法普遍适用,更加明确、高效的罗马法较为可行。[4]

1389年和1391年,理查二世(Richard II,1377—1399年在位)国王先后颁布两个法令限制和明确了海事法院的管辖权范围,其中规定:海事法院不得插手任何发生在英国国土范围内的陆地和水域上的合同(contracts)、诉讼(pleas)、纷争(quarrels)及所有其他相关诉讼事务,但它可以审理停靠

---

① C. W. Brooks, *Pettyfoggers and Vipers of the Commonwealth: The "Lower Branch" of the Legal Profession in Early Modern England*, Cambridge: Cambridge University Press, 2004, p.75; 初庆东:《近代早期英国"诉讼爆炸"现象探析》,《史林》2014年第5期。

② Edward Stanley Roscoe, *The Growth of English Law: Being Studies in the Evolution of Law and Procedure in England*, London: Stevens and Sons, 1911, pp. 101-102.

③ Edward Stanley Roscoe, *The Growth of English Law: Being Studies in the Evolution of Law and Procedure in England*, London: Stevens and Sons, 1911, p. 102.

④ A. T. Carter, *A History of English Legal Institutions*, London: Butterworth & Co., 1902, p.176.

在河流近海口第一座桥梁下方的船只上发生的杀人或者严重伤害案件（mayhem）。[1]这两个法令虽以限制海事法院管辖权为目的，但在客观上澄清和明确了海事法院的管辖权范围，因此被认为是海事法院管辖权正式确立的标志。[2]

由海军上将领导的海事法院通常也被称为"高等海事法院"（High Court of Admiralty）。早期高等海事法院的组织体系比较简单，由海军上将本人充当唯一法官，由熟悉法律的法学家或律师充当顾问。但由于海军上将军务繁忙，无法经常履行司法职责，一般都会任命一名罗马法律师代其处理案件，这为专职法官的出现做了铺垫。1482年海军上将任命威廉·莱西（William Lacy）为高级海事法院法官的委任状表明，在都铎王朝以前海事法院已经存在专职法官。[3]有学者指出："它的存在表明这时的高级海事法院已经通过正式的方式任命法官，而这也意味着高级海事法院正在走向成熟。"[4]

除了高等海事法院，英国还有其他一些海事法院。自1360年起，英国沿海岸设置了19个辖区，各设一名海岸事务总长（Vice Admiral of the Coast），协助海军上将管理辖区事务。该职位兼具行政和司法双重性质，其司法管辖权也来自海军上将。海岸事务总长主持的"海岸事务法庭"（Court of Vice-Admiralty）通常被称作"初级海事法庭"。[5]此外，在一些港口城市还有城市海事法院。其中最著名的是五港联盟海事法院（Court of Admiralty for the Cinque Ports）。[6]该法院的管辖权可以追溯到国王授予五

<hr />

① Matthew Bacon, *A New Abridgement of the Law*, London: A. Strahan, 1832, p. 497.

② 肖崇俊：《英国海事法院的历史探析（1360-1873）》，上海：华东政法大学硕士学位论文，2010年，第21页。

③ A. T. Carter, *A History of English Legal Institutions*, London: Butterworth & Co., 1902, p.178.

④ 肖崇俊：《英国海事法院的历史探析（1360—1873）》，上海：华东政法大学硕士学位论文，2010年，第10页。

⑤ 薛波主编：《元照英美法词典》，北京：北京大学出版社，2013年，第1401页。

⑥ 值得注意的是，1835年《市政改革法》（*Municipal Corporations Act 1835*）取消了所有自治地方的海事管辖权，但五港联盟海事法院被排除在外，直到1914年该法院最后一次开庭。

港联盟(Cinque Ports)的自治特权。①伊丽莎白一世女王在位时期,高等教务法庭正式成为海事法院的上诉法院。通常由国王(女王)任命代表(delegates)审理案件。②

海事法院的运行和组织体系遵循罗马法法院的模式,审判模式为"纠问制"(inquisitorial system)③。高等海事法院的法官通常由海军上将任命。④初级海事法院法官则由高等海事法院法官任命。海事法院的法官是从罗马法律师中选任。罗马法律师是与普通法律师有着严格界限的律师共同体。1511年前后,罗马法律师群体组建了罗马法律师协会(Doctors' Commons, also the College of Civilians),分为辩护律师(the admiralty advocate)和代诉人(the admiralty proctor)两类。除法官外,海事法院还有登记官(Registrar)和法警(Marshal)等职员。

客观来讲,中世纪海事法院的发展相对缓慢。一方面是由于理查二世时代的两个法令对海事法院管辖权进行了较为严格的限制,另一方面诚如哈丁所说:"议会对(海事法院这种)谘议法院(Conciliar Courts)的怀疑根深蒂固。"⑤

都铎时期,在专制王权支持和罗马法复兴运动的推动下,海事法院的民事管辖权不断扩张。在亨利八世操纵下,理查二世时期限制海事法院管

---

① 该城市联盟成立于11世纪,是由威塞克斯王朝的忏悔者爱德华(Edward the Confessor)促成的海岸防御联盟,并被授予一定的自治特权。最初包括黑斯廷斯(Hastings)、罗姆尼(Romney)、海斯(Hythe)、多佛(Dover)、桑维奇(Sandwich),后来莱伊(Rye)和温切尔西(Winchelsea)也加入进来。参见薛波主编:《元照英美法词典》,北京:北京大学出版社,2013年,第226页。

② 该法院是宗教改革后英国负责审理教会上诉案件的司法机构,法官由国王任命的代表担任。至1832年,该法院废除,司法权转移至枢密院司法委员会(Judicial Committee of the Privy Council)。参见薛波主编:《元照英美法词典》,北京:北京大学出版社,2013年,第637页。

③ 纠问制是"大陆法系国家中由国家而非私人主动追究犯罪的刑事诉讼制度,与英美法系实行的控告制(accusatory system)或对抗制(adversary system)相对。纠问制起源于罗马帝国晚期,到16世纪时被欧洲国家普遍采用。它的一般特征是由法官主导审判活动的进行,法官可以依职权主动决定要进行的所有必要的调查活动,确定调查的范围而不限于当事人所提交的证据,以及主动传唤和询问证人等。"参见薛波主编:《元照英美法词典》,北京:北京大学出版社,2013年,第702页。

④ 自1673年,约克公爵詹姆斯(即后来的英国国王詹姆斯二世)因天主教徒身份辞去海军上将一职后,改由国王任命。

⑤ Alan Harding, *The Law Courts of Medieval England*, London: George Allen & Unwin, Ltd, 1973, p. 105.

辖权的两个法令被废除。1541年的议会法令(32Hen. VIII. c. 14)明确授予海事法院对在海外签署或产生的合同、汇票(bills of exchanges)、租船契约(charter parties)、保险(insurance)、海损(average)、运费(freight)、货物未交递(nondelivery of cargo)、货物损失(damage to cargo)、航海过失(negligent navigation)和违反适航保证(breach of warranty of seaworthiness)等案件拥有管辖权。[①]

都铎王朝中后期,海事法院管辖权得到进一步明确和扩张。1547年,爱德华六世颁发给海军上将的任命状(letters patent)赋予其更广泛的管辖权,包括"任何发生在英格兰或爱尔兰或相同管辖权范围内的海域及从第一座桥梁到大海的淡水水域和河流上的事件(thing)、争议事项(matters)或诉讼(cause)"[②]。在海事法院与普通法法院发生管辖权冲突时,王权对海事法院表现出明显的偏袒。伊丽莎白一世明令普通法法院不得侵占海事法院管辖权,且"在海事法院做出宣判后,不得发出普通法上的禁制令",即便在下一个开庭期可以提出申请,"海事法院法官也被允许出庭并提出反对禁制令的理由"[③]。1575年颁发的一个特殊的委任状中,海事法院管辖权进一步扩大,除明确此前管辖权外,该委任状还追加授予其对涉及提单(bills of lading)、船舶抵押借款(bottomry)、船舶约束合同(contractsbinding ships)等类案件的管辖权。[④]

总之,都铎时期衡平法的兴起与罗马法的复兴助推大法官法院、特权法院和海事法院等衡平法院或罗马法法院的崛起,加之普通法自身的僵化,普通法法院在内外两方面遭遇危机,这迫使其寻求自救之路。此外,星室法院等特权法院的兴起还对专制王权的持续强化起到促进作用,甚至成为专制王权打击政治反对派的工具。因此,一些宪政主义学者将都铎时期

① A. T. Carter, *A History of English Legal Institutions*, London: Butterworth & Co., 1906, p.180.

② A. T. Carter, *A History of English Legal Institutions*, London: Butterworth & Co., 1906, pp. 180-181.

③ Thomas Lambert Mears, "The History of the Admiralty Jurisdiction", in A Committee of the Association of American Law Schools ed., *Select Essays in Anglo-American Legal History*, Vol. II, Boston: Little, Brown, and Company, 1908, p. 353.

④ Thomas Lambert Mears, "The History of the Admiralty Jurisdiction", in A Committee of the Association of American Law Schools ed., *Select Essays in Anglo-American Legal History*, Vol. II, Boston: Little, Brown, and Company, 1908, p. 353.

称为"英国法律史上的黑暗时代"①。不过，客观地说，尽管衡平法院和罗马法法院的崛起确实在一定程度上充当了国王专制主义的帮凶，但从积极的一面来说，二者也是在普通法发展遭遇瓶颈，无法对民众的法律诉求提供充分救济的背景下兴起的，对16世纪英国从中世纪向近代社会的平稳转型起到了重要作用。

第三节 英国普通法法院的自救改革

大法官法院、特权法院和海事法院等一系列衡平法院和罗马法法院的兴起，对普通法法院的传统地位构成严峻挑战。这既缘于王权的偏袒、罗马法复兴运动的影响，以及衡平法高效、权威与人性化的优势等外部因素，也是普通法法院自身僵化的结果。在内部问题与外部挑战的双重作用下，普通法法院遭遇了前所未有的危机，能否成功实现自身的革新、缓解外部压力，成为摆在普通法法院面前的紧迫任务。在此背景下，普通法法院一方面寻求与衡平法院就司法管辖权冲突问题达成一致；另一方面寻求自身的改革以更好地适应英国社会转型期对高效司法的诉求。

一、普通法法院的司法程序改革

普通法法官中的有识之士清醒地认识到普通法自身的弊病是其衰落的核心因素。以都铎前期王座法院富有改革精神的几位法官为先锋，②普通法法院开启了改革进程。约翰·菲尼克斯爵士（Sir John Fyneux）、约翰·菲茨-詹姆斯（Sir John Fitzjames）和爱德华·蒙塔古爵士（Sir Edward Montague）三位法官在1495—1545年的半个世纪里先后担任王座法院首席法官，主导了王座法院的改革。

改革长期僵化的普通法司法程序无疑是普通法法院摆脱衰落之势的根本方法。正如有学者指出："寻找普通法法院的缺陷和不足是极为容易的"③，其中最大问题在于普通法司法程序的僵化及法律适用效率的低下。例如，作为执法者的郡长面对每年数以千计的司法令状，往往只是采取最

---

① G. R. Elton, ed., *The Tudor Constitution Documents and Commentary*, Cambridge: Cambridge University Press, 1982, p. 148.

② J. H. Baker, *The Oxford History of the Laws of England*, Vol. Ⅵ, 1483-1558, Oxford: Oxford University Press, 2003, p. 145.

③ S. J. Gunn, *Early Tudor Government 1485-1558*, London: Macmillan, 1995, p. 90.

低限度的行动。按照通常的"中间令状"（mesne process）①，郡长逮捕罪犯及扣押其财货一般需花费一年半以上的时间，而这些案件可能只需要被告向原告做出赔偿以达成和解就能够马上解决。此外，当郡长奉命扣押一位未到庭的嫌犯的财产时，最安全的方式是报告说嫌犯的动产（goods）一文不值，这样他就不必因此欠国王的钱；当令状要求郡长找到合适的陪审员以协助审理案件时，"找不到"（non est inventus）是他们最通常的回复。②

15世纪60年代，民事诉讼令状有五分之一根本没有返回结果，而且当某一案件确实进入法庭，它也可能由于极其严格的技术原因，如令状的用语或拼写错误而无法得到法律救济。最终，由于普通法司法程序本身的这些问题，少于十分之一的案件能够通过完整的司法程序结案。根据统计，大多数案件发生后，受害者（原告）一方只要表明其寻求法律手段的坚决态度之后，被告一方就会极力谋求庭外和解，原告为避免复杂冗长、劳民伤财的司法程序也乐于做出一定让步。③对于一些只有诉诸法律才能解决的纠纷，当事人更乐于寻求衡平法院的裁决。

为提高法律救济的效率，都铎前期的两位君主也曾尝试进行改革。亨利七世加大追捕、打击逃犯的力度，使他们慑于严厉的惩罚与巨额赔偿而主动前往法庭受审。亨利八世给予罪犯更为宽泛的免罪方式诱使他们主动接受司法审判。遗憾的是，这些手段都只能起到短期效果，无论是较小的民事案件还是涉及重罪的案件的执行都很难顺利进行。这也验证了王权主导的改革无法使普通法法院所遭遇的危机发生根本性变化。

王座法院法官在普通法改革的道路上率先取得成果。仅在都铎前期，该法院法官就进行了多达39项改革，大多数是在两个有冒险精神的首席法官——约翰·菲尼克斯爵士和爱德华·蒙塔古爵士及法庭的首席书记官约翰·罗珀（John Roper）的影响下进行的。④

首先，亟须的改革措施是针对令状制度的改进。传统令状制度要求任何案件在开始诉讼前必须申请一个僵化的、有固定种类，以及严格固定用

---

① "中间令状"是指："法庭在诉讼开始后至做出终局判决前的期间内发出的令状，尤其是为了给予临时性救济而签发的令状，如财产扣押令、民事拘禁令等。"薛波主编：《元照英美法词典》，北京：北京大学出版社，2013年，第912页。

② S. J. Gunn, *Early Tudor Government 1485-1558*, London: Macmillan, 1995, pp. 89-90.

③ S. J. Gunn, *Early Tudor Government 1485-1558*, London: Macmillan, 1995, p. 90.

④ 值得一提的是，上述三人也是一个成功的家庭事业：罗珀娶了菲尼克斯的女儿，蒙塔古娶了罗珀的女儿。S. J. Gunn, *Early Tudor Government 1485-1558*, London: Macmillan, 1995, p. 90.

语的起始令状。王座法院简化了令状申请程序和令状模式,引入"诉状程序"。改革后引入的诉状既简明又无具体限定范围和固定用语,它是原告"直接向法庭提起控诉时所使用的书状,由原告自行提交,无需向文秘署(Chancery)购买。"这一制度在13—14世纪已经相当成熟。[①]同时,普通法律师们被允许灵活地代其委托人申请令状和申诉问题。通过改革,王座法院争取到大量一度被大法官法院垄断的契约及债务诉讼。在1560年之前,这类案件已经占到王座法院业务量的19%。[②]

其次,在简化程序的基础上,王座法院率先采用"法律拟制"(legal fiction)措施,扩大民事管辖权。在王座法院永久直辖的米德尔塞克斯郡(Middlesex),原告可以指控被告犯有非法入侵(trespass)罪,将案件直接提交到王座法院。[③]随后,王座法院会发布拘捕令(capias)及连带的法院扣押令(precept of attachment)给米德尔塞克斯郡长,在其回复"未找到"后,再发布被称为"潜逃拘捕令状"(latitat)的新拘捕令给被告实际所在地郡长,被告被拘捕后会被监禁在王室内务法庭监狱。[④]一旦进入正式的法庭审判程序,虚拟的米德尔塞克斯郡非法入侵指控就会自动解除。[⑤]

通过米德塞克斯诉状(bill of Middlesex)这一拟制程序不仅避开了申请令状的烦琐程序,使司法进程比传统的"中间令状"程序"更快速、更便宜、更有效率",[⑥]同时,王座法院的民事管辖权在事实上已不再限于米德尔塞克斯郡,而是几乎囊括全部民事诉讼的管辖权,其所受理的侵权、债务类诉讼甚至一度超过民诉法院。[⑦]在上述拟制程序中,最初的虚拟诉状和虚拟拘捕令并无实质意义,仅仅是在程序上使案件合法地进入王座法院,因

---

① 关于诉状及诉状程序的特点,参见张传玺:《私人喊冤及国家应对:英国普通法上的控诉状》,《历史研究》2016年第6期。

② S. J. Gunn, *Early Tudor Government 1485-1558*, London: Macmillan, 1995, p. 91.

③ 财税法院效仿王座法院采用"法律拟制"扩大管辖权。拟制方式如下:"原告自称是国王债务人,并指控——由于被告不还钱导致他不能得到本应属于他的钱,进而减少了他本应能够偿还给国王的钱。"[英]梅特兰:《普通法的诉讼形式》,王云霞等译,北京:商务印书馆,2010年,第20页。

④ Marjorie Blatcher, *The Court of King's Bench 1450-1550*, London: The Athlone Press, 1978, pp. 116-117.

⑤ J. H. Baker, *The Oxford History of the Laws of England*, Vol. Ⅵ, 1483-1558, Oxford: Oxford University Press, 2003, p.153.

⑥ S. J. Gunn, *Early Tudor Government 1485-1558*, London: Macmillan, 1995, p. 91.

⑦ J. H. Baker, *An Introduction to English Legal History*, London: Butterworths, 1979, p. 39.

此这一阶段的各种程序在随后的司法实践中被不断压缩。①只要诉状被递交,法院的扣押令、米德尔塞克斯拘捕令和潜在嫌疑令就会相继发出,理论上所需的时间和手续被有意缩短和简化,米德尔塞克斯拘捕令甚至不再加盖法院的印玺。②这样,王座法院的业务量在16世纪50年代开始大幅增加,与对改革持保守态度的民诉法院相比,这一成果相当明显。③

再次,王座法院还引入了实体法救济(substantive remedies),提高普通法法院司法权威。一方面,通过发布"人身保护令"为民众提供特别救济。在1516年的"摩根案"(R. v. Marshal of Household, ex parte Ap Morgan)和1518年的"托马斯·阿普莱斯案"(Case of Thomas Apryse)中,王座法院成功运用"人身保护令"为下层民众提供特别救济,开创了良好的先例。④至1546年的"霍吉斯和希思案"(Ex parte Hogges and Heyth),这一特别救济方式得以确立。伊丽莎白一世时期的民诉法院首席法官詹姆斯·戴尔(James Dyer)指出,这些判例的法律意义在于——"确立了王座法院拥有审查任何因犯被监禁原因的权威,并可根据王座法院认为适宜的处理方式将嫌犯移送、保释或继续监禁"⑤。另一方面,积极限制教会庇护权(ecclesiastical sanctuary)。早在1495年的"罗尔斯利诉托夫特案"(Rollesley v. Toft)中,首席法官威廉·休斯(William Huse)就公开抨击教会庇护权,将教会庇护所称作"贼窝"(spelunca latronum),并指出,庇护特权只能通过议会法令才能授予。⑥这种旗帜鲜明的主张为此后普通法法院所坚持。在1516——

---

① J. H. Baker, *The Oxford History of the Laws of England*, Vol. VI, 1483–1558, Oxford: Oxford University Press, 2003, p. 153.

② Marjorie Blatcher, *The Court of King's Bench 1450–1550*, London: The Athlone Press, 1978, pp. 130–131.

③ S. J. Gunn, *Early Tudor Government 1485–1558*, London: Macmillan, 1995, pp. 90–91.

④ 在"摩根案"中,来自威尔士的流浪汉被皇家典狱长(marshal of the household)逮捕,在"阿普莱斯案"中,托马斯·阿普莱斯被以红衣主教沃尔西的命令拘留,两者均由王座法院发布"人身保护令"后被释放。 J. H. Baker, *The Oxford History of the Laws of England*, Vol. VI, 1483–1558, Oxford: Oxford University Press, 2003, pp. 92–93; J. H. Baker, ed., *Reports from the Lost Notebooks of Sir James Dyer*, Vol. I, London: Selden Society, 1994, p. 88.

⑤ 约翰·霍吉斯(John Hogges)和托马斯·希思(Thomas Heyth)被以"国王谘议会的命令"监禁于伦敦塔,王座法院以"人身保护令"将他们移送到王座法院进行重审。J. H. Baker, *The Oxford History of the Laws of England*, Vol. VI, 1483–1558, Oxford: Oxford University Press, 2003, p. 93; J. H. Baker, ed., *Reports from the Lost Notebooks of Sir James Dyer*, Vol. I, London: Selden Society, 1994, pp. 78–79.

⑥ J. H. Baker, ed., *The Notebook of Sir John Port*, London: Selden Society, 1986, pp. 33–36.

1520年的"庞斯福特诉萨维奇案"(*Pauncefote v. Savage*)中,首席法官约翰·菲尤克斯(John Fyneux)明确提出两大主张:一是庇护期不得超过40天,二是教皇诏书(papal bull)和指示(prescription)创设的庇护权无效。[1]在王座法院推动下,议会逐步对庇护权进行严格限制。[2]1540年的法令(32 Hen. VIII, c. 12.)使庇护权名存实亡,该法只保留简单的盗窃罪庇护权,且被限定在40天内。[3]利用"人身保护令"提供特别救济和限制教会庇护权的举措是王座法院主动革新,发挥司法能动主义维护司法正义的表现,大大提高了普通法法院的司法权威。

此外,改革引入"蔑视王权罪"法令和"类案诉讼",扩张普通法法院管辖权。援引"蔑视王权罪"法令是与教会法院竞争的有效手段之一。[4]教会法院无须以令状的签发开启诉讼,司法程序快速,排除教会的威慑力可以迫使被告出庭并服从判决,正是司法效率和执行力的优势使教会法院侵夺了大量原属普通法法院的业务。普通法法院一般只能通过诉诸禁制令,禁止教会法院听审原属于普通法司法管辖权范围的案件,避免这种现象的持续发生,但收效不佳。冈恩指出:"教会法职业者(cannon lawyers)过去常常使用反制手段并常常在保护其司法权上取得成功。"[5]

自亨利七世时期,王座法院将"蔑视王权罪"法令作为一种新的武器,普通法法院以"教会法院属于罗马天主教会而非英国法庭"为由,否定其司法管辖权。在王权的支持和民族主义兴起的背景下,这种方式比诉诸禁制令更为有效。由此,普通法法院逐渐将教会法院中的诽谤和债务诉讼争取过

---

① J. H. Baker, ed., *Reports of Cases by John Caryll*, Part II, 1501–1522, London: Selden Society, 2000, pp. 704–713.

② 1534年,议会通过法令废除了叛国罪(high treason)的庇护权(26 Hen. VIII, c.13.);1535年,议会废除了挪用公款罪(embezzlement)的庇护权(27 Hen. VIII, c. 11.);1541年,议会废除了偷盗国王财产罪(stealing the king's goods)的庇护权(33 Hen. VIII, c.12.)等。J. H. Baker, *The Oxford History of the Laws of England*, Vol. VI, 1483–1558, Oxford: Oxford University Press, 2003, p. 550.

③ 至1624年,议会最终通过法令(21 Jac. I, c. 28.)彻底废除了教会庇护权。J. H. Baker, *The Oxford History of the Laws of England*, Vol. VI, 1483–1558, Oxford: Oxford University Press, 2003, p. 551.

④ "蔑视王权罪"指所有侵犯王权的行为,特别指因尊崇教皇而侵犯国王管辖权的行为。相关法令如1352年的《空缺圣职继任者法》(Statute of Provisors)和1392年的《蔑视王权罪法》(Statute of Praemunire)等。

⑤ S. J. Gunn, *Early Tudor Government 1485–1558*, London: Macmillan, 1995, p. 92.

来。①亨利八世时期,在宗教改革打击下,教会法院一度只保留了涉及教会建筑和教士行为的诉讼管辖权。②

"类案诉讼"(actions on the case)始于13世纪,是规避令状制度弊端的特别方式。③1285年的《威斯敏斯特法Ⅱ》(Statute of Westminster Ⅱ)规定,当某一案件无相应的当然令状(writ of course)而有类似案件时,文秘署应同意签发一个新令状。基于此种情况签发的令状即类案诉讼令状。由此,在面对各种各样复杂的诉因时,普通法法院都可以受理案件,而不必受现有固定令状的限制,由此扩大了管辖权。相较于只对直接损害提供救济的一般侵权诉讼(action of trespass),"类案诉讼"可以对间接损害提供特别救济。④1532年的"皮克里昂诉瑟古德案"(Pykeryng v. Thurgoode)后,类案诉讼在债务领域确立起来。⑤由类案诉讼发展出的"简约之诉"(assumpsit)⑥推动王座法院商业管辖权(commercial jurisdiction)和一般民事管辖权的扩展。⑦在1555年之前,仅王座法院每年就有超过50起案件适用"简约之诉"

---

① S. J. Gunn, *Early Tudor Government 1485–1558*, London: Macmillan, 1995, p. 92.

② 值得一提的是,伊丽莎白一世统治时期,英国教会实现了由罗马天主教会分支向英国民族教会的转化,"蔑视王权罪"法令无法适用,教会法院依赖对涉及什一税和诽谤诉讼的司法管辖权得以再次扩张。S. J. Gunn, *Early Tudor Government 1485–1558*, London: Macmillan, 1995, p. 92.

③ 随着中世纪普通法的兴起,为应对各种各样的诉因,文秘署不得不签发大量令状。13世纪中叶,王权与贵族集团斗争激烈,为限制王室司法权扩张,1258年的《牛津条例》(Provisions of Oxford)规定,除非国王及其大委员会一致同意,大法官不得再签发新令状。这一规定使大量诉讼无法开启,成为"类案诉讼"出现的主要诱因。Harry Rothwell, ed., *English Historical Documents 1189–1327*, London: Eyre & Spottiswoode, 1975, p. 363.

④ "类案诉讼"分为侵权类案诉讼(trespass on the case)和一般类案诉讼(general actions on the case),前者救济由间接侵权行为造成的损害,后者则为欺诈、妨害等其他损害提供救济。薛波主编:《元照英美法词典》,北京:北京大学出版社,2013年,第22页。

⑤ J. H. Baker ed., *The Reports of Sir John Spelman*, Vol. Ⅱ, London: Seldon Society, 1978, pp. 247–249; J. H. Baker, *The Oxford History of the Laws of England*, Vol. Ⅵ, 1483–1558, Oxford: Oxford University Press, 2003, pp. 857–858.

⑥ 从侵权类案诉讼发展而来,主要针对违反简式合约的损失而请求赔偿。

⑦ 在商业领域,"简约之诉"适用于执行海上运输合同(enforce contracts for carriage by sea)、海上保险合同(marine insurance contracts)、保理安排(factoring arrangements)、合伙和合资协议(partnership and joint-venture agreements),以及汇票(bills of exchange)等。在一般民事领域,"简约之诉"还适用于婚姻财产(marriage-money)、执行赌注(enforce wagers)和收回遗产(recover legacies)等的救济。

的救济。①

王座法院率先进行的这些普通法改革取得巨大成效，为民诉法院和财税法院的改革树立了榜样，但在王座法院开始革新的初期，民讼法院却以保守著称。都铎王朝建立后，前朝的民诉法院首席法官托马斯·布莱恩爵士（Sir Thomas Byran）继续担任此职一直到1500年。在其漫长的首席法官职业生涯中，其持重的性格奠定民诉法院在其之后长达40余年的司法保守主义（judicial conservatism）。这使得该法院无法与程序上不断革新的王座法院形成有力竞争。直到1545年继任首席法官的爱德华·蒙塔古爵士（Sir Edward Montagu）才开始了真正的革新。

蒙塔古原是王座法院法官，他的到来给死气沉沉的民诉法院带来了改革的生机。尽管他的任期并不长（1545—1553年），但这一时期从王座法院借鉴来的改革的确给民诉法院带来了复兴，如商业管辖权（commercial jurisdiction）开始兴起、逐出租地之诉（action of ejectment）重新启用，特殊裁决（special verdicts）得到更广泛使用等。这些改革都在都铎中期以后"结出硕果"，民诉法院的业务量在此后相当一个时期内持续增长。②

总之，至都铎中期以后，普通法法院的司法程序实现了一次蜕变，推动普通法的近代转型迈出关键一步。

二、改革普通法法院内部组织体系

都铎时期的普通法法院面对的是一个从中世纪脱胎并迅速变迁的英国。特别是亨利八世统治时代，人文主义传播、政府革命、宗教改革、封建制度衰落等一系列变革，带来人们观念的变迁、经济的剧烈变动及社会结构的调整。这一系列变化都呼唤更符合时代经济、社会与政治需求的司法体系。衡平法院的兴起和罗马法的复兴正是在这样的背景之下实现的，普通法法院承继中世纪，亟须一次大的转型，在司法程序改革的同时，内部组织体系也做出相应的调整。

首先，增加并固定普通法法院法官人数。中世纪普通法法院法官人数并不固定。都铎王朝建立后，财税法院、王座法院和民诉法院的法官，在亨

---

① J. H. Baker, *The Oxford History of the Laws of England*, Vol. VI, 1483–1558, Oxford: Oxford University Press, 2003, pp. 157, 858–860.

② J. H. Baker, *The Oxford History of the Laws of England*, Vol. VI, 1483–1558, Oxford: Oxford University Press, 2003, pp.126–127.

利七世和亨利八世时期先后固定为四名,并形成惯例。①中世纪的王座法院一般仅有两到三名法官,亨利七世驾崩时的法官仅有首席法官约翰·费尼克斯(Jonh Fineux)和陪审法官罗伯特·布鲁德内尔(Robert Brudenell)。亨利八世重新委任费尼克斯为首席法官,布鲁德内尔被转任民诉法院法官。之后又分别于1509年、1520年、1522年委任汉弗莱·科宁斯比(Humphrey Coningsby)、约翰·莫尔(John More)、约翰·菲茨－詹姆斯(John Fits-James)为陪审法官,此后四名法官的人数固定下来。对于民诉法院,亨利七世驾崩时有三名法官,即首席法官罗伯特·里德(Robert Read)和陪审法官约翰·费希尔(John Fisher)、约翰·博特勒(John Boteler)。亨利八世又增加罗伯特·布鲁德内尔和威廉·费尔法克斯(William Fairfax)两名陪审法官。这样,民诉法院的人数增加至五名。1531年,陪审法官罗伯特·诺威奇(Robert Norwich)被提升为首席法官后,亨利八世并没有委任新的陪审法官,此后民诉法院的法官人数固定为四名。②财税法院在亨利七世时期已经固定为四名法官。法官人数的增加和固定是普通法法院规范化的客观要求,也是适应亨利八世之后英国社会转型需求的结果。

其次,法官的薪酬也较中世纪大大提高。1389年曾对普通法法院的法官薪酬进行了一次较大调整。以首席法官为例,王座法院、民诉法院和财税法院首席法官的年薪分别为160镑、133镑6先令8便士、100镑。至都铎中期调整后,分别增长到224镑19先令9便士(1556年)、161镑13先令1便士(1553年)、154镑19先令8便士(1559年)。③王座法院和民诉法院陪审法官的薪酬相同,从1389年的100镑增长到1556年以后的154镑19先令9便士。④财税法院的陪审法官在中世纪依据身份不同有所差别,但至亨利七世时代已固定为每人46镑13先令4便士。1556年改革后增长至66镑13先令4便士。伊丽莎白一世统治时期又进行了升薪,增长到80镑。⑤为保证法官薪酬的发放,这笔经费由原来的海关税收转由更稳定的首年俸与什一税(first fruits and tenths)承担。当然,法官们的收入远不止上述固

① Edward Foss, *The Judges of England*, Vol. Ⅵ, 1603-1660, London: Longmans, 1857, pp. 91-98.

② Edward Foss, *The Judges of England*, Vol. Ⅵ, 1603-1660, London: Longmans, 1857, pp. 91-98.

③ John Sainty, *The Judges of England 1272-1990*, London: Selden Society, 1993, pp.4, 43-44, 90.

④ John Sainty, *The judges of England 1272-1990*, London: Selden Society, 1993, p. 20.

⑤ John Sainty, *The judges of England 1272-1990*, London: Selden Society, 1993, p. 106.

定薪酬。他们可以从各种司法活动中获得各种收入和津贴。例如,王座法院首席法官每派发出一项"潜逃拘捕令"就可以获取8便士的收益。[1]此外,法律事务代理人、法警(Ushers)等法院职员薪酬也有了较大的调整。[2]

再次,改革财税法院法官选任制度,提高财税法院地位。爱德华二世统治时期,财税法院首次出现首席法官一职,首席法官须从普通法法律专业出身的高级律师中选任,但陪审法官一般从财政署、律师会馆或其他下级部门中有一定税务知识或一定法律专业知识的人中选任。迟至15世纪,在曾任王座法院首席法官的约翰·福蒂斯丘(Sir John Fortescue)的著作《论英国的法律和政制》中,财税法官的陪审法官们根本未被视为专业法官。与王座法院或民诉法院法官相比,财税法院陪审法官薪酬较低,且不能跻身贵族院,不能担任巡回法庭法官,没有拥有侍从的特权,也不能出席王室承继等重大典礼或会议。[3]从上述情况来说,他们的地位不仅低于王座法院和民诉法院陪审法官,而且低于高级律师。

至都铎王朝,各种类型的财税案件和民事案件大量涌入财税法院。根据布鲁克斯的统计,财税法院在伊丽莎白一世前期,即1558—1587年,年均受理案件84件,而至后期的1587—1603年,年均已达334件,增长近4倍。[4]法庭中唯一高级律师出身的首席法官已经无法满足该法庭对法律专业知识和技能的需求,财税法院司法职能的突显呼唤"更多法律专业出身的法官对日益错综复杂的案件要点给出更有力的法律解释"[5]。1526年,首席法官正式获得与另两院陪审法官平等的法官地位(puisne judgeship in one of the benches),陪审法官的选任方面也有了进步,从拥有一定法律知识或从事过法律相关工作的人员中遴选形成惯例。不过,对陪审法官的专业要求仍是较低的,多数人获得任命前只是财政署有一定法律知识的下级官员。不过,随着财税法院重要性的增加,陪审法官地位的提高已经成为一种必然趋势。

---

[1] Marjorie Blatcher, *The Court of King's Bench 1450-1550*, London: The Athlone Press, 1978, p. 39.

[2] Martorie Blatcher, *The Court of King's Bench 1450-1550*, London: The Athlone Press, 1978, pp. 36-37.

[3] Edward Foss, *The Judges of England*, Vol. VI, 1603-1660, London: Longmans, 1857, p. 19.

[4] C. W. Brooks, *Pettyfoggers and Vipers of the Commonwealth: The "Lower Branch" of the Legal Profession in Early Modern England*, Cambridge: Cambridge University Press, 2004, p. 78.

[5] Edward Foss, *The Judges of England*, Vol. VI, 1603-1660, London: Longmans, 1857, p. 20.

财税法院及其陪审法官地位的重大变化始于1579年。这一时期,不仅英国经济社会的转型促使更多样、更复杂的财税案件的产生,而且议会还取消了对于财税法院受理案件限定于财税方面的限制,大量民事案件涌入。诉讼业务的激增与管辖权的扩张推动了财税法院重要性和地位的进一步提升,也对法官的专业水平提出了更高要求。1579年6月,财税法院一名陪审法官去世,另有一人辞职,这为高级律师出身的专业人士出任陪审法官提供了一个契机。伊丽莎白一世女王走了一条折中路线,即一方面依据传统任命在财税法院外事部门工作二十年之久的约翰·索瑟顿(John Sotherton)担任三名主陪审法官之外等级较低的第四陪审法官,另一方面又选任高级律师罗伯特·舒特(Robert Shute)为第二陪审法官。在颁发给舒特的委任状中,女王还特别声明:"他在所有场合和事务中都享有与王座法院、民诉法院的陪审法官同等的地位、尊荣和特权。"[1]这样,舒特成为英国财税法院历史上第一位得到官方认可的,享有与其他两院陪审法官同等地位的专业法官。自此以后,所有新任财税法院陪审法官都出身于高级律师。[2]他们有权被任命为巡回法庭法官、出席重大会议和审理重大案件。

至16世纪中期以后,三大普通法法院内部组织体系进一步完善。以民诉法院为例,除了地位不断提升的法官们,法院已有超过50名固定的辅助官员。由国王委任的令状保管官是名义上的首席官员,其正式头衔是"国王令状和卷宗的保管官"(the Keeper of the Lord King's Writs and Rolls for the Common Bench)。代理令状保管官被称为档案保管官(Keeper of the Records)。[3]此外,国王还委任一名和解协议保管官(Chirographer),负责记录和阅读最后的协议,并归档与罚款有关的记录。[4]自1530年起,首席检察官还在财税法院亲自担任剥夺法权书记官(Clerk of Outlawries)。[5]

---

① Edward Foss, *The Judges of England*, Vol. V, 1485–1603, London: Longman, Brown, Green, Longmans & Roberts, 1857, p. 410.

② 索瑟顿则成为英国历史上最后一位非高级律师出身的财税法院陪审法官。Edward Foss, *The Judges of England*, Vol. V, 1485–1603, London: Longman, Brown, Green, Longmans, & Roberts, 1857, p. 410.

③ John Baker, *The Oxford History of the Laws of England*, Vol. VI, 1483–1558, Oxford: Oxford University Press, 2003, p.137.

④ Margaret Hastings, *The Court of Common Pleas in Fifteenth Century England: A Study of Legal Administration and Procedure*, Ithaca, NY, University Press for American Historical Association, 1947, pp. 137–139.

⑤ 最后一位在案卷中出现的剥夺法权书记官是安东尼·庞尼(Anthony Poney)。

1541年,国王委任一名被称作"国王传票书记官"(Clerk of the King's Process)的官员协助首席检察官颁发传票(process)和登记保证书(或称具结,recognizances),部分起到此前剥夺法权书记官的职能。亨利八世还在1532年设立了专门的具结书记官(Clerk of the Recognizance),负责记录由具结书保护的债务等。[1]这些国王委任的官员享有较高的地位,其职能主要还是服务和维护王权,并直接向国王负责。

大多数民诉法院的职员由首席法官委任。民诉法院最重要的司法事务官员是三名首席书记官(the three Prothonotaries)。第一和第三首席书记官由首席法官任命,第二首席书记官是由作为首席官员的令状保管官委任。他们的工作最为重要且具体——负责诉讼记录,包括"任何引起法律问题的记录,所有一般性的追诉记录,以及所有针对法院官员的特权诉状(all bills of privilege against officers)"[2]。由首席法官委任的职员还有令状和审判记录书记官(Clerk of the Warrants[3] and Estreats),案卷书记官(Clerk of the Treasury[4] or Clerk of Hell),印玺保管官(the Keeper of the Seal)、缺席事由书记官(Clerk of the Essoins)[5]、罚金与补偿款书记官(Clerk of Acknowledge and Recoveries)[6],以及所有的催告人(Exigenters)[7]和令状归档官

① John Baker, *The Oxford History of the Laws of England*, Vol. VI, 1483–1558, Oxford: Oxford University Press, 2003, pp.127–128.

② John Baker, *The Oxford History of the Laws of England*, Vol. VI, 1483–1558, Oxford: Oxford University Press, 2003, p.129.

③ 民诉法院令状书记官,负责登录诉讼代理人委托书(warrants of attorney)、该法院所承认的地产买卖契约(indentures of bargain and sale)、征收之罚金等。薛波主编:《元照英美法词典》,北京:北京大学出版社,2013年,第238页。

④ 民诉法院案卷书记官,负责保管该院案卷,为该案卷制作抄本,收取检索费等。薛波主编:《元照英美法词典》,北京:北京大学出版社,2013年,第238页。

⑤ 民诉法院缺席事由书记官,负责保管缺席事由卷宗(essoin rolls)。该职位为1837年《高级法院(官员)法》所废止。薛波主编:《元照英美法词典》,北京:北京大学出版社,2013年,第237页。

⑥ 这一职位实际上是首席法官自己的随员,而非法院的,但是这个任命仍然是终身的。催告人共4人,各自负责对指定的各郡签发和登记至宣布非法的程序(process leading to outlawry 或 process of outlawry)。

⑦ 民诉法院和王座法院中签发催促被告出庭的令状并在剥夺受法律保护之权程序中处理有关事务的官员。1837年的《高级法院(官员)法》废除了该职位。薛波主编:《元照英美法词典》,北京:北京大学出版社,2013年,第512页。

（Filazers）①。陪审团书记官②（Clerk of the Juries）由令状保管官提名，首席法官确认，负责组成陪审团等相关事务，如签发强制陪审员到庭扣押令（distringas juratores）和人身保护令，并登记针对陪审团的延期（enrolling continuances against juries）。这些职位的委任大都是终身的，③只有因行为失当才能被解职。④

其他较低级的民诉法院职员还包括以下三个群体：一是前述官员和高级职员的助手，如下级秘书（Under-clerks）或副手（Secondaries）等；二是一些低级事务官，如传令官（Criers）、门吏（Door Keeper）、墨水吏（Keeper of Ink）等；三是数量较多的法律事务代理人。⑤包括上述三个群体在内，所有民诉法院职员都享有特权应诉（attachment of privilege）的权利。⑥

综上，法官制度与组织体系的改革进一步推动了普通法法院的专业化和规范化进程，使普通法法院能够更好地适应转型时期英国社会对高效司法救济的需求。

三、重建与衡平法院的和谐互补关系

与推进普通法法院的内部改革同时，普通法职业群体中的有识之士开始主动缓和同衡平法院的紧张关系，重新构建二者的和谐关系，以图恢复中世纪普通法与衡平法的互补而非竞争的局面。

---

① 计13人，至1542年一度又任命了第14个令状归档官，该职位存续到伊丽莎白一世时代。他们以自己的名义发布"中间程序"。John Baker, *The Oxford History of the Laws of England*, Vol. VI, 1483-1558, Oxford: Oxford University Press, 2003, p. 130.

② 该职位为1837年《高级法院（官员）法》所废止。薛波主编：《元照英美法词典》，北京：北京大学出版社，2013年，第237页。

③ 案卷书记官（the Clerk of the Treasury）最初是基于首席法官的意愿，自1552年任职的乔治·罗尔（George Rolle）起，基于议会法令（14&15 Hen. VIII, c. 35）而保有终身任职权。

④ John Baker, *The Oxford History of the Laws of England*, Vol. VI, 1483-1558, Oxford: Oxford University Press, 2003, pp. 130-131.

⑤ 法律事务代理人是人数最多的法院成员，在都铎王朝建立前夕，约有130人，至16世纪中叶已达200人。J. H. Baker, "The Attorneys and Officers of the Common Law in 1480", *Journal of Law History*, 1980(1), pp. 182-203; John Baker, *The Oxford History of the Laws of England*, Vol. VI, 1483-1558, Oxford: Oxford University Press, 2003, p.136.

⑥ 特权应诉（attachment of privilege），指享有只能在特定法院被起诉之特权的人，可以传唤另一人到他所属的该特定法院代替其应诉、答辩。1832年的《程序统一法》（*Uniformity of Process Act*）彻底废除了这一程序。薛波主编：《元照英美法词典》，北京：北京大学出版社，2013年，第114页。

首先,普通法职业者承认衡平法救济存在的必要性,并主动参与衡平法司法。两者在管辖权方面的冲突可以追溯到中世纪大法官法院对普通法法院的纠错权。根据传统和惯例,大法官法院有权发出禁制令迫使在普通法法院胜诉的当事人放弃对判决的执行。在这种情况下,大法官法院与普通法法院之间必然产生冲突与"理论困难"。一方面,大法官法院的做法"特别刺激(普通法法官的)自尊心";另一方面,当法律诉讼被视为唯一能够反映最终正义的途径时,人们就很难接受"这种正当获得的结果,却是错误的"。①都铎前期大法官法院衡平管辖权的进一步扩张及特权法院的兴起加剧了两套法律体系间的冲突,衡平法的高效性与权威性使普通法对这种挑战招架无力。在这种情况下,普通法职业者采取了"和解"和"渗透"的手段,一方面承认衡平法院司法权的必要性,另一方面亲身参与衡平法司法。事实上,在莫尔成为第一位律师大法官之前,"许多衡平法院已经完全或部分地由普通法职业者控制"。一个典型的例子是,1525年的北方委员会由5名普通法职业者和5名民法职业者任法官用以平衡。②通过这种方式,普通法职业者一边将一些普通法原则渗透到衡平法之中,一边又借助衡平法快捷、高效的司法程序实质性地掌握着司法阵地。

其次,普通法律师担任大法官是二者重建和谐互补关系的"催化剂"。托马斯·沃尔西通常被视为中世纪教士大法官(Ecclesiastical Chancellor)的典型代表,同时也是最后和"最重要"的一位。③沃尔西所代表的中世纪教士大法官享有广泛的行政和司法权力,不仅担任文秘署首脑和掌玺大臣,还是大法官法院的"独任"法官和谘议会事实上的"首席谘议员"(Chief Councillor)④。正是沃尔西及此前大法官如此强势的政治地位成为衡平法兴起,进而构成对普通法法院挑战的重要成因。沃尔西失势后,托马斯·莫尔出任大法官。由普通法律师出身的世俗人士担任大法官在英国历史上尚属首次,莫尔因此被称为第一位"新型大法官"。⑤

①〔英〕S. F. C. 密尔松:《普通法的历史基础》,李显冬等译,北京:中国大百科全书出版社,1999年,第93页。

② S. J. Gunn, *Early Tudor Government 1485–1558*, London: Macmillan, 1995, p. 89.

③ Franz Metzger, "The Last Phase of the Medieval Chancery", in Alan Harding, ed., *Law Making and Law Makers in British History*, London: Royal Historical Society, 1980, p. 89.

④ Nicholas Underhill, *The Lord Chancellor*, Lavenham, Suffolk: Terence Dalton Ltd., 1976, p.37.

⑤ Nicholas Underhill, *The Lord Chancellor*, Lavenham, Suffolk: Terence Dalton Ltd., 1976, p.97.

1478年莫尔出生于一个普通法律师家庭,他的父亲约翰·莫尔爵士(Sir John More)曾担任过王座法院法官。1492年以后,莫尔先后在牛津大学、预备律师会馆(Inns of Chancery)和伦敦四大律师会馆之一的林肯会馆(Lincoln's Inn)学习。1504年,他被选为大雅茅斯区(Great Yarmouth)议员,正式步入政治舞台。1523年,他被选为下院议长,两年后又被任命为兰开斯特公爵领地事务大臣(Chancellor of the Duchy of Lancaster),负责北部英格兰的部分行政和司法职责。①与沃尔西的主要区别在于,他是一个完全的世俗人士;同时,他接受过正统的普通法教育,并拥有担任律师和法官的职业经验。

　　从沃尔西到莫尔,大法官的专业化与世俗化有了良好开端。1532年,莫尔因反对亨利八世宗教改革辞去大法官职务,由托马斯·奥德利继任。奥德利与莫尔一样出身普通法律师,这使莫尔开启的律师大法官先例得到延续。②至尼古拉斯·培根被任命为"掌玺大臣"后,③普通法律师担任大法官才最终形成惯例和固定制度。④

　　普通法律师出任大法官在普通法与衡平法之间架起一座关键性的桥梁。律师大法官们的普通法出身使他们具有与普通法法官们和谐相处的天然优势,并能设身处地了解普通法法院的诉求,担当"普通法与衡平法之间的桥梁"⑤。莫尔上任后,一改沃尔西时代与普通法法院之间的紧张关系,对于重大案件,他总是诚恳地与普通法法官们协商,尽力避免频繁干涉普通法法院对案件的正常裁决。⑥对于大法官发布禁制令所引发的普通法法官的抱怨,他礼贤下士,主动邀请他们共进晚餐,向他们解释每一个禁制

---

①　William Roper, *The Life of Sir Thomas More*, *c.1556*, Dallas: Center for Thomas More Studies, 2003, pp. 3–12.

②　在奥德利1544年死于任上后,继任的托马斯·莱奥斯利(Thomas Wriothesley)虽是一名世俗官员,但非律师出身。此后,除理查德·里奇(Richard Rich)外,还陆续出现过托马斯·古德里奇、斯蒂芬·加德纳和尼古拉斯·希思三位教士大法官。C. W. Brooks, *Law, Politics and Society in Early Modern England*, Cambridge: Cambridge University Press, 2008, p. 151.

③　尼古拉斯·培根虽只拥有"Lord Keeper of the Great Seal"(掌玺大臣)头衔,但被授予与大法官同等的权力和权威。Edward Foss, *The Judges of England*, Vol. V, 1485–1603, London: Longman, Brown, Green, Longmans, & Roberts, 1857, pp.395–396.

④　程汉大、李培锋:《英国司法制度史》,北京:清华大学出版社,2007年,第62页。

⑤　William Holdsworth, *Some Makers of English Law*, Cambridge: Cambridge University Press, 1938, p. 98.

⑥　S. J. Gunn, *Early Tudor Government 1485–1558*, London: Macmillan, 1995, pp. 80–81.

令签发的原因,并强调:如果普通法法院能够"减轻或改革他们所施行法律的僵化与严苛",他就不会签发禁制令。[1]霍尔兹沃思指出:"莫尔的成就在于他推动此后半个世纪里衡平法院与普通法法院和谐关系的恢复。"[2]莫尔时代在衡平法与普通法之间搭建的和谐关系得到多数继任者的维护。[3]

通过16—17世纪初普通法律师大法官们的努力,普通法与衡平法长期的竞争和冲突问题得以基本解决,普通法与衡平法都在这一进程中实现了自我更新。以此为基础,普通法法院在英国司法体系中的主体地位得以维系,而衡平法院成为一度能够与普通法法院并驾齐驱的司法体系。

总的来说,普通法法院的改革具有承上启下的重大意义,它完成了对中世纪普通法的初步现代化改造,及时回应了衡平法和罗马法的挑战,适应了中世纪向近代社会转型的时代需要,并为17世纪以后普通法法院的转型铺平了道路。普通法法院改革后,司法阵地不断收复和扩张,业务量呈现回升甚至激增的态势。引领改革的王座法院最先扭转颓势,至1556—1557年,诉讼业务量已经比都铎初期高出50%以上。[4]民诉法院虽一度在改革潮中秉持司法保守主义,但自1545年爱德华·蒙塔古爵士从王座法院转来担任首席法官后,也迎来革新。[5]至1560年,该法院诉讼业务比都铎早期翻了一番。[6]都铎后期,普通法法院诉讼业务增长更为迅速。据布鲁克斯统计,1560—1580年间,王座法院受理诉讼数量增加近五倍,

---

① William Roper, *The Life of Sir Thomas More*, *c.1556*, Dallas: Center for Thomas More Studies, 2003, p.26.

② William Holdsworth, *Some Makers of English Law*, Cambridge: Cambridge University Press, 1938, p. 99.

③ 邵政达:《16世纪英国律师大法官的兴起及其法律意义》,《经济社会史评论》2020年第2期。

④ J. H. Baker, *The Oxford History of the Laws of England*, Vol. VI, 1483-1558, Oxford: Oxford University Press, 2003, p. 156; C. W. Brooks, "Litigants and Attorneys in the King's Bench and Common Peas, 1560-1640", in J. H. Baker, ed., *Legal Records and the Historian*, London: Royal Historical Society, 1978, p. 43.

⑤ J. H. Baker, *The Oxford History of the Laws of England*, Vol. VI, 1483-1558, Oxford: Oxford University Press, 2003, p.126.

⑥ C. W. Brooks, *Pettyfoggers and Vipers of the Commonwealth: The "Lower Branch" of the Legal Profession in Early Modern England*, Cambridge: Cambridge University Press, 2004, p. 51.

年均约4000件,民诉法院达到年均约9300件。[①]尽管普通法诉讼业务的激增是建立在都铎时期"诉讼爆炸"的基础之上,[②]但改革的确扭转了普通法法院的衰落之势,在推动普通法司法现代化的同时,得以与其他司法体系共同分享社会转型时期的"司法红利"。

第四节 近代英国司法体系的奠基

都铎时期英国普通法法院经历了深刻的变革,其在宪制中的角色也历经较大变迁。都铎初期,普通法法院从中世纪继受而来,保持了原有的地位和相对独立。亨利八世发动宗教改革后,伴随着剧烈的政治、宗教和社会变革,司法权成为王权巩固统治和加强专制的重要工具。在这一过程中,普通法法院与衡平法院的竞争加剧,至都铎后期,两大司法体系的关系才趋于缓和,普通法法院通过自救改革维系了其在英国司法体系中的主体地位,衡平法院则在继续发挥弥补普通法法院救济失位作用的同时,成为英国司法体系中举足轻重的一支力量。都铎时期王权和议会的并起,以及法院卷入政治领域的事实推动三者关系进入历史上未出现过的一段平衡时期。衡平法院依靠王权的力量不断扩张,反过来,衡平法院成为王权强化的支持力量;普通法法院则在王权与议会相互合作的政治背景下,一方面继续为王权服务,另一方面开始寻求与议会的联盟,借以维系自身相对独立的地位。

一、普通法法院的相对独立性

都铎王朝建立后,历任国王都致力于加强专制王权和中央集权,扶持基于国王特权的衡平法院。对于普通法法院,都铎王朝的建立者亨利七世不仅完全继受前朝延续下来的普通法司法制度,而且沿用了普通法法院的

---

① C. W. Brooks, "Litigants and Attorneys in the King's Bench and Common Peas, 1560–1640", in J. H. Baker, ed., *Legal Records and the Historian*, London: Royal Historical Society, 1978, p. 43.

② 初庆东:《近代早期英国"诉讼爆炸"现象探析》,《史林》2014年第5期。

全部法官。①

　　亨利七世全盘继受普通法法院主要出于巩固初创的都铎王朝这一客观需要。一方面，普通法及普通法法院体系是维护社会稳定和政治平稳过渡的支柱。都铎王朝建立之前的15世纪，英国先后四次出现王位空置，政治的持续动荡与战争的绵延不断使英国社会失去了所谓的"王之和平"。在这种情况下，英国完善的普通法司法体系担当着维护社会稳定的主要任务，因而是法官而不是政客赢得了民众的普遍尊敬与信赖。正如爱德华·福斯所说："一种对无政府状态暴行的恐惧使法官成为人们在黑暗时代的灯盏。"②亨利七世之前，无论是兰开斯特王朝还是约克王朝诸君，都将沿用前朝司法体系作为新王朝完成政治平稳过渡的必然程序。亨利七世将自身的合法性定位为"红白玫瑰的联合"，以图争取国内各派政治势力的支持，巩固都铎王朝的统治。

　　另一方面，普通法法官都是熟谙英国宪政、法律传统的专业人员，"他们在宪政问题上的决定是令人信服的"③。亨利七世从其母亲那里承继了兰开斯特家族的血统，为给自己披上合法性的外衣，必然要寻求普通法职业者为其提供法律上的支持。在伯斯沃思战役（Battle of Bosworth Field）胜利后不久，他就召集普通法法官们至御前解决政治问题：第一个问题是此前由约克王朝颁布、针对亨利的《褫夺法权法》或《特别处刑法》(Act of Attainder)④，是否有废除的必要？第二个问题是新王朝颁布的"政治和解"法令是否对"恢复所有人的自由与权利"有影响？法官们的回答满足了亨利七世的期望。对于第一个问题，法官们认为，国王已经扫清腐朽的过去，针对亨利的法令已经自动失效；对于后一个问题，法官们认为，"政治和解"有助于缓解国内两大政治派别的忧虑，而且也可以使那些妨碍新王朝和平的

① 得到续用的法官包括王座法院首席法官、四朝元老威廉·休斯（William Huse），陪审法官盖伊·费尔法克斯（Guy Fairfax）和约翰·苏亚德（John Sulyard）；民诉法院首席法官托马斯·布赖恩（Thomas Bryan），陪审法官分别为理查德·尼尔（Richard Neele）、约翰·凯茨比（John Catesby）和罗杰·汤森德（Roger Townsend）；财税法院首席法官汉普莱·斯塔基（Sir Humphrey Starkey），陪审法官布莱恩·罗克利夫（Bryan Roucliffe）、爱德华·歌兹勃（Edward Goldsburgh）和约翰·哈尔格雷夫（John Holgrave）。

② Edward Foss, *The Judges of England*, Vol. V, 1485–1603, London: Longmans, 1857, p. 1.

③ Edward Foss, *The Judges of England*, Vol. V, 1485–1603, London: Longmans, 1857, pp. 1–2.

④ 属于制定法，即议会未经任何审判就将一个人处死或进行其他惩罚（如剥夺财产和公民权）的法律。三十年战争期间，约克和兰开斯特家族相互褫夺法权，亨利七世在约克家族当政时期曾被施以此法。

人受到处罚。他们还进一步宣称："国王必须促成一系列防止王国再次陷入混乱的法律通过。对于任何破坏这些法律,反对国王的人或拒绝为现任国王服务的人,都将被视为叛逆。"①普通法法官基于稳定英国社会的需要,不仅为亨利七世王位的合法性提供法律支持,而且提出了巩固新王朝的法律建议。

都铎君主为加强王权,开始有意加强对司法权的控制,但这一目标主要是通过扶持衡平法院和罗马法法院来实现的。这一时期大法官法院、海事法院和星室法院等法院的管辖权得到大大扩张,但普通法法院仍保持了自身的相对独立性,国王很少干涉其司法活动。这种相对独立性的维持和发展是在两大因素的作用下形成的。

一方面,普通法与议会拥有天然的联盟基础。普通法司法体系成形于12、13世纪,而这一时期正是议会形成的关键时期。作为英国宪政中两个重要组成部分,他们的成形与发展乃是英国政治从中世纪封建制度走向成熟的君主政治的关键环节。正如程汉大和李培锋两位学者指出的:"普通法产生伊始就与几乎同时出现的议会结下不解之缘。"②两者在中世纪后期共同进步,是英国的封建国家体制走向近代政治文明轨道的两大积极因素。

至都铎前期,英国政治发展进入一个转折期,普通法与议会有着截然不同的命运。衡平法、罗马法兴起并借助其与王权互为依托的关系对普通法的地位构成严峻挑战,而议会也在宗教改革时期得到王权的大力支持,立法权空前扩张。当然,普通法与议会之间这一短暂的疏离并没有阻碍二者盟友关系的形成。其一,对普通法法院来讲,在经历都铎前期的短期挫折后,伴随着自身的改革和"诉讼大爆炸"的出现,地位下降的趋势得到扭转。并且,不同于衡平法对王权的依附,普通法法院保持了自身的相对独立性,从而成为王权与议会之外的一支重要宪政力量。其二,对议会来讲,都铎中后期议会不再满足于充当服务王权的工具,而是逐渐以广大民众利益的代言人自居,成为英国宪制中能与王权进行权力竞争的主要力量。因此,作为两支具有相对独立性的宪政力量,在王权居于优势的都铎时代,普通法职业共同体与议会的靠拢与结盟乃是一种必然,二者都致力于通过确立"法律至上"的原则来达到限制王权的绝对主义倾向。这里的法律既包括普通法,也包括议会的制定法。

---

① Edward Foss, *The Judges of England*, Vol. V, 1485-1603, London: Longmans, 1857, p. 2.

② 程汉大、于民:《在专制与法治之间:都铎悖论解析》,《世界历史》2002年第5期。

普通法与议会之间的合作主要表现在以下两个方面:其一,议会借助普通法职业共同体的技术帮助,迅速建立起一套有效的运行程序,巩固了作为权力实体的地位;其二,普通法职业群体借助议会这一舞台,维护自身群体的政治和法律地位。在衡平法兴起与罗马法复兴运动的外部压力下,普通法职业群体也更加把议会视为保持自身相对独立性的权力依托。此外,二者的结盟还鲜明地体现在这一时期出身普通法律师的议员数量迅速增加,并成为"一个强大的实体",在下院中拥有"支配性的力量"。[1]在都铎后期的1584年和1593年,普通法律师议员在下院占比分别达到36%和44%。[2]

当然,普通法与议会之间也是存在竞争的。普通法是判例法,普通法法官是重要的立者。与之相对,议会作为新兴立法机构,立法权力范围不断扩展,因而在一些法律领域,议会制定法与普通法必然产生冲突。在处理这些冲突时,两者都是谨慎的,有学者指出:"法学家们不再坚持普通法是不可改变的,给予了议会的最高立法权以充分的承认;反过来,议会对于它认为没有必要改变的既有法律(主要是普通法)、对于普通法法院的主导地位,总是竭力予以保护。"这样,二者的联盟成为"横在都铎专制王权面前的一个不可逾越的障碍",从而使王权的"专制主义趋势在英国没有(也不可能)走向极端"。[3]

另一方面,普通法职业群体在与议会建立同盟关系的同时,也尽力消弭同衡平法的冲突。事实上,衡平法作为中世纪后期和都铎前期兴起的、与制定法和普通法并驾齐驱的法律体系,虽然借助于王权的力量得到迅速发展,但并没有真正撼动普通法在英国法中的主体地位。即使在亨利八世时期这一衡平法发展的黄金时代,它的挑战也没有取得最终的胜利。同时,二者共同作为英国司法体系的重要组成部分,在律师大法官兴起后,也开始自觉地避免发生直接冲突,积极寻求一种和谐互补的关系。

普通法职业共同体一方面利用议会舞台,与议会结盟,另一方面又与王权及衡平法院等达成妥协,从而使自身得到发展的空间,并成为英国政治中一支重要的宪政力量。最终,王权、议会、法院构成一种平衡关系,这

---

① William Holdsworth, *Some Makers of English Law*, Cambridge: Cambridge University Press, 1938, p. 98.

② 刘新成:《英国议会研究(1485—1603)》,北京:人民出版社,2016年,第72—73页;M. A. R. Graves, *Elizabethan Parliaments 1559-1601*, London: Longman, 1996, p. 37.

③ 程汉大、于民:《在专制与法治之间:都铎悖论解析》,《世界历史》2002年第5期。

种平衡当然并非静止的，它伴随着都铎王朝一百多年的深刻变革不断调整，并在伊丽莎白一世时代达成一种普遍的共识，构成了"伊丽莎白宪制"的基础之一。在这一宪制下，普通法法院成功保持了自中世纪形成以来就享有的相对独立地位。

二、近代英国"二元互动"司法模式的奠基

都铎时期普通法法院的改革，通过一种"旧瓶装新酒"的方式，实现了英国司法现代化的起步。从表面上看，普通法法院大体承继了中世纪的组织体系和司法程序，但内部革新已经使普通法能够适应社会转型时期复杂的诉讼需求，在衡平法、罗马法的挑战下维系了其在英国法中的重要地位，普通法、衡平法、制定法三足鼎立的局面初步形成。碎片化的中世纪司法体系，向普通法法院与衡平法院"二元互动"的近代模式逐步转型。

衡平法院成长为英国司法体系中举足轻重的一支力量。从法律地位上来说，衡平法最初只是弥补普通法救济失位的一种特别救济。对于一些特别复杂的案件，诉讼双方不能达成相互谅解时，必须交给更高的仲裁者——国王及其谘议会来强行做出"衡平"的解决方案，权威、高效的衡平法由此兴起。正如冈恩所说："王权将其权威置于司法程序之后，赋予衡平司法极高的信誉，使之走向成功。"[1]14世纪中叶，大法官被授予独立的衡平管辖权，[2]这是衡平法成为一门独立法律的开端。至都铎时期，在专制王权和沃尔西等教士大法官的推动下，大法官法院管辖权的扩张和星室法院等特权法院的崛起，使得衡平法院一度成为能够挑战普通法法院地位的新兴司法力量。

在衡平法院强势崛起的背景下，托马斯·莫尔、尼古拉斯·培根、托马斯·埃杰顿等律师大法官，对衡平法进行了现代化改造。[3]中世纪的衡平法以自然法和大法官的"良心"为基础，具有明显的不确定性。[4]莫尔对这种"不确定的良心"大加挞伐，将衡平法称为"法官每天都变的'心血来

---

① S. J. Gunn, *Early Tudor Government 1485-1558*, London: Macmillan, 1995, pp. 84-85.

② "Edward III's Proclamation to the Sheriffs of London 1349", in E. C. Lodge and G. A. Thornton, eds., *English Constitutional Documents 1307-1485*, Cambridge: Cambridge University Press, 1935, pp. 188-189.

③ 邵政达：《16世纪英国律师大法官的兴起及其法律意义》，《经济社会史评论》2020年第2期。

④ 17世纪法学家约翰·塞尔登将早期衡平法比作大法官不断变换的"脚码"。See David M. Walker, *The Oxford Companion to Law*, Oxford: Clarendon Press, 1980, pp. 201-202.

潮'"。①莫尔后来成为英国第一位律师出身的世俗大法官,他总是尽力规避这种不确定性的弊端,拉开了对衡平法进行普通法改造的进程。莫尔因此被霍尔兹沃思称为继圣·日耳曼(Christopher St. German,1460—1540)之后,"英国衡平法体系的第二位奠基者"②。至伊丽莎白一世时代,尼古拉斯·培根和托马斯·埃杰顿担任大法官期间,对衡平法的司法程序进行了规则化改革。培根规范了永久存证制度和多重调卷令的使用规则。③托马斯·埃杰顿在司法实践中初步引入了先例原则。④都铎时期的衡平法在规则化的道路上一路行进,逐渐从一种特别救济方式转变成一套拥有相对固定程序和法律原则的体系,初步具备现代衡平法的雏形。衡平法院与革新中的普通法法院一起共筑了英国近代司法体系。

同时,普通法法院同衡平法院之间的冲突和竞争逐渐向互动与协作转化。沃尔西是衡平法院崛起的关键人物。他在1515—1529年担任大法官期间,极力扩张衡平法院管辖权,经常通过禁制令和调卷令干涉普通法法院司法活动,激化了与普通法法院的矛盾。直到莫尔上任后,大法官的专业化与世俗化才在普通法法院与衡平法院之间架起桥梁。⑤莫尔之所以被称为"英国衡平法体系的第二位奠基者",主要因为他"推动此后半个世纪里衡平法院与普通法法院和谐关系的恢复"。⑥莫尔礼贤下士,寻求同普通法法院的积极沟通,承诺不会随意签发禁制令。⑦都铎后期的律师大法官们延续了莫尔缓和关系的做法。尼古拉斯·培根在任期间积极理清衡平法

① J. H. Baker, *The Oxford History of the Laws of England*, Vol. Ⅵ, 1485-1558, Oxford: Oxford University Press, 2003, p. 177.

② William Holdsworth, *Some Makers of English Law*, Cambridge: Cambridge University Press, 1938, pp. 88-99.

③ Robert Tittler, "Sir Nicholas Bacon and the Reform of the Tudor Chancery", *The University of Toronto Law Journal*, Vol. 23, No. 4, 1973, p. 392.

④ 冷霞:《英国早期衡平法概论:以大法官法院为中心》,北京:商务印书馆,2010年,第204—208页。

⑤ Nicholas Underhill, *The Lord Chancellor*, Lavenham, Suffolk: Terence Dalton Ltd., 1976, p.97.

⑥ William Holdsworth, *Some Makers of English Law*, Cambridge: Cambridge University Press, 1938, pp. 88-99.

⑦ William Roper, *The Life of Sir Thomas More*, c.1556, Dallas: Center for Thomas More Studies, 2003, p.26.

院和普通法法院的管辖权界限。①在律师大法官的司法实践和法律改革带动下,普通法法院与衡平法院之间重建了互动与协作的关系。前者以其程序性和形式主义严格维护司法正义,后者则以其道德性和灵活性弥补普通法救济的不足,二者在共筑英国司法体系的过程中达成一种动态平衡。

此外,罗马法在都铎王权支持下虽然经历了短暂的兴起,但随着革新后普通法法院的主动进攻与衡平法院的强势竞争,其发展势头严重受阻。海事案件的刑事管辖权在1536法令(28H.VIII. c. 15)颁布后,即为普通法法官所控制。②海事法院的民事管辖权在都铎后期也不断被普通法法院侵蚀。至18世纪,海事法院管辖权仅剩"发生在公海上的侵权、在公海签订的合同案件和水手工资纠纷",其他都落入普通法法院之手。③自17世纪起,在约翰·霍尔特爵士和曼斯菲尔德勋爵(Lord Mansfield)等法官的努力下,英国传统的"商人法"(The Law Marchant)逐步纳入普通法轨道。④罗马法在都铎时期经历短暂兴起便走向衰落。

都铎时代,延续自中世纪的天主教会法庭、封建庄园法庭、地方习惯法庭等传统司法机构逐渐无法适应英国政治、经济和社会的剧烈变革,加之遭到兴起的衡平法院和革新后的普通法法院的围剿和挤压,相继走向衰亡。

就教会法院而言,都铎王朝建立之初,教会法院的司法地位没有发生大的变化,其管辖权范围仍然涵盖天主教会内部纠纷和婚姻、继承及道德犯罪等世俗方面的纠纷两大方面。但随着亨利八世的宗教改革,天主教会法庭的大部分司法权被剥夺,转归普通法法院和衡平法院,直接涉及教会的案件则被基于国王特权的高等教务法庭攫取。⑤以伦敦教区法庭为例,

---

① Robert Tittler, "Sir Nicholas Bacon and the Reform of the Tudor Chancery", *The University of Toronto Law Journal*, Vol. 23, No. 4, 1973, pp. 390-392.

② A. T. Carter, *A History of English Legal Institutions*, London: Butterworth & Co., 1906, p.179.

③ 程汉大、李培锋:《英国司法制度史》,北京:清华大学出版社,2007年,第85—86页。

④ A. W. B. Simpson ed., *Biographical Dictionary of the Common Law*, London: Butterworth, 1984, pp. 378-384;杨晓艳:《英国商人法纳入普通法的历史探析(1606—1788)》,上海:华东政法大学硕士学位论文,2016年。

⑤ 1559年的《至尊法》规定,伊丽莎白一世女王可以"委任特使对任何涉及宗教事务的案件行使司法管辖权",且只要3名特使(其中1名须为主教)联名就可以行使"处以罚金或监禁"的自由裁量权。P. L. Hughes & R. F. Fries, eds., *Crown and Parliament of Tudor and Stuart England, A Documentary constitutional 1485-1714*, New York: G. P. Putnam's Sons, 1959, pp. 104-107.

在亨利七世统治时期,每年大约受理诉讼1000件,宗教改革期间迅速下降到年均400件,至亨利八世统治后期,年均不足100件。坎特伯雷大主教法庭原是英国教会最高法庭,其在宗教改革前的1486年和宗教改革后的1535年受理的民事诉讼分别为693件和93件。①这种巨大变化的背后是传统教会法院司法阵地的急剧收缩。

与教会法院在宗教改革后的骤然衰落不同,英国地方法院的衰落则经历了漫长的过程。自普通法司法体系成形以来,这一趋势未曾中断,越来越多的诉讼案件向威斯敏斯特的中央法庭转移。不过,都铎时期无疑是这一趋势的加速期。②地方法院的衰落除与中央司法体系的不断完善和特权法院在地方上的兴起有关外,其本身所能承载的标的额低于40先令的法律规定也限制了管辖权的发挥。爱德华一世于1278年颁布《格罗斯特敕令》,规定标的额超过40先令的侵占土地案件可以向国王巡回法庭提出诉讼。③此后,国王法院法官"对此曲意引申",④逐渐将地方法院的诉讼标的额限定在40先令以内。⑤至都铎时代,物价上涨,货币贬值,40先令"已变得微不足道"⑥。

尽管如此,中世纪的地方法院的司法权在都铎王朝仍然得以部分幸存。

其一,郡这一层级的法庭如郡长裁判庭(sheriff's tourn)和郡法庭仍然存在,但其作用持续降低。在一些地方,郡法庭仍然审理相当数量的民事案件,在都铎后期"诉讼大爆炸"的背景下,其受理的诉讼案件数量一度呈现增长的态势。不过,地方司法事务的中心已经不再是地方法院,以国王名义委派的巡回法庭和季审法庭(quarter sessions)成为地方诉讼主要的场所。巡回法庭每年两次,由来自中央法庭的法官和其他威斯敏斯特的高级律师主持,审理各种刑事案件,并把民事案件从中央法庭移交给地方陪审团来裁决。季审法庭一年四次,处理一些较小的刑事案件,并且随着中央对地方行政管理的加强,其职权也在增加。延伸到地方的国王法庭还时常

---

① S. J. Gunn, *Early Tudor Government 1485–1558*, London: Macmillan, 1995, p. 77.

② S. J. Gunn, *Early Tudor Government 1485–1558*, London: Macmillan, 1995, p. 76.

③ Harry Rothwell ed., *English Historical Documents 1189–1327*, London: Eyre & Spottiswoode, 1975, p. 417.

④ 李云飞:《中世纪英格兰庄园法庭探微》,《世界历史》2005年第2期。

⑤ J. H. Baker, *The Oxford History of the Laws of England*, Vol. VI, 1483–1558, Oxford: Oxford University Press, 2003, p. 118.

⑥ [英]S. F. C.密尔松:《普通法的历史基础》,李显冬等译,北京:中国大百科全书出版社,1999年,第66页。

由一些特殊的司法委员会来补充，如那些在叛乱后被派出审理叛国者的司法委员会。[1]

其二，市镇和庄园层级的地方法院仍然负责审理一些如人身侵害或债务纠纷等小型案件等。特别是市镇法庭在"诉讼大爆炸"和市镇兴起的背景下仍然维持着较强的生命力。例如，作为中世纪重要贸易和渔业港口的大雅尔茅斯的城市法庭在1500—1545年间受理的诉讼案件数量年均为348件，而在都铎中期的1546—1560年间增长到年均509件，至都铎后期的1565—1585年间，年均为988件。在司法中央化的背景之下，诉讼业务量增长了约3倍，其他各镇也有相似的增长幅度。[2]此外，还存在辖区法庭（soke courts）和百户区法庭（private hundred courts）等行使民事管辖权，但"这些荣誉法庭的活动水平变化很大，而且通常都是极低的"[3]。

都铎时期英国司法体系的重新整合是近代以后英国政治、经济和社会转型的必然结果。教会法院和地方法院等没有随着时代的变迁而做出相应改革，衰落是难以避免的，"对于大多数诉讼来说，尽管距离遥远、花费更高，当事人仍选择位于威斯敏斯特的中央法庭"[4]。司法的中央化与世俗化是两大主流趋势，并进一步助推以普通法法院和衡平法院为主流的近代二元司法模式的初步形成。

综上，中世纪普通法、衡平法、教会法、罗马法、封建法和地方习惯法等多重法律体系并存竞争的现象，在都铎时代发生了重大转变。普通法的革新与衡平法的兴起使普通法法院与衡平法院的管辖权不断扩张，共同分享了转型时期诉讼增长的"红利"。托马斯·莫尔以后的律师大法官充当了普通法法院与衡平法院之间的桥梁与黏合剂，使二者逐渐结成互动与协作关系。与此同时，中世纪延续下来的传统司法机构既无力抵御普通法法院与衡平法院的挤压，也无法适应近代英国社会转型的需要。

综观都铎时期英国普通法法院的发展，在衡平法院、罗马法法院管辖权扩张与普通法自身发展遇到瓶颈的背景下，普通法法院在英国司法体系中的地位有所下降，直至普通法法院展开大规模改革才基本扭转颓势。值得注意的是，这一时期的普通法法院仍然维持着中世纪以来的相

① S. J. Gunn, *Early Tudor Government 1485-1558*, London: Macmillan, 1995, pp. 74-75.

② Craig Muldrew, *The Economy of Obligation: the Culture of Credit and Social Relations in Early Modern England*, London: Palgrave, 1998, p. 217.

③ S. J. Gunn, *Early Tudor Government 1485-1558*, London: Macmillan, 1995, p. 74.

④ Donald Veall, *The Popular Movement for Law Reform 1640-1660*, Oxford: Clarendon Press, 1970, pp. 37-38.

对独立性,专制王权对司法权的控制主要涉及衡平法院和罗马法法院。不过,普通法法院的相对独立地位在斯图亚特王朝建立后面临新的威胁。斯图亚特君主不仅继续控制着特权法院和大法官法院等,而且将触手伸向普通法法院,利用手中的法官任免权,迫使普通法法官屈从于专制王权。在此情况下,以爱德华·科克为代表的部分普通法法官转向议会活动,领导普通法职业群体以议会为舞台反对专制王权,并成为17世纪英国革命的重要力量。

第三章 斯图亚特早期普通法法院的屈从与依附

1603 年，伊丽莎白一世驾崩，苏格兰国王詹姆斯六世（James VI，1567—1625 年在位）继任英格兰王位，成为詹姆斯一世，延续一个多世纪的都铎王朝落下帷幕。此时的英国政治领域，议会与专制王权通过紧密协作，已经完全战胜了天主教会和封建贵族集团等传统的政治对手，国王成为新兴民族国家的象征，"王加议会"则成为王国的主权者和统治者。此时的英国司法体系，普通法法院在大法官法院与特权法院的挑战与竞争中艰难发展，中世纪延续下来的封建法庭、教会法院和地方大众法庭都已衰落，司法的中央化、世俗化和专业化持续推进。

斯图亚特王朝建立后，从詹姆斯一世至查理一世，父子二人对都铎君主的专制权力倾慕有加，但又不愿受到议会的掣肘。在他们强化个人专制的过程中，王权与议会的平衡被打破，国王与议会的冲突不断激化。为了打压议会和其他政治反对力量，斯图亚特君主相较于都铎君主更重视对司法体系的控制。他们一方面充分利用特权法院与大法官法院加强王权专制、打击反对势力，一方面又迫使中世纪以来就保持相对独立地位的普通法法院屈从。由此拉开普通法法院在政治高压下被迫依附王权又不断抗争的一段历程。

第一节 普通法法院卷入王权与议会的冲突

1603 年，苏格兰国王詹姆斯六世从偏居大不列颠岛北部高原的苏格兰国王，一跃成为统辖整个不列颠的帝王，他确信："他之所以能承继英格兰大统，部分原因是其血统，部分是来自上帝的恩赐。"[1]詹姆斯一世是"君权神授"思想的鼓吹者，试图建立个人独裁统治，与此同时，议会对外来的

---

[1] S. R. Gardiner, *The First Two Stuarts and the Puritan Revolution 1603–1660*, New York: Charles Scribner's Sons, 1898, p. 13.

君主有着天然的防范心理。由此,英国陷入一场专制与法治之间"尖锐对立、不可调和的原则与价值观冲突"①。这场冲突的实质是主权归属的问题,而争论的焦点则是关于国王特权与法律地位高低的问题,二者之间的冲突也成为英国革命爆发的直接诱因。

詹姆斯一世早在1598年就提出过关于"君权神授"的主张。在他发表的《自由君主之正确的法律》(The True Law of Free Monarchies)一文中,他就以使徒时代主教的"神权承袭论"为依据斥责苏格兰著名人文主义学者乔治·布坎南(George Buchanan)倡导的社会契约论。但在16世纪,苏格兰在约翰·诺克斯(John Knox)等人的领导下成功地进行了宗教改革,以加尔文教为模板,建立了长老会制的苏格兰教会,自此国王的权力受制于长老会贵族。早在婴儿时期詹姆斯就被扶上苏格兰王位,但他成年后还是没有获得真正的权力,因此无法在苏格兰践行他的君权理论。

入主英格兰后,詹姆斯找到了契机。自亨利八世至伊丽莎白一世,英格兰在君主领导下通过发动宗教改革、推动政府革命、建立特权法院等一系列方式建立了强大王权,确立了君主在世俗和宗教界的至尊地位。詹姆斯对都铎君主的至尊王权羡慕不已。来到英格兰后,詹姆斯一世一方面打压不断兴起的清教运动,扶持国教会作为王权的宗教基础,②另一方面开始强调君权不受限制的理论。作为王权专制最主要的障碍是议会,经过宗教改革以来近百年的发展,议会的权力大大扩张,其与国王之间形成一种权力平衡,都铎君主的专制权力正是建立在议会的通力合作基础之上的。詹姆斯一世希望能把权力的平衡者——议会驯服。每当议会开幕时,詹姆斯一世总是重复这样的话:"国王乃可见之上帝,上帝为不可见之君主。"③但初来乍到、根基不稳的詹姆斯一世并不敢完全抛开英国的宪政传统,其与议会的关系虽然时有冲突,矛盾却尚未完全激化。

詹姆斯一世死后,其子查理一世继位。"相对于其父的温和,查理一世是一个冷淡、孤僻和诡诈的人",他身材矮小,体质孱弱,12岁之前一直生活在他那死于天花的完美的兄长(亨利王子)的阴影下。④查理对独裁统治

---

① Goldwin Smith, *A Constitutional and Legal History of England*, New York: Charles Scribner's Sons, 1955, p. 303.

② 邵政达:《17世纪早期英国清教运动的兴起及影响》,《宗教与美国社会》(第21辑),2021年。

③ M. A. Judson, *The Crisis of the Constitution: An Essay in Constitutional and Political Thought in England*, 1630-1645, New York: New Brownnsvic, 1949, p. 179.

④ John Morrill, *Stuart Britain*, Oxford: Oxford University Press, 1984, p. 31.

的追求比之其父有过之而无不及,且他并不像其父那样懂得适当的妥协,而是一味地追求个人权力,宠幸身边的佞臣,完全不把议会放在眼里。为彻底摆脱议会对其权力的掣肘,1629年,查理一世因未能从议会那里得到想要的权益,①强行解散议会,开启了被称为"十一年暴政"(eleven-year tyranny,1629—1640年)的个人统治。坦纳评价说:"'十一年暴政'清晰地显示,对于国王来说,即使没有直接违反都铎时期的先例,也具备技术上可能在长期无议会的情况下实行统治。"②

统观早期斯图亚特王朝的宪政冲突,主要围绕下列问题。首先,"王权是否受制于法律"是冲突的焦点。这一冲突始于1604年的"古德温当选下院议员案"(Case of Goodwin)。该案围绕白金汉郡的弗朗西斯·古德温爵士(Sir Francis Goodwin)议员资格的问题展开,詹姆斯一世以古德温曾是罪犯为由,命令大法官宣布其下院议员资格无效。他的理由是:君权来自上帝,议会的权力来自国王;君主拥有上帝赋予的权威,本王国范围内的一切法律,均来自君主的特权。他还认为,议会在本质上只是一个低级法院,其制定的法律必须从属于君主的意志,因而他有权要求将古德温逐出议会。詹姆斯一世无视英国议会传统,直接干涉下院的选举结果,破坏了议会传统,激起议员们的强烈抗议。在他们草拟的《道歉与补偿文件》(The Apology and Satisfaction of the House of Commons)中声称:下院的正当权利,并非源于君主的赐予;下院有权决定选举结果,其结果具有法律效力。③这次冲突的实质乃是对"王权是否受限于传统和法律"的争论。在同议会中顽强的下议员们的争论中,詹姆斯一世渐渐明白,"在实践中,他必须遵从加冕礼上宣誓的'在王国法律和习俗规定的范围内进行统治'的郑重承诺"④。最终,初来乍到的詹姆斯一世做出让步,同意由下院决定古德温的议员资格。

詹姆斯一世干涉议会选举是以君主特权凌驾于议会的初步尝试,此后,詹姆斯一世一再试图降低议会及制定法的地位。但正如伏尔泰所说:詹姆斯一世是"语言的巨人,行动的矮子","他在每次讲话中炫耀他的威

---

① 就征收吨税和磅税(Tonnage and Poundage)等问题,国王与议会未达成一致,部分议员甚至宣称,未经议会同意交税就是"对英格兰自由的背叛和英格兰的敌人"。

② J. R. Tanner, *English Constitutional Conflicts in 17th Century*, Cambridge: Cambridge University Press, 1928, p. 100.

③ P. L. Hughes & R. F. Fries, eds., *Crown and Parliament of Tudor and Stuart England, A Documentary Cconstitutional, 1485-1714*, New York: G. P. Putnam's Sons, 1959, pp.155-156.

④ John Morrill, *Stuart Britain*, Oxford: Oxford University Press, 1984, p. 28.

严,但又不能用行动来维护"。①因此,在詹姆斯一世时期,尽管冲突已经开始,但王权与议会的冲突尚未完全激化。

其次,征税权的归属问题是王权与议会冲突的另一焦点问题。议会批准征税权是自《大宪章》以来英国人民通过不断抗争而争取到的最主要的权利,已经成为英国宪政传统的核心之一。在《大宪章》第12条中规定:"除了国王赎身、册封长子为骑士或长女出嫁外,未经王国大委员会(Common Council)的许可,不得再强制征收任何免役税(scutage)或贡金(aid)。"②议会形成后,逐渐取代大委员会获得对征税的批准权。爱德华三世统治时期,多项关于这一权力的制定法获得批准。1340年的一项制定法(14 Edw. III, stat. 2, c. 1)规定:"未经议会中高级教士和伯爵、男爵等贵族以及平民代表全体一致的同意,臣民不应被索取任何协助金或增加任何负担。"③1362年的一项制定法(36 Edw. III, stat. 1, c. 2)进一步明确间接税的征收也应通过议会,其中规定:未经议会同意,不得对商人及其他任何人在羊毛贸易上增加任何负担。1371年的一项制定法(45 Edw. III, c. 4)对此进一步确认:未经议会同意,不得在羊毛、羊皮上增加任何税收或负担。通过一系列立法,"在14世纪之前,无论是直接税还是间接税,未经议会同意,国王征税都是非法的"④。都铎时期,专制王权强化,但历任君主都未敢公然挑战议会的征税批准权。正如梅特兰所说:都铎时期的议会,"不仅反复强调未经其同意不得征税的原则,而且还将征税的权力行使到了极致"⑤。斯图亚特君主特别是查理一世企图建立完全的个人统治,坚持君权高于议会和法律,挑起了与议会的征税权冲突。

船税(ship money)的征收是查理一世个人专制统治期间以君主特权征税最具代表性的例子。船税的征收源于亨利七世时期确立的一项君主特

① [法]伏尔泰:《风俗论》(下),谢戊申等译,北京:商务印书馆,1997年,第337页。

② G. B. Adams & H. M. Stephens, eds., *Select Documents of English Constitutional History*, New York: Macmillan, 1919, p. 44.

③ F. W. Maitland, *The Constitutional History of England: A Course of Lectures Delivered*, Cambridge: Cambridge University Press, 1965, p. 179.

④ F. W. Maitland, *The Constitutional History of England: A Course of Lectures Delivered*, Cambridge: Cambridge University Press, 1965, pp. 179–181.

⑤ F. W. Maitland, *The Constitutional History of England: A Course of Lectures Delivered*, Cambridge: Cambridge University Press, 1965, pp. 237, 181.

权,即国王有权在王国面临危险的情况下征用私人船只。①对这一可以不经议会而征税的特权,查理一世自然不会放过,他曾在1625至1627年间,连续三年征收船税用于对西班牙的战争。1634年,查理一世私下与西班牙的腓力四世(Philip IV,1621—1665年在位)签订一项秘密条约,承诺英国将帮助西班牙打击荷兰。在战争经费的问题上,首席检察官威廉·诺伊向查理一世建议:可以借口打击英吉利海峡的海盗,将船税作为非战争时期征收的一般税(general revenue)。②查理一世欣然接受这一建议,并在掌玺大臣托马斯·考文垂(Thomas Coventry)等人的参与下,发布船税征收令。该命令书被传达到伦敦和诸港口,要求它们按照规定的吨位提供一定数量的战船,或者同等价值的税款,并授权各港口的王室官员按照财产多寡来核定民众的应纳份额。③1634年的船税征收工作基本顺利完成,因为当时英格兰海岸南部和西部的海盗威胁确实非常严重,人们相信了国王征税的借口。④

　　首次船税征收的顺利实现让查理一世更加肆无忌惮。他于次年把船税推广到全国,包括内陆的各郡。这一行为完全超出船税征收的法定范围,但人们普遍相信这可能只是国王的应急之举,因而仍然将足额的税款交到国王手中。然而1636年,船税征收令再次向全国发布,这一事实清晰地表明,国王未经议会同意,意图将该税转变成一般税,船税须在沿海地区及战争或临近战争期间征收的两大限制都被彻底忽视。在这种情况下,来自内陆的白金汉郡乡绅——约翰·汉普顿(John Hampden)义正词严地拒绝交税,从而引发了著名的"船税案"。在法官屈从于王权的情况下,汉普顿败诉,国王取得暂时的胜利,打破了中世纪以来英格兰民众与王权不懈斗

---

① C. R. Lovell, *English Constitutional and Legal History*, Oxford: Oxford University Press, 1962, p. 311.

② 值得一提的是,西班牙是天主教国家,而且是英国海外殖民扩张的最大敌人,因此帮助西班牙打击同属新教国家的荷兰必然遭到全国的反对。

③ G. B. Adams & H. M. Stephens, eds., *Select Documents of English Constitutional History*, New York: Macmillan, 1919, pp. 347–349.

④ Barry Coward, *The Stuart Age: A History of England, 1603–1714*, New York: Longman, 1980, p. 142.

争取得的重要成果,即"议会控制钱袋子"的宪政传统。①以征收船税为代表的暴政推动了早期斯图亚特王朝的宪政冲突向宪政革命转化。

总之,早期斯图亚特王朝君主与议会之间的冲突是国王罔顾英国宪政传统,企图建立个人专制统治而引发的,为了打压议会,无论是詹姆斯一世还是查理一世,都将司法权作为统治工具。在特权法院与大法官法院已经为国王所控制的基础上,原本尚保持相对独立的普通法法院就成为国王驯服的目标。当然,国王之所以能在同议会的斗争中取得暂时的胜利,普通法法院对国王的依附无疑是因素之一。

第二节 普通法法院沦为专制王权的政治工具

在斯图亚特君主不断加强控制司法权的背景下,自中世纪以来就保持相对独立地位的普通法法院也被王权驯服,为国王的特权辩护,甘作"王座下的狮子"②。普通法法院对君主的依附在涉及征税权归属、国王法律特权等方面的案件中得到充分体现。

一、为君主征税特权提供辩护

征税权问题因关系到上自国王、下至民众的切身利益,成为早期斯图亚特王朝王权与议会斗争最激烈的问题。普通法法院受制于多种因素屈从于王权,支持君主的征税特权,成为革命前国王压制议会的"打手"。

前面已经讨论过,在斯图亚特王朝入主英格兰之前,议会控制"钱袋子"的传统早已形成。早期斯图亚特王朝的两位君主坚持认为征税权是国王特权的一部分,不受议会和法律制约。在遭到议会坚决反对的情况下,

---

① 内战结束后,议会重新收回了征税权。此后,虽然经历了克伦威尔和王政复辟时期的反复,但征税权属于议会的传统并没有中断。1689 年《权利法案》(*Bill of Rights*)最终以法令的形式确立了这一原则。其中规定:"非经议会同意,借口国王特权,为国王征收或供国王使用,超出议会限定的时间和方式的,都属非法。"对此,梅特兰指出:"这是关于征税权问题最终的说法,英国史的一段重要争论至此终结了。"G. B. Adams & H. M. Stephens, eds., *Select Documents of English Constitutional History*, New York: Macmillan, 1919, pp.462–469; F. W. Maitland, *The Constitutional History of England: A Course of Lectures Delivered*, Cambridge: Cambridge University Press, 1965, p.309.

② 语出弗兰西斯·培根的《论司法》,原文为"他们可以作狮子,但是也要做王座的狮子;就是要小心在意不可阻挠或违反王权底任何一点"。[英]弗·培根:《培根论说文集》,水天同译,北京:商务印书馆,1983 年,第 197 页。

他们转而寻求法官的支持。迫于多种原因,大多数普通法法官站在了国王的一边,他们一方面为国王的征税特权辩护,提供法理上的支持;另一方面在涉及征税问题的案件中附和国王的意愿,提供现实的支持。从某种程度上可以说,他们在这一问题上沦为国王暴政的帮凶。下面以两起著名案例为中心,探讨普通法法官充当王权政治工具的角色。

一是1606年财税法院审理的"贝特案"(Case of Bate)。该案起因于一位与东方贸易的英国商人约翰·贝特在支付了议会确立的进口税后拒绝支付依据国王特权征收的间接税。贝特认为间接税的征收应经议会的授权,依据国王特权征收是违法的。法官们无法否定议会关于征税权的制定法,转而强调国王特权高于议会制定法的理论。

财税法院陪审法官克拉克从征税权与王权关系的角度为国王的征税特权辩护。他认为:"只要王国有臣民和政府,那么国王就不能没有税收。没有税收,他就不能维持王国的和平,也不能维持战争,亦不能为政府人员提供酬劳。"在论证了国王征税的合理性后,他又形象地阐述了国王与征税权不可分割的关系:"征税权是王权必不可少的组成部分,它不能与王权分离,正如王冠不能与头分离一样。"①首席法官托马斯·弗莱明(Thomas Fleming)提出两种权力的理论对国王的征税特权进行进一步的论证。他认为:"国王的权力分为一般权力(ordinary power)和绝对权力(absolute power)两种。"对于一般权力而言,"其由衡平法、罗马私法和普通法及其法官来代国王行使,非经议会许可不可变更";而征税权属于国王的绝对权力,这种权力"并非用来谋求个人的利益,而是致力于全体人民的利益……它可以由国王依据自己的智慧为王国的利益而改变,国王以此做出的所有行动都是合法的"。②

在法官的一致袒护下,国王征税特权获得支持,贝特败诉。该案中两名法官的判词为国王征税特权提供了法律上的依据,而判决结果使国王不经议会同意而随意征税有了可供依循的判例。对此,C. R. 洛弗尔指出:"在贝特案中,法官们偏向国王的特权而使王权在关键性的财税问题上赢得重大胜利。"③实质上,弗莱明法官的"绝对权力"学说提出并肯定国王拥

---

① J. R. Tanner, ed., *Constitutional Documents of the Reign of James I*, Cambridge: Cambridge University Press, 1960, p. 338.

② J. R. Tanner, ed., *Constitutional Documents of the Reign of James I*, Cambridge: Cambridge University Press, 1960, p. 341.

③ C. R. Lovell, *English Constitutional and Legal History*, Oxford: Oxford University Press, 1962, p. 327.

有主权的观点,冲破了14世纪以来业已形成的"王在议会"的传统,进一步加剧了17世纪王权与议会的冲突。

另一个关于法官在征税权上支持王权的著名案例是"船税案"(Case of ship money)。该案是由白金汉郡的乡绅约翰·汉普顿抗缴船税引起的。①汉普顿是一位富有的绅士,他早年就读于牛津大学,并在英国四大律师会馆之一的内殿会馆专修过法律,之后,他长期活跃于议会之中。法律专业的背景和下院议员的身份,使他具有一种维护法律传统和议会权力的使命感。当他拒绝交税时,他提出"不经议会批准国王不得征税"的宪政传统。他说:"国王不经议会批准就可以将钱拿走,那么依照这种方式,他可以拿走我的一切财产。"②

该案在1637年被提交到财税法院,这里的法官认为此案并非一起普通的财税案件,便将其提交到由12名法官组成的财政上诉法院(Court of Exchequer Champer)。奥利弗·圣约翰(Oliver St. John)担任汉普顿的辩护律师。他提出:"在国王的法令中,没有提到任何战争的威胁或是国王的臣民被其他国家的人掠夺了货物"③,因而船税征收本身是不合法的,汉普顿有权拒绝缴税。④但法官们在案件审理前就已被国王召到御前对该问题进行了讨论,虽然有5名法官对和平时期征收船税有所质疑,但在国王的压力下,占大多数的另外7位法官支持了国王的征税特权。⑤该案以汉普顿的败诉告终,船税继续征收,直到1641年长期议会通过法令⑥宣布其非法为止。本案虽然只是斯图亚特王朝早期诸多涉及征税问题的案件之一,但"船税案揭示的是最深层次的宪政问题"⑦。"船税案"的争论焦点围绕国王

① 关于船税及其在查理一世时期的征收情况我们已在上一节中有过讨论,不再赘述。

② C. R. Lovell, *English Constitutional and Legal History*, Oxford: Oxford University Press, 1962, p. 311.

③ 关于查理一世发布的船税征收令,参见 S. R. Gardiner, ed., *The Constitutional Documents of Puritan Revolution 1628-1660*, Oxford: Clarendon Press, 1889, pp. 37-40。

④ S. R. Gardiner, ed., *The Constitutional Documents of Puritan Revolution 1628-1660*, Oxford: Clarendon Press, 1889, p. 46.

⑤ S. R. Gardiner, ed., *The Constitutional Documents of Puritan Revolution 1628-1660*, Oxford: Clarendon Press, 1889, pp. 40-41.

⑥ 关于长期议会取消船税的法令(Act Declaring the Illegality of Ship-Money),参见 S. R. Gardiner, ed., *The Constitutional Documents of the Puritan Revolution 1628-1660*, Oxford: Clarendon Press, 1889, pp. 115-117。

⑦ Mark Kishlansky, *A Monarchy Transformed Britain 1603-1714*, London: Penguin Books, 1997, p. 138.

在和平时期征收船税的合法性展开,而其实质是关于国王与议会谁拥有征税权的问题。[①]该案中,圣约翰律师与法官们的争论深刻反映了英国民众与国王关于征税权归属问题上的巨大分歧。

圣约翰律师的观点反映了以汉普顿为代表的广大民众的普遍意见。[②]就征税批准权的归属问题,他提出"议会的同意是征税的前提的依据是"所有保有土地和财产的人在议会都拥有表决权",因此"议会"这一基本立场。他对于每一阶层和王国内所有地区的人来说都是最合法、最适宜批准征税的地方"。对于国王提出的"船税属于特别情况下的税收,可以不经议会批准"的观点,他反驳说:"即便是为保卫王国的安全而侵犯臣民的财产,议会的同意仍是必不可少的",并且"议会是依据法律为特别的状况提供经费的正常途径。只有当这一途径不能解决问题时,国王法令才能使用,但问题是国王并没有首先召集议会使用这一正常途径"。[③]

尽管圣约翰律师的观点有理有据,但法官们做出了完全附和国王的判决。对于征税权归属问题,法官们认为:当涉及王国的安全和利益时或王国面临危险时,国王都可以通过盖有国玺的命令书要求王国所有臣民提供船只、物资或以税款代替。对于本案涉及的抗税行为,法官们认为:在上述情况下,如果有臣民拒绝或反抗,那么国王有权以"保卫王国安全"的名义,通过法律的强制手段来处理。法官们的解释实际上扩大了国王依据特权征税的范围,肯定了国王只要"当他认为合适的时候"就可通过"法律强制手段"执行征税的权力。[④]在王权的强大压力下,普通法法院显然已丧失了中世纪以来保持的相对独立性。他们罔顾英国"议会控制征税权"的传统,以各种特权理论及自身的司法权服务于国王的利益,沦为专制王权实施"暴政"的工具。

二、为国王法律特权提供法理支持

在早期斯图亚特王朝王权与议会的冲突中,关于"国王是否有不经法

---

① J. P. Kenyon, ed., *The Stuart Constitution: Documents and Commentary 1603-1688*, Cambridge: Cambridge University Press, 1966, pp. 109-111.

② 汉普顿虽然可以作为英国民众的代言人,但他实质上只代表有产者的利益,特别是乡绅阶层的利益。

③ S. R. Gardiner, ed., *The Constitutional Documents of Puritan Revolution 1628-1660*, Oxford: Clarendon Press, 1889, p. 45.

④ 关于国王对本案的观点及法官的附和意见,参见 S. R. Gardiner, ed., *The Constitutional Documents of Puritan Revolution 1628-1660*, Oxford: Clarendon Press, 1889, pp.40-41.

律程序侵犯民众人身财产安全之特权"的争论是仅次于国王征税权的另一重要问题。议会和民众都坚持"正当法律程序"这一"早已存在的普通法原则"①，而国王坚持认为其特权高于法律，其任何行为无须经过法律程序。

关于这一争论，在中世纪就一直存在。不过，经过《大宪章》之后数百年的争议，"正当法律程序"已经成为英国公认的宪政传统之一。《大宪章》第39条明确规定："任何自由人未经其同等身份的人或王国法律审判不得被逮捕、监禁、没收财产、剥夺法律保护权、放逐或其他任何伤害。"②这一规定在随后的数百年间逐渐深入人心，成为人民保护自己的人身和财产不受无理侵犯的重要依据。

爱德华三世时期，议会又通过一系列立法避免王权对民众人权的任意侵犯，巩固"正当法律程序"原则。1331年的一项制定法(5 Edw. III, c. 9)规定：在违反《大宪章》和王国法律的情况下，任何人不得因任何指控而被逮捕或未经审判就被判死刑或被伤害，其土地、房屋、货物及动产均不被国王没收；1351年，议会通过第二个法令(25 Edw. III, c. 4)规定：除非经由正直并守法的邻人依据普通法起始令状的正当程序提出起诉，任何人不得因他人的请愿或建议而被传唤到国王或谘议会面前；除非他被正式传唤进行答辩及依正当法律程序审判，任何人也不得被剥夺其享有的特权和其自由保有的地产。1354年通过第三项法令(28 Edw. III, c. 3)规定：未经正当法律程序的传唤和答辩，任何人——无论身份地位如何——均不得被逐出其保有的土地，或被逮捕、监禁、剥夺继承权或处死。1368年，议会又通过一项制定法(42 Edw. III, c. 3)规定：在向法官、法庭明文记录或依据王国古老法律的正当程序和起始令状进行起诉之前，任何人不得被要求出庭答辩。这一系列制定法的出现，一方面反映了议会在保护人权并确立"正当法律程序"原则上的不懈努力，另一方面也反映出当时王权对民众人权侵犯的严重性与反复性。但值得肯定的是，《大宪章》连同上述制定法都已成为议会和民众与专制王权进行斗争的重要法律依据。

上一章已经讨论过，都铎君主们建立了各种特权法院，作为加强司法权以巩固王权的司法机构。特权法院的代表——星室法院创立后，司法管辖权不断扩展，梅特兰指出："实际上司法管辖权已经成为一种不受限制的

---

① J. H. Baker, *The Common Law Tradition: Lawyers, Books, and the Law*, London: Hambledon Press, 2000, p. 319.

② G. B. Adams & H. M. Stephens, eds., *Select Documents of English Constitutional History*, New York: Macmillan, 1919, p. 47.

管辖权。"①这些特权法院的建立已经显现出君主特权对法律的僭越。在这些法庭中,案件的审理依据衡平法或罗马法的纠问制审判模式,而普通法法院尚保持着相对独立地位,国王很少干涉普通法法院的司法活动。

至早期斯图亚特王朝,关于"正当法律程序"原则的争论更趋激烈。一方面是由于国王延用甚至滥用特权法院,任意对民众传唤、羁押和刑讯,使之成为"一个政客们推行个人政策的地方,而不是一个由法官适用法律的场所"②;另一方面,国王甚至指使谘议会不经任何审判直接将民众逮捕、监禁。在这种情况下,受到非法侵犯的民众不得不寻求普通法的司法救济。但从当时的情况来看,大多数普通法法官并没有站在公正的立场上,维护民众的合法权益。他们或有意或被迫屈从于国王的权威,成为王权凌驾法律之上的工具。发生在查理一世统治时期的"五骑士案"(*Case of Five Knights*)正是反映这一事实的重大案件。

该案起因于查理一世为筹集战争经费向臣民实行的强制贷款。在这一事件中,有七十六人拒绝向国王贷款。查理的枢密院没有经过任何法律程序,直接将他们逮捕,并送进了监狱。被监禁者中的五名骑士③不得不转向寻求普通法法院的救济,他们向王座法院申请了一份"人身保护令",要求国王政府说明逮捕的理由,并按照正常的法律程序审理此案。该案遂被提交到王座法院。本案涉及的核心问题是国王是否有超越"正当法律程序"原则的特权,具体内容包括两点:一是国王强制贷款行为的合法性问题,即国王是否有不经法律程序任意侵犯臣民财产的特权;二是国王是否具有不经审判逮捕、羁押臣民的特权。

在该案的审理过程中,上述第二点成为本案中五位骑士的辩护律师和法官们辩论的核心问题。逮捕五骑士的监狱长向法庭说明的逮捕理由是枢密院做出了"依据国王的特别命令"④的逮捕指示。对于这一理由的法律形式,五位骑士的辩护律师提出四点问题:第一,监狱长仅仅引用枢密院指

① F. W. Maitland, *The Constitutional History of England , : A Course of Lectures Delivered* Cambridge: Cambridge University Press, 1965, pp. 219–220.

② F. W. Maitland, *The Constitutional History of England: A Course of Lectures Delivered*, Cambridge: Cambridge University Press, 1965, p. 263.

③ 五骑士,即托马斯·达内尔、约翰·科贝特、沃尔特·厄尔、爱德蒙·汉普顿和约翰·赫维林汉。

④ Paul L. Hughes & Robert F. Fries, eds., *Crown and Parliament in Tudor-Stuart England: A Documentary Constitutional History , 1485-1714*, New York: G. P. Putnam's Sons, 1959, p. 200.

示的监禁理由是不够的,监狱长自己必须出示理由;第二,回答没有直接出示监禁的理由,只不过是出示了监禁理由(枢密院的指示)的理由(国王的命令);第三,仅仅出示现在的监禁理由是不够的,必须出示当初送进监狱的理由;第四,在回答中把国王的命令和枢密院的指示作为理由同时提出,命令书本身存在矛盾。[①]此外,对于这一理由本身,辩护律师也提出质疑。他们认为,仅仅有国王的命令是不能把臣民送进监狱的,该命令必须有法律上的理由。为使这一说法具有说服力,他们向法官们引述了《大宪章》第39条的规定和爱德华三世时期颁布的关于"正当法律程序"的法律。

尽管律师们的辩护词有理有据,但在该案的审理中,法官们完全代表查理一世的利益,他们支持国王不经审判有权任意逮捕臣民的特权,为国王的专制行为进行辩护。首席检察官罗伯特·希思[②]对约翰·塞尔登(John Selden,1584—1654年)等辩护律师的辩词进行反驳。他说:"监禁是根据国王的特别命令这种说法就是很正统的了,法官不能进行更多的审查。"之后,他为国王的特权进行了理论性的论证。他说:"国王是上帝手中的正义的源泉,国王特权是绝对的,在'国王永无过错'(King can do no wrong)这一普通法原则中也显示了这一点。"希思的观点得到其他法官的附和。

该案判决意见由首席法官尼古拉斯·海德(Nicholas Hyde)做出,其要旨包括以下两个方面:其一,关于辩护律师提出的监狱长的答复在形式上存在的问题,法官们一致认为"回答充分满足了人身保护令的要求,辩护律师所说的形式上的问题不存在";其二,关于是否将五骑士送回监狱。法官们认为,"所有先例都是与五骑士保释的要求相悖的","当国王命令监禁时,作为依据王命主持司法的法官,我们对这一命令的合法性没有怀疑"。[③]显然,法官们为附和国王的意志,一方面追溯了"司法权源于国王""法官依据国王命令司法"等传统,另一方面刻意引用不利于五骑士的先例作为判决依据。这样,在法官们的偏袒下,国王特权再次战胜法律,五骑士败诉。

除上文提到的法官们偏袒国王,为国王特权辩护的几起著名案例外,

---

① [日]藤仓皓一郎、木下毅等主编:《英美判例百选》,段匡、杨永庄译,北京:北京大学出版社,2005年,第186—187页。

② 罗伯特·希思由于对国王专制主义的支持在1631年被任命为民诉法院首席法官,1642年转任王座法院首席法官,长期担当国王推行专制的有力工具之一。

③ P. L. Hughes and R. F. Fries,eds.,*Crown and Parliament in Tudor-Stuart England: A Documentary Constitutional History*,*1485-1714*,New York: G. P. Putnam's Sons,1959,pp. 199-200.

这一时期关于法官屈从王权、甘当专制统治工具的重要案件还有很多。例如，在1608年的"加尔文案"（Case of Calvin）中，法官们附和了詹姆斯一世将苏格兰与英格兰在法律上合并的意愿；[1]在1615年的"皮奇姆案"（Case of Peacham）中，多数法官唯王命是从，完全把国王个人的好恶作为判案的标准，甚至为达目的竟对年迈的当事人滥施刑具。[2]当然，在法官们普遍屈从于王权的情况下，也有像爱德华·科克这样的个别法官能够做到出淤泥而不染，保持了法官应有的独立精神。但总的看来，早期斯图亚特王朝君主通过降低司法的地位和以"诰示"（Proclamation）取代制定法的方式实现了将王权置于法律之上的目的。[3]在这一过程中，大多数普通法法官并没有坚持维护自然正义的神圣职责，相反，他们以国王的意志作为判案的依据，为国王特权辩护，充当了专制王权的帮凶。

早期斯图亚特王朝君主强化了对司法权的控制，而本该主持司法正义的普通法法院法官抛弃中世纪以来的独立精神，服务于国王的利益。法律史家爱德华·福斯指出："法官们越来越倾向于支持国王的权威而不是保护人民的权利。当王权肆意侵犯民权，而人民的代理人由于表达不满而被逮捕监禁的时候，司法却拒绝提供应有的法律救济。"[4]

第三节 普通法法院丧失独立性的原因及影响

普通法法院的堕落使司法领域沦为王权肆意妄为的权力场，特别是在议会于1629年被查理一世解散后，君主成为英国权力舞台上真正的至尊。这一时期也被辉格派史学家们描述为英国历史上最专制、黑暗的暴政年代。普通法法院相对独立性的丧失是多方面原因共同促成的。

一、普通法法院屈从王权的原因

从法理传统上讲，法官们的司法权确实源于王权，无论是普通法法院

---

① Carl Stephenson & F. G. Marcham, eds., *Sources of English Constitutional History*, New York: Harper & Row, 1937, pp. 387–441.

② J. R. Tanner, ed., *Constitutional Documents of the Reign of James I*, Cambridge: Cambridge University Press, 1960, p. 174;［英］丹宁勋爵：《法律的界碑》，刘庸安、张弘译，北京：法律出版社，2011年，第47页。

③ Edward Foss, *The Judges of England*, Vol. VI, 1603–1660, London: Longmans, 1857, p. 2.

④ Edward Foss, *The Judges of England*, Vol. VI, 1603–1660, London: Longmans, 1857, pp. 207–208.

的法官,还是主持衡平司法的大法官,抑或海事法院和特权法院的民法法官,他们在理论上都是国王司法权的执行者。从现实角度来讲,无论是特权法院,还是普通法法院都是基于国王的权威建立的,而法官的人选也是由国王指定的。都铎时期,国王与议会维持较为平衡的权力关系,国王对司法的直接掌控主要是通过特权法院和大法官法院,但斯图亚特君主试图对整个司法体系施加干涉。因此,这一时期普通法法院对王权的屈从乃是在特定历史阶段,传统和现实两方面因素共同作用的结果。

首先,早期斯图亚特王朝的君主强化了对普通法法院的直接干预,而"司法权源于国王"的古老原则使法官难以摆脱王权的束缚。为加强个人专制,詹姆斯一世和查理一世企图将议会和司法都置于王权的掌控之下,但议会作为英国宪政传统的坚定捍卫者,对王权的控制予以有力回击,议会因此成为政治舞台上王权的主要反对者。在这种情况下,国王开始抛开不干涉普通法法院的传统,一方面迫使其与议会的"天然盟友"关系瓦解,另一方面使其成为王权的又一政治工具。

普通法法官听命于王权有着深厚的历史渊源。根据古老的法律原则,司法权"源于国王",普通法法官乃是基于国王的任命,在国王的法庭里致力于国王的利益。[1]这种司法起源的传统理论束缚了法官在司法活动中的独立性,即使国王对司法不加干涉,法官的独立也只能是一种相对独立。当国王直接参与或对司法事务进行干预时,法官不得不承认国王的司法权力,并附和作为"司法权源头"的国王在案件审理中的意见。正如拉维尔所说:"普通法本身就起源于国王最初设计的救济方法,并在国王个人的法庭里,由他的法官们从事致力于国王利益的事情。……当法官对王权与议会的冲突进行仲裁时,这种司法的起源使得前者具有天然的优势。"[2]梅特兰也指出:"在一定程度上,普通法法官的确是国王的奴仆",因为"国王是一切司法正义的源头,而法官只是代理人",这种传统观念已经根深蒂固,"打破它是不可能的"。[3]

在斯图亚特王朝以前,国王只是偶尔出席王座法院的审判活动,首席法官会把位子让给他,自己坐在他的脚边。但詹姆斯一世不再满足于重复

---

[1] J. R. Tanner, ed., *Constitutional Documents of the Reign of James I*, Cambridge: Cambridge University Press, 1960, p. 173.

[2] C. R. Lovell, *English Constitutional and Legal History*, Oxford: Oxford University Press, 1962, p. 327.

[3] F. W. Maitland, *The Constitutional History of England*, Cambridge: Cambridge University Press, 1965, pp. 267-268.

英格兰先王的传统，而是经常干涉普通法法院的司法活动。①对于一些重要的宪政案件，他要求法官在审理前必须与他商议。为达到控制法官的目的，他接受弗朗西斯·培根的建议，即"对几个自以为是的法官进行警告，借此可以将整个法官群体纳入威慑之中"。爱德华·科克即是被警告的法官中的典型代表。这种做法大大破坏了法院的独立性，使法官不再是法律的阐释者(expounder)，而仅仅作为国王权威的执行工具。②

1616年的"薪俸代领权案"③是国王干涉普通法法院司法最典型的案例之一。尼尔主教(Bishop Neile)在1614年被指定为考文垂(Coventry)和里奇菲尔德(Richfield)的主教，并获得国王特许暂时主持另外两个教会事务。但是根据教会法规定，以这种方式主持教会事务存在两点异议：其一，教会法规定主教不应涉及牧师职责；其二，国王的特许侵犯了受俸牧师推荐权所有者的利益，这一利益被尼尔所占据。④受俸牧师推荐权的所有者之一向普通法法院控告尼尔干涉了他们的权利。

该案由民诉法院提交到由12名普通法法官组成的财政上诉法庭，即由三大普通法法院联合审判，法官中就包括时任王座法院首席法官的爱德华·科克。由于该案涉及国王是否有权以委任的方式给予尼尔或其他任何人临时负责教会事务的权力，因此在审理前，詹姆斯一世派首席检察官弗朗西斯·培根召集法官，并命令他们不得在同国王商议前进一步审理此案。科克认为：所有法官都曾在就职时宣誓不得推迟案件的审判，培根传达的命令是非法的。⑤他力劝其他法官继续审理此案。科克的观点得到赞同，该案继续审理。闻讯的詹姆斯一世立即命令全体法官来到御前，并强迫他们听取自己的意见。法官们被问的第一个问题是：在涉及国王的权力或利益的案件中，当国王要求与他们进行商议时，他们是否会立即停止案件的审理，并听取国王的建议？除科克外其他11名法官都表示应该停止审理

① Edward Foss, *The Judges of England*, Vol. VI, 1603-1660, London: Longmans, 1857, p.1.

② Edward Foss, *The Judges of England*, Vol. VI, 1603-1660, London: Longmans, 1857, pp.2-3.

③ 又称"尼尔案"(*Case of Neile*)。薪俸代领权(Commendam)，指国王或教皇予主教代领并保管教士和牧师薪俸的一种权力，1836年被废除。J. R. Tanner, ed., *Constitutional Doncuments of the Reign of James I*, Cambridge: Cambridge University Press, 1960, pp. 175-176.

④ Goldwin Smith, *A Constitutional and Legal History of England*, New York: Charles Scribner's Sons, 1955, p. 311.

⑤ Goldwin Smith, *A Constitutional and Legal History of England*, New York: Charles Scribner's Sons, 1955, p. 311-312.

以听取国王建议，并认可这是他们的责任和义务。只有科克回答说："他会按照一个法官应该做的去做"①，言下之意是他不会听从国王的命令。几个月后，科克被一个"没有原因的免职令解除职务"②。科克的解职作为普通法法院保持独立性失败和被王权驯服的标志。此后，一直到革命爆发，国王实际上控制了整个司法体系。

其次，普通法法院在审级（Grade）上被明确置于大法官法院之下。关于大法官法院与普通法法院的冲突问题由来已久。根据传统，一方面，大法官法院有签发令状的权力，对于"令状先于权利"的普通法来说，大法官在一定程度上控制着普通法法院行使司法权的通行证；另一方面，大法官法院有权受理普通法法院的上诉案件，可以推翻普通法法院的判决。就这点来说，至少在形式上，大法官法院享有比普通法法院更高的司法管辖权。正如梅特兰所说："大法官法院一直主张：它有权以胜诉的一方在普通法法院涉嫌欺诈或使用其他不公平手段为由，命令普通法法院的判决中止实施。"③

两者的管辖权冲突在1614年的"格兰维尔案"（Case of Glanville）中被置于前台。爱德华·科克作为王座法院首席法官，基于证据做出决定，但这个证据后来被证明是伪证。当败诉者发现后，却在法律上找不到补救方法。因为普通法法院审定后，没有人敢当庭断言其错误。因此，败诉人转向大法官法院寻求特殊救济。大法官法院受理后确定并宣布败诉人的请求是正确的。大法官埃尔斯米尔勋爵（Lord Ellesmere）托马斯·埃杰顿发布一个禁制令，中止判决的执行。以维护普通法法院独立司法为目标的科克被大法官的干涉所激怒。他认为：普通法是"所有人的诉讼能够得到公正结果的黄金方法（golden metwand）"④，且"经过一代代最智慧的人的发展而臻于完美，这已经被不断的司法实践所证实"⑤。因而，他力劝胜诉的当事

---

① Goldwin Smith, *A Constitutional and Legal History of England*, New York: Charles Scribner's Sons, 1955, p. 312.

② J. H. Baker, *An Introduction to English Legal History*, London: Butterworths, 1979, pp.144–145.

③ F. W. Maitland, *The Constitutional History of England: A Course of Lectures Delivered*, Cambridge: Cambridge University Press, 1965, p. 270.

④ Edward Coke, *The Fourth Part of the Institutes of the Laws of England*, London, 1644, p.240.

⑤ Edwa d Coke, *Reports of Sir Edward Coke*, London: Joseph Butterworth and Son, 1826, Preface, pp.v-vi.

人公然反抗这个禁制令,并按原来判决继续执行损害赔偿。大法官则通过对撒谎的胜诉人处以巨额罚金作为回应。科克也不甘示弱,将败诉人传唤到王座法院,并控告其因拒绝遵守普通法法院判决(即使是基于错误的证据)而犯有"蔑视王权罪"。①在这一冲突中,詹姆斯一世以调停人的身份出现,并将这个问题交给以首席检察官弗朗西斯·培根为主席的委员会处理。委员会支持了大法官埃尔斯米尔勋爵,而且更重要的是,大法官法院强化了对普通法法院禁制令的效力。这一决定实质上肯定了大法官法院对普通法法院的上级地位,这对整个普通法法院都是一个沉重的打击。

再次,普通法法官的任免权操控在国王手中。一方面,14世纪,英国确立了普通法法院法官必须从高级律师中选任的制度,但遴选权仍由国王掌握。这样,国王总是倾向于将职位委任给对他唯命是从的人。同时,对于接受委任的法官来说,"委任状给予他特定的权利,作为回报,他要本能地为委任者扮演特定的职责"。②这一职责就是服务于国王利益。

另一方面,国王可以随意将法官解职,法官缺乏任职保障。查理一世统治时期,法官被解职非常频繁。除上文提到的爱德华·科克外,王座法院首席法官伦纳尔夫·克鲁(Ranulphe Crew)在1626年由于不承认苛税的合法性而遭到解职;1630年,财税法院首席法官约翰·沃尔特(John Walter)对因法令的实施而起诉议会议员的合法性表示怀疑,随后被国王停职。这样的例子不胜枚举。③由此可见,法官能否保有其职位取决于国王个人的好恶。在这种情况下,法官的独立性无从谈起。

最后,职位买卖之风的盛行使普通法法官丧失了追求司法独立的精神,转而寻求对金钱和高位的个人欲望。爱德华·福斯指出:在早期斯图亚特王朝,"没有高级职位是没有价位的"④。职位的买卖都是公开的,一般来讲,一个法官职位的购买价格在5000镑至17000镑之间。⑤曾任爱尔兰王座法院首席法官的詹姆斯·利爵士(Sir James Ley)在1608年回到英格兰

---

① C. R. Lovell, *English Constitutional and Legal History*, Oxford: Oxford University Press, 1962, p. 326.

② Donald Veall, *The Popular Movement for Law Reform 1640-1660*, Oxford: Clarendon Press, 1970, p. 41.

③ Edward Foss, *The Judges of England*, Vol. Ⅵ, 1603-1660, London: Longmans, 1857, pp.215-216.

④ Edward Foss, *The Judges of England*, Vol. Ⅵ, 1603-1660, London: Longmans, 1857, p. 3.

⑤ Donald Veall, *The Popular Movement for Law Reform 1640-1660*, Oxford: Clarendon Press, 1970, pp. 41-42.

后，为谋求利益丰厚的监护法庭首席检察官一职，向詹姆斯一世的宠臣白金汉公爵行贿10000镑；亨利·耶沃尔顿(Sir Henry Yelverton)虽然没有直接购买职位，但在1617年被詹姆斯委任为首席检察官后，他还是依照惯例向国王进奉4000镑。[①]根据时人沃尔特·扬格(Walter Yonge)的日记，托马斯·理查德森(Thomas Richardson)为谋求首席法官一职向国王支付了17000镑之多。当然，这些只是这一时期法官职位买卖例子中的冰山一角。正如爱德华·福斯所说："尽管很多例子并没留下记录，但毋庸置疑，这些肮脏的事实是一种普遍现象。"[②]

此外，当时司法中的行贿受贿也是一种普遍现象。一个典型的例子是一份1620年莱姆·雷吉斯(Lyme Regis)选区登记档案中的记载：当该市镇的国王特许状被质询时，整个市镇进行了集资，并授权市长"用来给财税法院首席法官及属下必要的酬金"[③]。无论是法官职位的买卖之风，还是行贿受贿，都造成极大恶果：法官害怕丢掉他们花费重金买来的职位，因而更加唯王命是从。除个别法官外，大多数法官都为谋求更高或保住目前职位殚精竭虑，将司法的独立和公正抛之不顾，君主也借此成为普通法法院的操控人。

当然，除上述几点主要原因外，早期斯图亚特王朝政治斗争的旋涡、普通法法院法官薪酬制度的不完善、法官个人的宗教信仰等因素也在不同程度上对法官的独立性产生影响。但毋庸置疑的是，王权作为司法权源头的法理传统和国王把持法官任免权的现实决定了这一时期普通法法官对王权的依附地位。

二、普通法法院屈从王权的影响

普通法法院对王权的依附打破了中世纪以来相对独立的地位，使整个司法体系成为斯图亚特君主可以控制，并用以加强个人专制的政治工具。普通法法院的"沦陷"不仅对于英国司法体系本身，而且对于英国政治的发展也产生了极大的消极影响。

首先，对普通法法院自身来说，其在英国民众中的声誉大大降低，在革命年代，普通法法院与特权法院同被列为革命的对象即反映了这一点。普

---

① Edward Foss, *The Judges of England*, Vol. Ⅵ, 1603~1660, London: Longmans, 1857, p. 3.

② Edward Foss, *The Judges of England*, Vol. Ⅵ, 1603~1660, London: Longmans, 1857, pp. 208~209.

③ Edward Foss, *The Judges of England*, Vol Ⅵ, 1603~1660, London: Longmans, 1857, p. 3.

通法法院自形成以来,一直担负着向民众提供法律救济、维护社会稳定的重要责任。同时,普通法法院还承担着传承英格兰自由与法治等宪政传统的重任。可以说,普通法是近代以前英格兰宪政主义的源泉之一。但是,早期斯图亚特王朝普通法法院对王权的唯命是从使其在英国宪制中的地位大大下降。各普通法法庭或"始终如一地支持国王各种捞钱的欲望"[1],或作为"特权统治的工具"为国王的专制辩护。贝克指出:"在世纪之交还为人们所尊崇的可敬的法官们开始被视为特权统治的工具",他们的声誉也"降到历史最低点"。[2]爱德华·福斯更是一针见血地指出:民众失去了对法官的基本信任,"即使是正确的裁判,人们也不再信任法官断案的动机是基于正义"[3]。

其次,普通法法院对专制王权的唯命是从激化了民众与专制王权的冲突,进而成为英国革命爆发的重要诱因之一。17世纪40年代的英国革命是一场打着宗教旗号的宪政革命,而普通法法院的堕落无疑是这场"推翻政府、绞死国王的大反叛爆发的重要导火索"[4]。以"船税案"为例,虽然该案以国王特权的暂时胜利而告终,但其引出的司法独立问题在民众之间引发持续的抗议。该案当事人汉普顿虽然败诉,但他却被视为反抗王权的英雄,汉普顿和其辩护律师奥利弗·圣约翰在短期议会和长期议会中均被选为下院议员,成为议会中国王反对派的重要代表。正是在他们的旗帜下,民众的抗税浪潮最终汇入反对专制王权的革命风暴之中。对此,爱德华·福斯不无感慨地指出:"当王权对民权的侵犯增长到难以忍受的程度时;当人民被没有议会的权威强加于身时;当人民的代理人由于表达不满而被逮捕监禁时;当这一切发生之时,而司法却拒绝提供惯例习俗中应有的帮助,并且胆怯地拒绝法律救济时;当他们发现崇高的人冒险为他们说话而被解职,并由趋炎附势者取代时;当突然之间,他们失去所有过去常常被教导说可以依靠和尊敬的庄严的司法的信任时;人民或许会绝望。没有人会怀疑他们或许会采取任何摆脱奴役的尝试,尽管所有人都会痛惜他们在获得解

① C. R. Lovell, *English Constitutional and Legal History*, Oxford: Oxford University Press, 1962, p. 328.

② J. H. Baker, *An Introduction to English Legal History*, London: Butterworths, 1979, pp.144-145.

③ Edward Foss, *The Judges of England*, Vol. VI, 1603-1660, London: Longmans, 1857, pp. 208-209.

④ Edward Foss, *The Judges of England*, Vol. VI, 1603-1660, London: Longmans, 1857, p.207.

放的过程中所花费的漫长时间。"①革命正是人民摆脱奴役的手段。革命的到来推翻了查理一世的暴政,为征税权复归议会及司法独立于王权准备了条件。

最后,普通法法院对王权的依附也推动了普通法法律界的部分有识之士转向议会,使普通法职业共同体与议会建立更牢固的联盟,进一步壮大了革命力量。因维护普通法法院独立性被迫离开司法界的爱德华·科克及"五骑士案"的辩护律师约翰·塞尔登等都是从法律界转向议会的代表,两人还成为议会中王权反对派的领袖。1628年,科克与塞尔登等人在议会中起草了《权利请愿书》。其中规定:"未经议会法令批准,今后任何人不得被强制赠送或接受任何礼物、借款、捐助、征收赋税或其他类似捐税;任何人不得因此被传唤、答辩、发誓、拘留及骚扰;任何自由人也不得因上述任何行为而被逮捕和监禁。"②这些条款旨在限制王权任意征税及肆意破坏法律的特权。迫于人民的强大压力,查理一世在《权利请愿书》上签了字。③1641年,在普通法职业共同体与议会的共同努力下,议会又通过《大抗议书》(Grand Remonstrance)。其中列举了司法体系中的严重问题,如谴责法官"抛弃普通法原则,在金钱面前堕落";控诉买卖法官职位的行为,并称其"给行贿受贿、勒索、偏袒等行为提供了大好机会"。针对这些问题,《大抗议书》还提出了相应的改革措施,如制定法院司法规章、整顿法官选任制度等。④这两个在英国宪政史中具有重要地位的文件成为英国革命的纲领,推动了革命的进程,为革命指明了方向。

此外值得一提的是,伴随着近代以后英国经济、社会的剧烈变革,特别是在早期斯图亚特君主强化个人专制和控制司法体系的背景下,涉及财税的诉讼案件不断增多,财税法院成为最繁忙的法院,其司法地位显著提高。都铎后期,财税法院及其法官获得与王座法院和民诉法院同等的地位。进

---

① Edward Foss, *The Judges of England*, Vol. VI, 1603–1660, London: Longmans, 1857, pp. 207–208.

② 关于《权利请愿书》内容,参见 P. L. Hughes and R. F. Fries, eds. *Crown and Parliament in Tudor-Stuart England: A Documentary Constitutional History 1485–1714*, New York: G. P. Putnam's Sons, 1959, pp. 200–202。

③ 查理一世虽然签了字,但无意遵守,很快他强行解散议会。对人身自由权利的有效保护及对国王不经司法程序逮捕和监禁臣民的限制要在 1679 年《人身保护法》颁布之后真正实现。

④ S. R. Gardiner, ed., *The Constitutional Documents of Puritan Revolution 1628–1660*, Oxford: Clarendon Press, 1889, pp.130–153.

入17世纪以后,该法庭的业务量仍持续增加,为此,一个辅助法官审案的新职位——记录法官(Cursitor Baron)应运而生。[①]

记录法官产生于詹姆斯一世统治时期。伊丽莎白一世女王去世时的四名财税法院法官[②]都得以在新王朝留任。1604年,在财税法院并没有出缺的情况下,詹姆斯一世任命高级律师出身的乔治·斯内格(George Snigg)为陪审法官。这样,在财税法院中就出现了五位法官,[③]其中四人为高级律师出身,一人为非高级律师出身。[④]1606年,唯一的非高级律师出身的约翰·索瑟顿在任上去世,但詹姆斯一世并没有依照惯例任命一位高级律师接任,而是任命格雷会馆(Gray's Inn)的一名法律学员——诺威尔·索瑟顿(Nowell Sotherton)接任。诺威尔陪审法官的身份遭到后世学者们的质疑。根据流传下来的法律年鉴表明,他并不像其他法官一样以法官的身份出现在卷宗里,而仅仅提到他是"坐在法庭中的一员"[⑤]。可见,他与其他四名高级律师出身的专业法官的地位是有差别的。

关于诺威尔的法官身份问题在其继任者——托马斯·凯塞尔(Thomas Cæsar)这里有明确答案。"记录法官"这一明确身份出现在内殿会馆关于凯塞尔当选的记录中:"这里说的是托马斯·凯塞尔,将成为财税法院的陪审法官,一般称为'记录法官'。他将不能以财政署官员以外的身份出席威斯敏斯特的会议。"这一记录表明了如下两点事实:其一,凯塞尔也非高级律师,而是出自律师会馆的法律学员;其二,他的地位低于其他陪审法官。当

---

① 因其职能主要是行政性的,另见译名为"财税法院行政官"。关于其起源时间还有1549年说和1610年说。薛波主编:《元照英美法词典》,北京:北京大学出版社,2013年,第360页;John Baker, *The Oxford History of the Laws of England*, Vol. VI, 1483–1558, Oxford: Oxford University Press, 2003, p.159。

② 四人为首席法官威廉·鲍亚姆(William Peryam)、陪审法官约翰·索瑟顿(John Sotherton)、罗伯特·克拉克(Robert Clarke)、约翰·萨维尔(John Savile)。

③ 詹姆斯一世认为,法庭中应有五名法官以便在意见不一致时服从多数意见。这样,在他继位的第二年分别为三大法庭增设了一名陪审法官。除斯内格外,大卫·威廉姆斯(David Williams)被任命为王座法院法官;威廉·丹尼尔(William Daniel)被任命为民诉法院法官。不过,对于王座法院和民诉法院来说,这种变动是暂时性的,王座法院法官爱德华·芬纳(Edward Fenner)去世后没有续补;民诉法院的法官汉普莱·温奇(Humphrey Winch)离职后也没有续补,这两大法庭仍然维持了四名法官的传统标准。

④ 即约翰·索瑟顿,他是与英国历史上第一位高级律师出身的财税法院陪审法官罗伯特·舒特一起被任命的,当时财税法院法官必须出身于高级律师还未成定制,他并非高级律师出身。

⑤ Edward Foss, *The Judges of England*, Vol. VI, 1603–1660, London: Longmans, 1857, p.21.

时的司法报告不仅证实了上述两点，而且还显示他并不扮演司法者角色，仅仅作为法庭的书记员，位列其他三名陪审法官之后。这些都表明财税法院制度上的重大变革——记录法官产生。[1]托马斯·凯塞尔在上任当年就不幸去世，小约翰·索瑟顿（John Sotherton the younger）继任，至此，记录法官职位成为惯例和定制。在内殿会馆的年鉴上写道："小约翰·索瑟顿继任了末位陪审法官（Late Puisne Baron）托马斯·凯塞尔的职位。"在一份1622年的司法报告中，他的名字出现在首席检察官和两名陪审法官之后，而在1624年的另一份报告中，他的名字甚至排在几名骑士和伦敦司法官（Recorder of London）之后。[2]这样，记录法官的设立成为惯例，且其非高级律师出身，并作为不享有司法审判权的末位陪审法官的地位形成定制。

综合来讲，专制王权对普通法法院的驯服打破了中世纪以来普通法法院的相对独立传统，也同时打破了都铎时期形成的宪政平衡。君主在法院的支持下，得以"合法"地侵犯民众的权利、财产和自由。在此背景下，普通法法院沦为与特权法院同样的"暴政工具"，越来越多的有识之士转向议会，并日益集结成一支强大的革命力量。以议会为舞台，反专制主义者与专制王权的冲突愈演愈烈，当这种矛盾不可调和时，国王索性完全抛开议会。这种行径彻底浇灭了人们借助议会制约专制王权，试图推动司法体系改革的希望，也使得整个国家暗流涌动，并给"国王反对派以充分时间来赢得公众支持并在日后给国王致命一击"[3]。

---

[1] Edward Foss, *The Judges of England*, Vol. VI, 1603–1660, London: Longmans, 1857, p. 22.

[2] Edward Foss, *The Judges of England*, Vol. VI, 1603–1660, London: Longmans, 1857, pp. 22–23.

[3] Paul L. Hughes and Robert F. Fries, eds., *Crown and Parliament in Tudor-Stuart England: A Documentary Constitutional History, 1485–1714*, New York: G. P. Putnam's Sons, 1959, p. 194.

第四章 革命时期普通法
法院的震荡与改革

　　早期斯图亚特王朝普通法法院卷入了王权与议会的冲突,由于多种原因,特别是国王手中的法官任免权决定了普通法法院对王权的依附。1640年,王权与议会的冲突酿成了革命,为王权张目的普通法法院面临一场风暴的洗礼。经过两次内战,议会军战胜了国王,查理一世被送上断头台,但与此同时,议会内部的分裂加剧,各派在政治上相互倾轧,以克伦威尔为代表的独立派和军队最终控制议会,建立护国政府,使共和国的宪政试验以失败告终。专制王权的覆灭,一度给普通法法院的独立提供了契机,但议会各方力量的斗争又使其重陷政治冲突的漩涡之中。尽管如此,在长期议会和克伦威尔治下,普通法法院仍进行了一系列有益的改革试验,为17世纪后期普通法法院的转型做了准备。

第一节 革命风暴对普通法法院的冲击

　　关于17世纪中期的这场革命,国内外学术界都有深入研究。就其性质来说,有多种不同观点,由于革命本身的复杂性,国外史家一般将之笼统地称为"英国革命"。辉格派史学家S. R. 加德纳在19世纪末提出"清教革命"一说,也有诸多拥护者。①国内史学界对此问题有过长期争论,一般有"资产阶级革命""政治革命""宗教革命"等几种不同说法。无论冠以何种名称,都很难全面概括这场革命,各种说法无非是对革命不同层面或不同侧面进行考察所得到的结果。无疑,这场革命披着宗教和法律革命的外衣,但革命本身则伴随着政治、经济、社会和文化各领域的深刻变革。就其对英国历史发展的重要性而言,这场革命无疑是专制王权、议会下院、军队等多方力量进行较量以角逐最高权力的政治革命。在这场革命中,司法革

---

① S. R. Gardiner, *History of the Great Civil War 1642-1649*, Vol. I, London: Longman, 1886,
　 p.9.

命无疑也是重要组成部分。普通法法院在革命初期即成为革命者改造的对象，此后虽然历经不断变动的政治局势的影响，但仍能够借助革命浪潮开展一系列改革试验。

一、革命风暴与宪政实验

查理一世自1629年解散议会以来，依靠强制征收的各种税目维持着专制统治，但这种表面上的平静还是很快被打破了。福曼指出："17世纪的宪政变革都是无意识、无计划的结果……那些反对斯图亚特王权的人不是自己联合在一起的"，他们联合起来闹革命是被迫的。①打破平静的事件首先发生在苏格兰。尽管斯图亚特君主来自苏格兰，但他们对苏格兰长老会意见颇深，詹姆斯一世在苏格兰的权力受到长老会贵族的掣肘。尽管如此，来到英格兰后，他一直都小心谨慎地与长老会贵族集团保持着和谐关系。查理一世上台后，这种和谐的局面很快被打破。支持高教会派（High Church）②的劳德大主教（William Laud）在苏格兰传播所谓的"圣洁之美"（the beauty of holiness），并对苏格兰教会推行"安立甘化"（Anglicanise），企图使苏格兰改宗为更加顺从君主的安立甘国教会。③苏格兰的宗教改革运动的结果是在苏格兰全国范围内掀起一场以民族主义为内核的反抗运动。这场运动将与英格兰国内的麻烦问题交汇在一起，使整个英国陷入战争的旋涡。④

1638年，苏格兰长老会在格拉斯哥召开教众集会（General Assembly）商议解决宗教问题。这次宗教集会一经召开就将矛头指向国王和劳德大主教强加的、广受诟病的主教制度。国王任命的主教们被以罪犯身份传唤到苏格兰宗教法庭，这大大出乎查理一世的预料。为维护其"至尊权威"，他下令解散宗教集会。这招致苏格兰更广泛的反抗。坦纳指出："长老会早就教育人们相信教会的'教众集会'拥有比世俗权力更高的权威。"教众

---

① F. N. Forman, *Constitutional Change in the United Kingdom*, London: Routledge, 2002, p.4.

② 高教会产生自国教会内部，它主要由一批深受天主教思想影响的人物领导，致力于在新教与天主教之间找到一条中间道路。高教会教徒攻击安立甘宗教义中的加尔文主义，主张在国教会内部实行更多传统天主教的礼仪。Christopher Hill, *The Century of Revolution 1603-1714*, Edinburgh: Thomas Nelson and Sons Ltd, 1961, p. 12.

③ J. R. Tanner, *English Constitutional Conflicts in 17th Century*, Cambridge: Cambridge University Press, 1928, p. 83.

④ J. R. Tanner, *English Constitutional Conflicts in 17th Century*, Cambridge: Cambridge University Press, 1928, pp. 84-85.

集会拒绝解散,并宣布"公祷书"(Service Book and Canons)无效,取缔了苏格兰的高等教务法庭,废除主教制度,并将那些"曾经伪装的主教"逐出教会。这一做法从某种程度上可以说是一个"战争宣言"。①

很快,双方进入战备状态。苏格兰与英格兰不同,封建制度在这里更为根深蒂固,封建贵族势力强大,有能力组建军队。此外,苏格兰是欧洲雇佣军的重要来源地,这些能征善战的职业军人应召回到苏格兰,在不长的时间,苏格兰就集结了一支22000人的军队。②而另一边,查理一世只召集到14000人,没有议会为他提供战争经费,他无法对抗强大的苏格兰军队。坦纳指出:"许多士兵作为志愿者集结起来,但他们是准备随时保卫家园,而不是去苏格兰杀人",而且"在军队集结完毕之前,查理的钱就花完了"。③这场不流血的军事对抗被称为"第一次主教战争",最终双方在1639年6月18日签订《伯威克条约》(Treaty of Berwick)。查理做出让步,不过战争并没有止步于此。

为应付同苏格兰的冲突,查理在斯特拉福伯爵(Thomas Wentworth, 1st Earl of Strafford, 1593—1641年)建议下于1640年4月重新召集被解散11年的英格兰议会,希望能够获得财政上的支持。但事实表明,"斯特拉福伯爵的算盘打错了,这个暴风雨时代的标志性人物不是斯特拉福,而是皮姆"④。

议会扬眉吐气的机会终于到来。议员们没有讨论是否为国王的战争拨款,而是开始声讨国王的暴政。面对议会的怒火,查理一世并没有俯下身子去安抚议会,反而轻率地将之解散。⑤这一行为导致查理彻底丧失了在这场严重的宪政危机中获取支持的希望。⑥1640年11月,由于苏格兰军

① J. R. Tanner, *English Constitutional Conflicts in 17th Century*, Cambridge: Cambridge University Press, 1928, pp. 85–86.

② J. R. Tanner, *English Constitutional Conflicts in 17th Century*, Cambridge: Cambridge University Press, 1928, p. 86.

③ J. R. Tanner, *English Constitutional Conflicts in 17th Century*, Cambridge: Cambridge University Press, 1928, p. 87.

④ 约翰·皮姆(John Pym, 1584—1643年),革命初期议会的领袖人物之一。J. R. Tanner, *English Constitutional Conflicts in 17th Century*, Cambridge: Cambridge University Press, 1928, p. 88.

⑤ 这届议会存在时间不足一个月,史称"短期议会"(Short Parliament)。

⑥ Barry Coward, *The Stuart Age: A History of England, 1603–1714*, London: Longman, 1980, p. 154.

队将战火烧到英格兰境内,查理一世被迫再次求助议会。①新的议会在本质上已经与传统的英格兰议会大相径庭了。就议会构成来说,由于詹姆斯一世和查理一世大封贵族,数量从1603年的59人升至1640年的124人,因而议会上院的成员数量大大增加。下院人数虽然一直没有变化,但议员财富大大增长了。根据时人的统计,下院的财富是上院的三倍。②

长期议会不仅在结构上不同于过去的集会,而且"由于一种新的精神即对宫廷和政府的敌意而焕发出新的生机"。皮姆曾声称:"他们必须拥有与上届议会不同的另一种性格;他们不仅要把议会的地板打扫干净,而且必须清扫天花板和角落里的蜘蛛网。"在长期议会的第一次例会上,议会就提出三个核心原则:一是释放被专制政府迫害的人士,二是惩罚那些建议建立专制政府的人,三是确保专制政府不会再次建立。③就第一点来说,长期议会很快取得成功,被星室法院和高等教务法庭迫害的政治异见者被释放并得到补偿。④对于第二点,长期议会开始弹劾查理一世专制政府的主要推动者斯特拉福伯爵和劳德大主教等人。对于这一项,查理一世并没有立刻妥协,王权与议会的新较量拉开了帷幕。

议会与王权的较量自13—14世纪议会形成之时就已经开始了。都铎时期的宪政平衡建立在两者妥协合作基础上,而早期斯图亚特王朝的较量则是一种相互进攻的态势。王权借助于对司法的控制及对议会的召开与解散之权取得暂时性胜利。当长期议会对国王召开与解散之权置之不理后,这种较量就进入一个更为激烈的舞台——革命。作为民众的代表,议会拥有更多的拥护者,因而从革命力量的对比来讲,议会优势明显。

长期议会召开后,立即着手进行政治改革。一方面,为巩固自身地位,议会通过两项改革法案。1641年2月15日通过的《三年法案》(*Triennial Act*),确定了议会必须定期召开的原则,⑤防止"十一年暴政"的再次出现;

---

① 这届议会在名义上一直持续了13年之久,因而被称为"长期议会"(Long Parliament)。

② J. R. Tanner, *English Constitutional Conflicts in 17th Century*, Cambridge: Cambridge University Press, 1928, p. 90.

③ J. R. Tanner, *English Constitutional Conflicts in 17th Century*, Cambridge: Cambridge University Press, 1928, pp. 91-92.

④ J. R. Tanner, *English Constitutional Conflicts in 17th Century*, Cambridge: Cambridge University Press, 1928, p. 92.

⑤ 16 Cha. I, c. 1, in S. R. Gardiner, ed., *The Constitutional Documents of Puritan Revolution 1628-1660*, Oxford: Clarendon Press, 1889, p. 74.

1641年5月11日的法令,禁止未经长期议会同意解散议会。①另一方面,取消一些苛政,以赢得民众广泛支持。1641年6月22日的《砘税和磅税法令》(*The Tonnage and Poundage Act*)取消了两项怨声最高的税收;②1641年8月7日的法令,宣布船税非法,并规定避免和取消类似征税。③另一项同一日期的法令恢复了王室森林的边界,规定其恢复詹姆斯一世在位第20年(1623年)的状态。④此外,还通过一系列取消特权法院的法令。这些改革法令的影响是巨大的。长期议会不仅成功地废止一系列国王专制统治下广受诟病的暴政,而且最重要的是,"长期议会成功地使自己成为国家必不可少的部分"⑤。

面对议会下院的进攻,查理一世也"召聚他所有的党徒,他们都是享受专制权力好处的臣仆,国王的忠诚保卫者。此外,他还吸引许多市民,他们直到最近还是反对专制的,但由于害怕新事物,又害怕过火行为,这些人又回来躲在国王宝座脚下"。这些人组成了保王党。支持革命的民众也聚集起来,"成群的学徒、工匠、妇女每日清晨从伦敦市往威斯敏斯特去,在经过白厅的时候就喊道:'不要主教,不要天主教贵族'"⑥。参加的人都把头发剪短,因而被称为"圆颅党"(Roundheads)。两派的冲突不断升级,成为英国内战的前奏。

1642年1月,查理一世出走至汉普顿行宫。下院投票宣布王国进入防卫状态,上院拒绝批准这一宣言,尽管如此,这一议案实质上"已被告诉人民,因此就达到了目的"⑦。这样,两派政治势力的对立将英国推向内战。

———————

① The Act Against Dissolving the Long Parliament Without Its Own Consent (16 Cha. I, c. 7), in S. R. Gardiner, ed., The Constitutional Documents of Puritan Revolution 1628–1660, Oxford: Clarendon Press, 1889, p. 87.

② 17 Cha. I, c. 8, in S. R. Gardiner, ed., The Constitutional Documents of Puritan Revolution 1628–1660, Oxford: Clarendon Press, 1889, p. 88.

③ 17 Cha. I, c. 14, in S. R. Gardiner, ed., The Constitutional Documents of Puritan Revolution 1628–1660, Oxford: Clarendon Press, 1889, p. 115.

④ 17 Cha. I, c. 16, in S. R. Gardiner, ed., The Constitutional Documents of Puritan Revolution 1628–1660, Oxford: Clarendon Press, 1889, p. 117; J. R. Tanner, English Constitutional Conflicts in 17th Century, Cambridge: Cambridge University Press, 1928, pp. 96–99.

⑤ J. R. Tanner, English Constitutional Conflicts in 17th Century, Cambridge: Cambridge University Press, 1928, p. 100.

⑥ [法]F. 基佐:《一六四〇年英国革命史》,伍光建译,北京:商务印书馆,1986年,第147—148、151页。

⑦ [法]F. 基佐:《一六四〇年英国革命史》,伍光建译,北京:商务印书馆,1986年,第163页。

内战以议会的胜利而告终，但议会并没有团结一致地建立起一个自由、民主的英国，相反，新的冲突很快爆发。

宗教问题是引发议会分裂和冲突的导火索。坦纳指出："长期议会像对付斯特拉福或废除星室法院和高等教务法庭一样，急切地要制定出一套新的教会规范。但问题在于：就打破教会旧制度来说，达成一致是不难的，但就重建教会制度，则很难达成一致，这样，长期议会分成两大敌对的阵营。"①

关于如何处置国王的问题，彻底激化了议会内部的矛盾。1648年9月，议会两院决定重启与国王的谈判。不过，在谈判开始前，约有40000名居住在伦敦或在伦敦附近的人集会反对保留王权与上院。请愿者声称"下院由人民选出并代表人民，是英格兰最高权威"，他们还说："一个安全、自由的国家却由两个或三个最高权威统治是不可能的。"②

在这种情况下，长老派、独立派和平等派等政治派别各执己见、冲突不断。平等派提出对引起流血战争的查理一世进行惩罚；占议会多数的长老派议员坚持同国王达成协议；独立派则坚持要对国王进行审判。最终，独立派利用对军队的控制进行了议会清洗。1648年12月，独立派的上校军官普莱德率军占领议会，清洗了一批被认为是敌人的长期议会议员，主要是长老派议员。③残余议员不足60名，比法定人数少40人，④此后议会被称为"残缺议会"。"普莱德清洗"实质上是军队全面介入政治、建立军事专制政府的前奏，该事件也标志着下院与军队的合作朝向军队专权的方向演进。普莱德清洗使所有权力都落入作为议会少数派的独立派种，而独立派受军官委员会（Council of Officers）控制。很快，下院单独组建高等法庭对查理一世进行审判，并判处其死刑。

查理一世死后，独立派主导下的议会开始着手建立共和国。1649年2月14日，作为共和国建立的前奏，残缺议会选出第一个国家委员会（Coun-

① J. R. Tanner, *English Constitutional Conflicts in 17th Century*, Cambridge: Cambridge University Press, 1928, p.99.

② J. R. Tanner, *English Constitutional Conflicts in 17th Century*, Cambridge: Cambridge University Press, 1928, p.151.

③ 即"普莱德清洗"（Pride's Purge）事件。

④ 后来，老的议员被部分重新接收，新的议员被选举进来。但是在1649年的上半年，最大人数也只有77人，甚至晚至1652年，议员数量也没有超过125人。J. R. Tanner, *English Constitutional Conflicts in 17th Century*, Cambridge: Cambridge University Press, 1928, p.152.

cil of State)。该委员会对议会负责,委任期为1年,包括41名成员,其中有31名成员同时也是议会议员。鉴于议会平均出席者不超过56人,因而国家委员会实际上拥有理论上的多数。①其中的核心人物是军队的主要军官,如托马斯·费尔法克斯(Thomas Fairfax,1612—1671年)和奥利弗·克伦威尔等。5月19日,议会和国家委员会共同宣布英格兰成为一个"共和与自由的国家"(Commonwealth and Free State)。为此,议会还制作了一个新的国玺:正面绘制着英格兰、爱尔兰的地图和两个王国的军队;反面是下院的浮雕及献词:"上帝保佑下恢复自由之元年"(In the first year of freedom by God's blessing restored);基座上还刻着"革除暴政,重建政权"(Exit Tyrannus, Regum Ultimus)字样。②

这个共和国虽然存在民主的形式,但它实质上是残缺议会以共和国的名义实施的专制统治。议会既占有立法权,也把持着行政和司法大权。残缺议会所依靠的力量来自两个方面:一是作为"人民利益代表"的下院,二是军队的力量。就前者来说,在普莱德清洗后,议会只剩下作为少数派的独立派,因而下院作为"人民利益代表"的意义已经不复存在,"人们无法认可其代表性"。③残缺议会真正依靠的统治力量是军队,从根本上来说,共和国不过是向军事专制政府过渡的缓冲期。

不过,残缺议会仍然宣称其身份是长期议会的继承者,并且是"人民选举"的"拥有至高无上、不可剥夺的权力"的机构,还声称它受到1641年法令中关于"不经议会自己同意不得休会、解散"条款的保护。但对于军队来说,残缺议会不过是"临时性的应急机构"。很快,议会与军队之间无间的合作瓦解了。1652年8月2日,军队的军官提出一系列国家改革方案,提交议会批准,议会故意拖延。于是,"军官委员会的争论越来越频繁,他们的会议越开越长,这是一个暴风雨来临的标志"④。

1653年1月13日,军官委员会与国家委员会就解散残缺议会达成一致,并决定选举新议会。1653年4月,克伦威尔以暴力方式解散残缺议会;

---

① J. R. Tanner, *English Constitutional Conflicts in 17th Century*, Cambridge: Cambridge University Press, 1928, p. 156.

② J. R. Tanner, *English Constitutional Conflicts in 17th Century*, Cambridge: Cambridge University Press, 1928, p. 155.

③ J. R. Tanner, *English Constitutional Conflicts in 17th Century*, Cambridge: Cambridge University Press, 1928, p. 164.

④ J. R. Tanner, *English Constitutional Conflicts in 17th Century*, Cambridge: Cambridge University Press, 1928, p. 165.

12月,军政府颁布《政府约法》(Instrument of Government),建立护国政府,克伦威尔本人任"护国公"(Lord Protector of the Commonwealth of England, Scotland, and Ireland)。①《政府约法》被一些学者认为是英国历史上唯一一部实体宪法。但是"这一揽子计划,包括一个由高级军官享有决定权和永久优势的,强有力的执行机构,被证明不被乡绅阶层和城市商人们所接受,而这些人真正代表了下院议员的大多数"②。本质上,这种政体是一种军事寡头政体,克伦威尔无疑是"无冕之王",其专制性较之斯图亚特君主,似乎更胜一筹。为给专制披上民主的外衣,克伦威尔召集用以装饰门面的"贝尔邦议会"(Barebones Parliament),以取代残缺议会。他宣称:这个议会是"在上帝召唤下为他的统治而创建的"③。坦纳评论说:"军队赤裸裸地、公开地显示出它自己作为权力来源核心及作为政府唯一基础的地位。政府机构都已毁灭,军队领袖成为王国保留下的唯一权威。"④

1654年9月3日,新一届议会召开,但很快就和军队起了冲突。议会反对军队专权,要求修改《政府约法》,而军队不允许议会取得最高权力。⑤于是,议会于次年1月被克伦威尔强行解散。此后,为便于统治,他将全国划分为11个区,实行少将制度⑥,并进行一些清教式的社会和宗教改革。1656年9月,为开征税款,克伦威尔再次召开新议会,虽然他将主要反对者都排除出议会,但新议会仍对军政府持反对态度。议会以退为进,次年提出一份称为《谦恭请愿与建议》(The Humble Petition and Advice)的文件,内容包括:让克伦威尔进身为王,建立世袭王朝,建立"另一院"(the other House)。⑦议会意在恢复"王在议会"的传统,限制克伦威尔和军队的权力。⑧克伦威尔没有接受"国王"的称号,但实质上建立了新王朝。

1658年初,克伦威尔召集新一届议会,并建立实质就是"上院"的"另

---

① 关于《政府约法》的具体内容,参见 J. P. Kenyon, ed., *The Stuart Constitution: Documents and Commentary, 1603–1688*, Cambridge: Cambridge University Press, 1966, pp.342-248。

② F. N. Forman, *Constitutional Change in the United Kingdom*, London: Routledge, 2002, p.4.

③ John Spurr, *English Puritanism 1603–1689*, London: Macmillan, 1998, p.115.

④ J. R. Tanner, *English Constitutional Conflicts in 17th Century*, Cambridge: Cambridge University Press, 1928, p.166.

⑤ 钱乘旦、许洁明:《英国通史》,上海:上海社会科学院出版社,2002年,第167页。

⑥ 委任少将(Major-Generals)对包括宗教在内的地方事务实施具有军事专制色彩的管理。

⑦ P. L. Hughes & R. F. Fries, eds., *Crown and Parliament of Tudor and Stuart England, A Documentary Constitutional 1485–1714*, New York: G. P. Putnam's Sons, 1959, pp.244-246.

⑧ 钱乘旦、许洁明:《英国通史》,上海:上海社会科学院出版社,2002年,第168页。

一院",其成员基本都是克伦威尔的亲信。但出乎意料的是,新议会一经召开,两院就爆发激烈冲突,克伦威尔于1658年2月第三次解散议会。这样,克伦威尔建立在军事独裁统治基础上的宪政试验彻底失败。他于当年9月去世后留下"一个充满宪政危机和内战危险的家族权力"①。其子理查德·克伦威尔(Richard Cromwell,1626—1712年)被宣布为"护国公",并召开新议会。但这位年轻的护国公既缺乏管理作为统治支柱的军队的经验,②又无法"维系克伦威尔主义者(Cromwellians)、共和主义者、军官及下院议员之间的平衡"③。仅仅9个月,他就宣布退位。此后,英国再次陷入政治混乱,17世纪中期的这场宪政革命与试验走到尽头。

对于这场革命,从进程来说,各方力量"你方唱罢我登场",先是议会与军队的结盟战胜了专制王权,接着是议会独立派与军队合作抛弃了上院和其他派别,最后以军队建立军事独裁将革命推向异化而告终。从本质上来说,革命的进程越来越超出时代的诉求,最终被时代所抛弃。这样,在形式上,革命画了一个大圈又回到起点,人们被迫寻求一个传统政治中的合法者——国王来重建被革命打破的宪制。

从影响来看,尽管革命在形式上失败了,但是推动英国宪政发展向前迈出了坚实一步:首先,各种激进的政治思想在革命中逐一得到实践,却无一取得成功,这使英国人认清了古老宪政传统的价值和渐进式变革的重要性。其次,议会下院在革命中显示出强大的力量,成为政治舞台上的独立一极。再次,革命使人们对宗教冲突的后果有了更清醒的认识,宗教妥协遂成为革命后英国社会的主流意识。最后,普通法法院经历了革命洗礼,普通法法官和律师中的有识之士开始认真思考普通法与普通法法院的前途,提出了许多具有重要影响的司法改革主张,为光荣革命后普通法法院的发展和转型准备了条件。

二、普通法法院陷入混乱

专制王权的覆灭使"多年来一直压在法官头上的政治威胁不复存

---

① A. I. Macinnes, *The British Revolution 1629-1660*, New York: Palgrave-Macmillan, 2005, p.218.

② Mark Kishlansky, *A Monarchy Transformed Britain 1603-1714*, London: Penguin, 1997, p.217.

③ Barry Coward, *The Stuart Age: A History of England, 1603-1714*, London: Longman, 1980, p.235.

在"[1]，为普通法法院的改革与独立提供了一个契机，但取代王权据有最高权威的议会并没有给普通法法院的独立以足够的践行空间。相反，革命初步胜利后，长期议会各派很快陷入争斗，为达到各自目的，各派利用司法剪除异己，打击王权残余势力和其他派别，作为革命指导思想的"法律至上"与"法院独立"沦为空洞的口号。同时，由于革命前为国王专制服务的不光彩表现，普通法法院受到革命者的冲击，一度陷入混乱和无序的状态，先后依附于独立派控制的议会与军政府。"大空位时期"的议员詹姆斯·怀特洛克（James Whitelocke）针对当时普通法法院的混乱不无痛惜地指出："法庭不再是开放的，也并非法律职业者实践法律的地方。"[2]

革命初期，长期议会废除了特权法院，并中止了大法官法院的衡平司法工作，普通法法院成为司法救济的主要承担者。但在革命风暴的冲击下，普通法法院也陷入混乱，并一度处于瘫痪状态。

其一，普通法法院的正常司法工作难以维持。普通法法院法官在革命前已沦为专制王权得力的工具，备受民众诟病。革命开始后，议会对法官进行清算，因此导致普通法司法陷入混乱与无序，直接影响到革命初期正常司法工作的进行。"船税案"的审理法官们[3]首当其冲，遭到议会的弹劾。此外，民诉法院首席法官约翰·班克斯（John Banks）、陪审法官罗伯特·福斯特（Robert Foster）和王座法院陪审法官托马斯·马利特（Thomas Malet）也由于曾是坚定的专制王权拥护者而被议会弹劾。

由于议会的弹劾涉及三大普通法法院几乎所有法官，整个普通法法院几乎瘫痪。面对大量积压的诉讼案件，1642年10月，议会不得不又通过一项法令：除在此前一年被弹劾并在法庭中被逮捕的罗伯特·伯克利以外，王座法院其他法官暂时恢复原职。财税法院被弹劾的陪审法官托马斯·特雷弗被允许可以通过缴纳罚金保持自由，并恢复原职，他一度是财税法院唯一的法官。1645年9月，特雷弗因病无法继续履行法官职责，议会不得不任命另一个被弹劾的记录法官托马斯·利克（Thomas Leeke）接替他。理查

---

① 程汉大、李培锋：《英国司法制度史》，北京：清华大学出版社，2007年，第148页。

② Edward Foss, *The Judges of England*, Vol. VI, 1603-1660, London: Longmans, 1857, p.218.

③ 他们是掌玺大臣约翰·芬奇（John Finch）、王座法院首席法官约翰·布拉姆斯顿（John Bramston）、财税法院首席法官汉普莱·达文波特（Humphrey Davenport）、王座法院陪审法官罗伯特·柏克利（Robert Berkeley）和民诉法院陪审法官弗朗西斯·克劳利（Francis Crawley），以及财税法院陪审法官理查德·温斯顿（Richard Weston）和托马斯·特雷弗（Thomas Trevor）。

德·汤姆林斯(Richard Tomlins)则被任命为新的记录法官。①尽管如此,在相当长的一段时期里,三大普通法法庭的法官人数都不足额。

普通法法院的剧烈变动直接影响了司法工作的正常进行。这一时期频繁出现意外休庭及不符合司法正常规范的事件。内战期间,位于伦敦的议会与身处牛津的国王就司法问题展开斗争。1642年,国王下令从伦敦到约克的复活节和米迦勒节开庭期休庭,而议会宣布这是非法的。1643年,议会命令圣三一节休庭,但他们命令法官们在米迦勒节不休庭以应对来自牛津的任何令状;在1644年春季开庭期,议会发布命令,任何人传递国王的令状都将被起诉为间谍。但仍然有人以身犯险而被抓。②1643年,议会基于"目前的不稳定境况",禁止法官进行通常的四旬斋(Lent)巡回审判。之后,巡回法庭在两派军队的罅隙中进行了非常有限的日常性审判。不定期的开庭扰乱了正常的司法工作,而战争的持续进行也阻碍了人们寻求司法救济的积极性。怀特洛克曾在其1647年的日记中提道:在许多情况下,人们根本不愿或不敢前往法庭,"因此对于法官和律师来说,几乎无事可做"③。

共和国建立后,三大普通法法院再次经历动荡。由于国王被处决,王座法院被改名为"上座法庭"(Court of Upper Bench),与此同时,法官的就职宣誓中不再是"以国王的名义",而改为"以人民的名义"。对于这些变革,多数法官表现出抵触情绪,"国王作为司法权之源"的传统在英国存续了千年,作为英国法律传统的守护者,普通法法官拒绝接受这一变革也在情理之中。为表达对议会处死国王和干涉司法公正的不满,三大法庭各有两名法官拒绝宣誓并辞职。④

其二,由于国玺在1642年被掌玺大臣爱德华·利特尔顿(Edward Lyttelton)带离伦敦交给避居北方的查理一世,必须加盖国玺的司法令状无

---

① Edward Foss, *The Judges of England*, Vol. Ⅵ, 1603-1660, London: Longmans, 1857, pp. 216-217.

② Edward Foss, *The Judges of England*, Vol. Ⅵ, 1603-1660, London: Longmans, 1857, pp. 217-218.

③ Edward Foss, *The Judges of England*, Vol. Ⅵ, 1603-1660, London: Longmans, 1857, p.218.

④ 查理一世被处决后拒绝继续担任法官的有:王座法院陪审法官弗朗西斯·培根和萨缪尔·布朗(Samuel Browne);民诉法院陪审法官托马斯·贝丁菲尔德(Thomas Bedingfield)和理查德·克莱谢尔德(Richard Cresheld);财税法院陪审法官托马斯·特雷弗和爱德华·阿特金斯(Edward Atkyns)。

法签发。由于国玺并非丢失或毁坏,这种英国历史上首次出现的宪政问题使议会顾虑重重。这对于"无令状即无权利"的普通法来说,无疑斩断了普通法司法救济的"独木桥"。由于特权法院已被废除,而大法官法院的衡平司法也已中断,普通法法院几乎是唯一的救济途径。1643年7月,议会下院终于以微弱多数通过一项解决方案:"立即制作一个新的英格兰国玺以处理议会和王国的各项事务。"不幸的是,该提案未能获得保守的上院通过,此事又被拖延数月。直到1643年11月,两院才最终达成妥协,通过一项法令:"废除所有1642年5月22日以后由旧国玺签发的法令及以后签发的法令。[1]上下两院提供的新国玺即日生效,并由上下两院选出的六人委员会[2]负责保管"。[3]

　　同时,由于大法官职位空置,作为国玺掌管者的国玺委员会又经历多次变化,难以保持正常的令状签发秩序。自1643年新的国玺启用以来,仅被正式任命的国玺委任会就多达6个,还多次出现由一或两人临时保管的情况。国玺委员会的不断变动不仅影响了革命期间各项法令的颁行,而且直接影响了大法官法院签署司法令状的效率,从而阻碍了司法工作的正常运行。据统计,当1643年12月新国玺交付使用后,国玺委员会一次就签发超过500个令状以应对大量亟待解决的司法案件。1646年10月,由于两院陷入国玺应委托给谁的争论,当时有不少于8000个令状等待签发。[4]共和国初期,大法官法院的司法工作几乎完全中断。1653年,大法官法院有23000个案件悬而未决。[5]议员怀特洛克抱怨说:"大法官法院的事务到处都是麻烦,而没有任何人的案件最终得到判决。"[6]此外,大法官法院的内部

----

① 1646年6月,牛津城向议会军投降,旧的国玺和几个法庭的印玺被送往议会,并被立即击碎。

② 六人委员会包括肯特伯爵亨利·格雷(Henry Grey)、博林布鲁克伯爵、副检察官(solicitor general)奥利弗·圣约翰(Oliver St. John)、高级律师约翰·王尔德(John Wilde)、骑士塞缪尔·布朗(Samuel Browne)和爱德蒙·普里多(Edmund Prideaux)。索尔兹伯里伯爵威廉·塞西尔(William Cecil)在1646年7月3日取代已故的博林布鲁克伯爵。Edward Foss, *The Judges of England*, Vol. VI, 1603-1660, London: Longmans, 1857, p. 212.

③ Edward Foss, *The Judges of England*, Vol. VI, 1603-1660, London: Longmans, 1857, p.212.

④ Edward Foss, *The Judges of England*, Vol. VI, 1603-1660, London: Longmans, 1857, p.218.

⑤ Donald Veall, *The Popular Movement for Law Reform 1640-1660*, Oxford: Clarendon Press, 1970, p.33.

⑥ Edward Foss, *The Judges of England*, Vol VI, 1603-1660, London: Longmans, 1857, p.411.

组织也受到冲击,根据1655年5月2日的法令,作为大法官法院核心的12名主事官被削减为6人;另一重要部门六书记官则被降至3人。①但值得庆幸的是,在整个革命期间,大法官法院的卷档总管始终由威廉·伦索尔担任,这在一定程度上有助于大法官法院工作的连续性。

共和国时期普通法法院的运行相较于内战期间略有好转,但仍未恢复到完全正常的轨道中来,"人们对这一时期法庭的判决很不满意,常常深受司法拖延之苦"②。人们的抱怨是有充分理由的,议会被驱散后,司法事务曾中断一个月之久;所有四旬斋巡回审(the circuits for the Lent assizes)都被推迟或取消,清监巡回审也只在几个郡被授权给治安法官进行,而对于所有的民事案件根本无人问津;许多正常的开庭期也由于议会法令而被迫中断。长期议会复会后,三次以上的季审法庭被无故取消;正常的司法令状无处签发,正当的法律程序无处履行,巡回法庭也中止进行。③

总的来说,17世纪40年代的革命改变了早期斯图亚特王朝君主个人专制的局面,王权在战场上被击败,国王被送上断头台,长期议会一度确立起在王国的唯一主权。由于普通法法院在革命前对王权的唯命是从而成为革命的对象,因此在革命爆发后受到严重冲击,并一度陷入瘫痪。

第二节 普通法法院再度沦为政治工具

革命的二十年并没有使司法体系运转更好,尽管饱受诟病的特权法院被废除,大法官法院的司法工作被中止,失去了主要竞争对手的普通法法院理应得到极好的发展契机,但事实上普通法法院并没有迎来改革和扩张。并且,普通法法院也没有摆脱革命前的依附地位,而是沦为革命时期新强权(先后依附于长期议会、独立派和克伦威尔本人)的政治工具。革命以司法独立和司法公正为口号,却以司法体系陷入混乱,并屈从于新的强权。究其原因,主要有以下方面:

首先,革命期间各派势力的政治斗争更加激烈,都试图控制司法体系,运用司法手段打压政敌。议会在取得对专制王权的胜利后,上、下两院及

---

① Edward Foss, *The Judges of England*, Vol. Ⅵ, 1603-1660, London: Longmans, 1857, pp.401-402.

② Edward Foss, *The Judges of England*, Vol. Ⅵ, 1603-1660, London: Longmans, 1857, p.411.

③ Edward Foss, *The Judges of England*, Vol. Ⅵ, 1603-1660, London: Longmans, 1857, p.411.

下院各派别之间就对待国王的问题上发生严重的冲突。最终，下院中的独立派依靠军队力量，清除议会中的反对派。为打击国王及议会中的保王党，独立派主导的残缺议会强化对司法权的控制。他们打破传统，一方面以人民的名义废除存在数百年的上院，并清洗下院中以长老派为代表的政敌，建立独立派一家独大的一院制议会；另一方面清洗普通法法院，解职一批不信任的法官，重新委任一批更加顺从的，对于留任的法官则强制要求他们对议会宣誓。控制司法大权后，他们开始运用司法权对付政治对手——国王，独立派主导下的高等法庭审判并最终处死了国王。可以说，独立派及其主导的议会对司法体系的控制程度不亚于早期斯图亚特王朝君主。

克伦威尔建立护国政府后，对司法体系的控制也并未松懈。普通法法院法官的选任标准依据克伦威尔个人的好恶来决定。以上座法院为例，两任首席法官，亨利·罗尔（Henry Rolle）和约翰·格林（John Glynne）相继被迫辞职。陪审法官理查德·纽迪吉特（Richard Newdigate）因"不受克伦威尔喜欢"而被免除职务。①民诉法院和财税法院的情况也与上座法庭类似。例如，财税法院首席法官约翰·王尔德（John Wilde）在克伦威尔成为护国公后被无任何理由地解职。陪审法官弗朗西斯·索普（Francis Thorpe）被克伦威尔以"不服从命令"（non-compliance）为由解职。②可以肯定，克伦威尔通过控制司法权巩固专制统治的手段与早期斯图亚特君主如出一辙。

其次，议会与普通法职业者的联盟解体及议会的打压是造成普通法法院重陷依附地位的重要因素。革命爆发前，尽管大多数普通法法官屈服于国王的权威，但许多普通法职业者中的有识之士如科克等人转向同议会合作，希望将司法从专制王权的控制中解脱出来，实现司法独立的理想。议会和普通法职业群体之间的同盟无疑是在对抗专制王权的现实需要和对"法律至上"原则共同推崇的基础上形成的，两者的合作成为英国革命的力量基础。革命初期，普通法职业群体和议会在废除共同的敌人——特权法院的合作中取得成功。拉维尔指出："对于普通法职业者来说，它是一个竞争者；对于议会领导者来说，它是一个特权机构。两者都攻击行政性的特

---

① 纽迪吉特在克伦威尔死后被议会复职，后来升任首席法官。Edward Foss, *The Judges of England*, Vol. VI, 1603–1660, London: Longmans, 1857, p.400.

② Edward Foss, *The Judges of England*, Vol. VI, 1603–1660, London: Longmans, 1857, p.400.

权法院,尽管其动机截然不同。"①在两者共同努力下,1641年及其后的几项法令彻底废除了特权法院。

但在革命取得初步胜利后,普通法职业群体与议会之间存在的根本性冲突迅速瓦解了这一同盟。拉维尔指出:"对于同盟的双方来说,事实上,都存在一定程度上的对对方的欺骗。只有暂时的相互需求才能解释他们在17世纪早期的联姻。"②就普通法职业者来说,其支持议会的目的非常明确,那就是维护普通法的地位。正如科克所宣称的"国王在法律之下",他指的"法律"乃是"普通法",而非议会。科克认为:"普通法乃王国共同权利的源泉"③和"最高的理性"④。对于普通法与议会制定法的关系,他强调:"普通法能够审查议会法令,并可裁定其完全无效。"⑤这种理论赋予普通法司法审查功能和宪法性质。对于议会来说,它曾寄希望于普通法作为英国宪政的保护者,可以对王权设限,但在17世纪早期的案例中,普通法法官们不仅无法限制王权,而且还为王权的无限扩张提供法理依据。由此可见,"早在革命之前,议会就已放弃普通法限制特权的希望,做好准备通过自身立法权力来处理"⑥。同时,作为革命的主导者,议会在取得对王权的优势后,拒绝与普通法分享国家的最高主权,"议会相信普通法支持它的目的是为分享国家最高统治权(国家主权)",因而在"议会确实取消了特权法院后,它进一步宣称其高于普通法的至尊地位"。⑦

这样,议会与普通法之间短暂的联盟崩溃,议会取得国家的最高主权,不仅充当立法者,而且把持着行政和司法大权。普通法法院由于在早期斯图亚特王朝对王权的依附而遭到议会革命者的清算,新任的法官也不得不听命于议会。基佐为此指出:议会一经召开就显示出强大势头,"法官为自

---

① C. R. Lovell, *English Constitutional and Legal History*, Oxford: Oxford University Press, 1962, p. 325.

② C. R. Lovell, *English Constitutional and Legal History*, Oxford: Oxford University Press, 1962, pp. 324–325.

③ Edward Coke, *The Fourth Part of the Institutes of the Laws of England*, London, 1644, p.179.

④ Edward Coke, *The First Part of the Institutes of the Laws of England*, London, 1629, p.97.

⑤ Edward Coke, *The Eighth Part of the Reports of Sir Edward Coke*, London: Joseph Butterworth and Son, 1826, p. 118.

⑥ C. R. Lovell, *English Constitutional and Legal History*, Oxford: Oxford University Press, 1962, p. 325.

⑦ C. R. Lovell, *English Constitutional and Legal History*, Oxford: Oxford University Press, 1962, pp. 324–325.

己的安全害怕到发抖"①。1649年10月,议会还发布一项法令:"所有在此以前曾反对议会或依附和协助过敌人(指国王)的法官、律师、民法博士、检察官、法院主事等尽数逐出各自所在的法庭或部门,包括律师会馆、各法庭和公共部门等。"②这一法令掀起了攻击法律职业者的高潮。根据怀特洛克的记载:"人们再次提出法律职业者在过去的种种作为(指对王权的依附和支持),并认为法律职业者不适合成为议会成员。"③

最后,普通法法院自身的问题是导致其无法在革命期间自立自强的重要原因。一方面,普通法法院及其法官群体的力量非常弱小。革命爆发后,普通法法院并没有获得任何政治保障,法官任免,甚至工资都受制于议会。并且,法官群体数量不多,在革命的冲击下,他们完全不具备保持自身正常运转的力量。另一方面,革命期间普通法职业者内部也发生严重分化。其中一方继续捍卫作为司法权源泉的王权,企图维系王权控制下的传统司法体系,其在法官中的代表就是随同国王北上的大法官利特尔顿和在查理一世被处死后三大法院中辞职的6名法官。另一方则与革命者为伍,依靠革命力量奉行激进的司法改革主张,其代表是马修·黑尔和威廉·谢泼德(William Sheppard)等人。两派之间就司法改革问题发生激烈争论。总体来说,对于多数普通法职业者来说,他们既主张对司法制度进行温和的改革,又支持维护司法体系的稳定。此外,普通法律师群体的保守性也是法律改革的重要障碍。④卡内冈进一步指出:普通法律师们认为"改革有损于他们的利益"⑤。

正是基于上述原因,革命期间的普通法法院并未一扫革命前屈从于专制王权的"阴霾"。相反,在革命的洪流中,普通法司法体系一度陷入混乱,成为议会各派和后来的军政府争夺和利用的政治工具。总之,革命年代尽管充满了司法改革与独立的种种思潮和美好愿景,但在现实中无疑又是一

① [法]F.基佐:《一六四〇年英国革命史》,伍光建译,北京:商务印书馆,1986年,第110—111页。

② Edward Foss, *The Judges of England*, Vol. Ⅵ, 1603–1660, London: Longmans, 1857, pp.411–412.

③ Edward Foss, *The Judges of England*, Vol. Ⅵ, 1603–1660, London: Longmans, 1857, p.412.

④ Donald Veall, *The Popular Movement for Law Reform 1640–1660*, Oxford: Clarendon Press, 1970, pp.226–227.

⑤ [比]R.C.范·卡内冈:《法官、立法者与法学教授》,薛张敏敏译,北京:北京大学出版社,2006年,第77页。

个震荡和挫折的时代。

第三节 普通法法院的改革及其影响

都铎王朝大法官法院的兴起与特权法院的扩张深刻改变了英国司法体系内部的格局,衡平法院崛起为一支与普通法法院并驾齐驱的司法力量。尽管以王座法院为先导的普通法法院的自救改革暂时挽救了普通法的颓势,但经历早期斯图亚特王朝王权的打压,普通法法院自中世纪以来具有的相对独立性丧失,沦为政治强权的政治工具。爱德华·科克等普通法法官开始思考普通法与普通法法院的未来,提出了一些推动普通法法院改革与独立的主张,并成为1640年英国革命期间司法改革思想的重要源头。不过,革命尽管推翻了压在普通法法院头上的王权这座大山,但并未使其获得期望的独立。

随着革命初步胜利后议会内部的分裂及军队势力的扩张,革命初期的一些改革思想并未来得及付诸实施。克伦威尔统治时期,司法改革的呼声再次高涨,为此,司法改革委员会成立,但短命的护国政府还没来得及践行自己的主张(当时也不具备实现这些主张的社会条件)就被复辟的王朝彻底推翻。毋庸置疑,普通法法院的依附地位并未改变,只是依附的对象经历了变化,其在英国政治架构中仍然不是独立的。但无论如何,普通法法院的某些方面,特别是在克伦威尔统治时期的一系列改革试验中,还是有一些具有现代意义的改革主张孕育而生,并最终汇入此后英国司法现代化转型的潮流之中。

首先,作为普通法法院竞争对手的特权法院被彻底废除,为此后普通法法院的独立及其在英国司法体系中主体地位的进一步确立奠定了基础。1641年7月5日,长期议会通过法令,取消星室法院、北方委员会和威尔士边区法庭等特权法院,并剥夺了谘议会在民事和刑事诉讼上的司法权力。① 谘议会的司法管辖权通过一个特殊的法令被置于王座法院和民诉法院之下。② 另一个法令废除了广受诟病的高等教务法庭,并宣布撤销伊丽莎白一世《至尊法》中关于组建该法庭的法令,使之丧失了合法性,并规定

① 17 Cha. I, c. 10, in S. R. Gardiner, ed., *The Constitutional Documents of Puritan Revolution 1628-1660*, Oxford: Clarendon Press, 1889, p.106.

② 17 Cha. I, c. 11, in J. R. Tanner, *English Constitutional Conflicts in 17th Century*, Cambridge: Cambridge University Press, 1928, p.98.

"不允许再组建享有类似高等教务法庭权威和司法权的新法庭"①。恳请法院作为大法官法院的次级机构在1640年被取消。②

取缔特权法院，一方面使普通法法院确立其在英国司法体系中的主体地位，从而"对整个英国法的未来发展产生深远影响"③；另一方面，特权法院被议会以法令形式取消后，即形成一种被广为接受的宪政传统和普遍共识，即基于国王个人特权建立的特权法院是专制主义的标志和工具，任何企图建立类似法庭的行为都是对英国宪政传统的挑战。正是基于这一共识，复辟时期，詹姆斯二世曾试图重建基于国王个人特权的宗教法庭，遭到普遍攻击，成为光荣革命的导火索之一。

其次，改革法官薪酬制是革命期间议会领导下取得的另一项重要改革成果。固定的司法工作收入是法官独立最基本的保障之一。革命期间，议会对普通法法官的薪酬制度进行改革，规定法官和国玺委员会委员的工资固定在年薪1000镑，由关税收入予以支付。为保证法官工资的发放，1648年10月19日，议会还发布一个强制性命令：立即支付所有应付款项，并在将来准时支付工资。④此外，为防止法官像此前一样经常利用职务之便收受贿赂，1652年1月27日，议会通过一项法令规定：法官禁止通过自己或属下获得任何工资以外的酬金及额外收入。⑤上述改革一方面可以有效防止法官假借各种名义收取诉讼者的贿赂；另一方面也使法官作为一种职业拥有固定且较高的收入，为法官追求司法独立提供了物质保障。

最后，共和国与克伦威尔时代的司法改革试验虽大多未能持续，但对光荣革命后普通法法院司法独立与司法制度现代化具有非常重要的意义。这一时期的司法改革体现了清教徒对于司法民主化和大众化的主张。1649年，王权的废除引发了空前高涨的司法改革运动。在出版限制取消

---

① S. R. Gardiner, ed., *The Constitutional Documents of Puritan Revolution 1628-1660*, Oxford: Clarendon Press, 1889, p. 112; J. R. Tanner, *English Constitutional Conflicts in 17th Century*, Cambridge: Cambridge University Press, 1928, pp.98-99.

② 16 Cha. I, c. 10, in Edward Foss, *The Judges of England*, Vol. VI, 1603-1660, London: Longman, Brown, Green, Longmans, & Roberts, 1857, p.210.

③ Jennifer Carter, "Law, Courts and Constitution", in J. R. Jones, ed., *The Restored Monarchy 1660-1688*, Totowa (N. J.): Rowman and Littlefield, 1979, p.85.

④ Edward Foss, *The Judges of England*, Vol. VI, 1603-1660, London: Longmans, 1857, p.218.

⑤ Edward Foss, *The Judges of England*, Vol. VI, 1603-1660, London: Longmans, 1857, p.401.

的情况下,大量的小册子在社会上发行,人们沉浸在一种激进的革命狂欢之中,一切旧的传统都成为批判对象,"所有旧的偶像都被打倒,对传统的质疑扩大到法律和司法中来"。流行在军队中的一本名为《士兵教义问答》(The Soldier Catechism)的小册子宣称:"传统的法院司法已经堕落为不公正和邪恶的地方。"[1]在这种情况下,活跃在政治和社会改革舞台上的各个派别提出了不同的司法改革主张。

大体说来,这一时期的改革者主要分为两大类。一类是激进改革派,一类是温和派。激进改革派的基本主张是废除以普通法法院为主体的传统司法体系,建立新体系。其一,平等派主张"废除整个普通法,取而代之的是一本用平民英语写成的袖珍法律辞典,司法工作由平民自己组织法庭执行"[2]。其二,掘地派的主张比平等派更激进,不仅要求彻底废除普通法司法体系,而且与平等派强调"提高陪审团权威"不同,他们对陪审制度也不信任。平等派与掘地派的观点反映了下层民众对传统司法体系弊端的强烈不满,试图以民主化的大众司法取代普通法司法制度。其三,民法职业群体,代表人物是乔治·科克尔(George Cocke)和罗伯特·怀斯曼(Robert Wiseman)等人。他们认为,民法体系因其明确的法律条文更容易被大众理解和运用,而普通法的不成文特性使之为专业普通法职业者所垄断。科克尔提出民法和普通法都应在司法中拥有不可或缺的地位,而怀斯曼则提倡完全废除普通法,而以民法取而代之。[3]

激进派的大多数主张并未获得议会认可,但其司法大众化的改革思想还是获得强烈反响。其中,将普通大众都能够理解的英语引入司法活动的愿望得以实现。自中世纪以来,英国官方法律用语为拉丁语和法语,其中拉丁语在法庭记录中使用,法语在诉讼过程中使用。[4]在1651年复活节审判中,上座法庭(即原王座法院)率先使用英语诉讼。此后,这一被认为是

---

① Donald Veall, *The Popular Movement for Law Reform 1640-1660*, Oxford: Clarendon Press, 1970, p.73.

② J. H. Baker, *An Introduction to English Legal History*, London: Butterworths, 1979, pp.184–185.

③ Donald Veall, *The Popular Movement for Law Reform 1640-1660*, Oxford: Clarendon Press, 1970, p.98.

④ Donald Veall, *The Popular Movement for Law Reform 1640-1660*, Oxford: Clarendon Press, 1970, p.31.

"最伟大、最有意义"①的改革被推广到其他法庭。对于普通民众来说,法律语言变换为他们熟知的英语,使法律和司法蜕去了神秘色彩,有助于人们更便捷的理解和运用法律维护自身的利益。

另一类是温和派,他们主张对以普通法法院为主体的传统司法体系进行内部改造。温和派的主体是普通法职业群体中的改革派,如约翰·库克、威廉·谢泼德和马修·黑尔等人,他们继承了科克等人的改革思想,寄希望于在普通法体系内部实现司法独立和公正。17世纪50年代,议会委任黑尔组建了一个司法改革委员会②,其宗旨是"对法律进行民主化改造"③。改革的内容主要包括:简化中间程序(mesne process);废除法律拟制;建立地方法院体系以处理小型诉讼;组建法律援助制度,为穷人提供免费法律服务;制定明确的法律取代法官心中的普通法原则;取消债务监禁;引进民事婚姻和土地登记制度;废除教会什一税等。④贝克指出:这一委员会主要由法律专业人士组成,他们从专业角度进行了广泛讨论,因而在诸多改革派中"最有分量"⑤。

当然,除了上述改革派之外,顽固守旧派也在争论中占有一席之地。他们坚决反对一切对传统司法制度的改革,其代表人物是赖斯·沃恩(Rice Vaughan)、弗朗西斯·怀特(Francis Whyte)、艾伯塔斯·沃伦(Albertus Warren)、威廉·普林(William Prynne)、费边·菲利普斯(Fabian Philipps)和威廉·阿什赫斯特(William Ashurst)等人。唐纳德·维尔指出,他们代表了"除黑尔外所有威斯敏斯特诸法院法官的态度"⑥。事实上,法官群体的确在司法改革中充当了反对者角色。1649年,由于国王被处决,王座法院改名

---

① Edward Foss, *The Judges of England*, Vol. VI, 1603—1660, London: Longmans, 1857, p.412.

② 该委员会创建于17世纪50年代,由残缺议会任命的8名普通法律师和13名世俗人士组成,多数成员属温和派,主张在维护传统普通法法院体系的基础上进行改造。Mary Cotterell, "Interregnum Law Reform: the Hale Commission of 1652", *English Historical Review*, No.83, 1968, pp.689—704.

③ [比]R. C. 范·卡内冈:《法官、立法者与法学教授》,薛张敏敏译,北京:北京大学出版,2006年,第76页。

④ J. H. Baker, *An Introduction to English Legal History*, London: Butterworths, 1979, p.185;
[比]R. C. 范·卡内冈:《法官、立法者与法学教授》,薛张敏敏译,北京:北京大学出版社,2006年,第76页。

⑤ J. H. Baker, *An Introduction to English Legal History*, London: Butterworths, 1979, p.185.

⑥ Donald Veall, *The Popular Movement for Law Reform 1640—1660*, Oxford: Clarendon Press, 1970, p.99.

为"上座法庭",同时,法官的就职宣誓中的"以国王的名义"改为"以人民的名义"。对于这些变革,法官群体表现出强烈的抵制态度,先后有6名法官宣布辞职。

从本质上说,革命期间的普通法法院改革体现了英国民权、民主运动的发展,提出的改革措施主要是对早期斯图亚特王朝为人诟病的普通法法院进行民主化与大众化的改造,使法律不再为统治者和法律职业者垄断。这些改革虽然由于不具备宪政基础和社会土壤而无法取得成效,但其思想意义却是深远的。

综合来讲,在近代早期英国普通法法院转型的道路上,由于政治发展的动荡,普通法法院先后沦为专制王权和革命期间强权的政治工具,丧失了中世纪以来的相对独立性。尽管如此,在普通法职业群体中的有识之士努力下,司法现代化改革的思潮仍不断孕育和发展,并在某些方面取得一定进展,为17世纪后期的转型准备了必要条件。

第五章 复辟王朝普通法法院的依附与进步

　　1640年革命对普通法法院造成严重冲击。革命初期,维护司法公正和独立一度是革命口号,但汹涌的革命浪潮很快陷入议会和军队各派争夺权力的旋涡之中。特权法院的废除和大法官法院司法职能的被迫中断,使普通法法院承担起司法救济的主要责任,但内战中长期议会的打压和对法官的弹劾使普通法司法体系几近瘫痪。直到共和国时期和克伦威尔治下,普通法法院的司法工作才有所恢复,但革命初期建立公正、独立的普通法法院的愿望并没有实现,长期议会和克伦威尔先后取代王权驯服普通法法院为其提供政治支持。革命以取消专制王权,实现民主公正为终极目的,结果却创造了新的强权,普通法法院仍受制于强权的控制,个中原因值得深思。但值得庆幸的是,尽管遭遇了半个世纪的挫折和震荡,但普通法法院还是在困境中取得了一些影响深远的进步。

　　复辟王朝的政治现实在表面上与革命前有诸多相似。一方面是君主不断强化专制,企图撇开议会,建立个人统治;另一方面是议会千方百计地限制王权。王权与议会的冲突仍然是英国政治舞台上的主要矛盾。革命期间,在议会和护国政府主导下进行的司法改革几乎全部被废除,除特权法院被废除没有恢复外,大法官法院与普通法法院又回到17世纪初对王权的依附状态。不过与早期斯图亚特王朝不同的是,英国政治和社会土壤已被二十年的革命深深改变,特别是革命给英国留下一个更具活力的议会和在革命风暴中威严扫地的王权。因而普通法法院尽管仍不得不仰王权鼻息,但议会主导的各项司法改革仍为此后的发展奠定了坚实基础。复辟王朝普通法法院的发展正是在这样一个背景之下。

第一节 王朝复辟与普通法法院的重建

　　革命没能解决早期斯图亚特王朝政治发展的困境,从议会专权到军队专制,英国人民没有得到宪政民主、信仰自由和社会稳定。归根结底,17

世纪的英国还不具备建立一个民主共和国的土壤。对暴力革命的恐惧、对军事独裁的厌恶促使人们迎回被推翻的斯图亚特王朝。历经二十年的大众革命尽管没有找到解决宪政问题的可行路径,但也留下了宝贵的遗产。正是在被革命耕耘过的政治和社会土壤之上,议会才能够最终在17世纪末以不流血的方式进行一场新革命。

1660年2月,驻苏格兰军区司令乔治·蒙克(George Monck)率领一支并不庞大的军队轻易进入伦敦,把"普莱德清洗"中失势的长老派重新请了回来,两者联手结束了长期议会,标志着1640年以来持续二十年的革命宣告结束。通过《布列达宣言》(Declaration of Breda)给予反对查理一世的人以保障后,查理二世重返英格兰。至此,英国各大政治力量就王朝复辟问题达成妥协。[1]1661年5月,查理二世重新召开议会,充当复辟马前卒的长老派并没有获得期望的政治利益,而是再度被排挤在外。[2]由于新议会的成员大多是王党分子和国教徒,这届议会也被称为"骑士议会"(Cavalier Parliament)。关于革命的结果,福曼认为:"1640—1660年的英格兰发生剧烈变动,但却不算是一场'大革命'(Great Revolution)。这些年里产生了一些重大的、最终汇入1688—1689年宪政的重要内容,但也留下一些未完成的问题,这些问题不得不在威廉三世(1689—1702年在位)及安妮女王(1702—1714年在位)时期解决。"[3]的确如此,尽管革命期间做了许多宪政试验,但这一时期的制度创举都因无法解决政治危机而告失败,王权不得不再次被请回来。

复辟王朝建立在革命的废墟之上,对其政治发展的评价,在学者之间存在较大分歧。宪政主义学者总是强调复辟时期政治状况的种种弊端,认为复辟并没能解决王权与议会的冲突,两者在王室官员、财政和军事控制权及外交等方面的持续冲突仍然继续。[4]马克思主义史家的观点更具批判性,克里斯托弗·希尔认为复辟时期的政治发展根本上就是"反革命、反民

---

① F. N. Forman, *Constitutional Change in the United Kingdom*, London: Routledge, 2002, p.4.

② J. 斯帕尔指出:"长老派不仅丧失了建立一个修正的长老制国教的最后机会,而且也丧失了政治上的主动权。" John Spurr, *English Puritanism 1603-1689*, New York: St. Martin's Press, 1998, p. 129.

③ F. N. Forman, *Constitutional Change in the United Kingdom*, London: Routledge, 2002, p.4.

④ Jennifer Carter, "Law, Courts and Constitution", in J. R. Jones, ed., *The Restored Monarchy 1660-1688*, Totowa (N. J.): Rowman and Littlefield, 1979, p. 71.

主"的。①而如卡罗琳·罗宾斯等学者对上述两种观点持有异议,她认为"复辟象征了一个与光荣革命同样重要的宪政解决"②。凯尼恩强调,复辟初期政治状况是基于现实主义的,缺乏"复仇性",并非是对革命的完全否定。他认为:1660年《赔偿和赦免法》(Act of Indemnity and Oblivion)③原谅了除弑君者以外的其他所有人,仅仅施加三年特别税收作为对过去二十年间权利受损害者的补偿。这些税收设定为侵害他人利益的绅士阶层每人10镑,低于这一等级者每人2镑,"这确实是一种显而易见地对革命影响的掩饰"④。

无论如何,英国革命延续了二十年,整整一代人是在革命的洪流中度过的,其间,专制国王被处决、共和国建立、护国政府建立专制统治,一系列宪政改革和试验不断上演。对专制主义的憎恶、对暴力革命的排斥、对议会权力的信赖,以及各种各样的宪政思潮和改革成果都构成这场革命的遗产。从某种程度上,学者詹尼弗·卡特的说法是有道理的,她认为:"1660年前长达二十年的宪政和法律试验并非雁过无痕,查理二世是克伦威尔的'继承者',正如克伦威尔继承了查理一世一样。"⑤的确,复辟王朝暂时性地实现了"复辟宪政解决"(Restoration Settlement)。

首先,相较于早期斯图亚特王朝,议会的权力大大巩固。查理二世是在复会的长期议会的支持下复辟的,议会的支持是其王位合法性的基础,因而他不可能像他的父亲那样抛开议会自行其是。因而相对于早期斯图亚特王朝,"复辟时期的议会权力得到进一步巩固"⑥。查理二世就权力分配问题与议会达成妥协。一方面,诚如詹尼弗·卡特指出的:"在内战前被查理一世接受的变革现在都被永久性地融合进英国宪政。其中最重要的一点是国王未经议会同意,无法增加税收。"另一方面,国王对议会的召集和解散之权受到制约。1664年重申的《三年法案》确立议会至少每三年要

---

① Christopher Hill, *Reformation to Industrial Revolution*, *1530–1780*, New York: Pantheon Books, 1967, p. 110.

② Caroline Robbins, *The Eighteenth-Century Commonwealthman*, Cambridge: Cambridge University Press, 1959, p. 24.

③ 12 Cha. II, c. 11.

④ J. P. Kenyon, ed., *The Stuart Constitution 1603–1688*, *Documents and Commentary*, Cambridge: Cambridge University Press, 1966, p. 362.

⑤ Jennifer Carter, "Law, Courts and Constitution", in J. R. Jones, ed., *The Restored Monarchy 1660–1688*, Totowa (N. J.): Rowman and Littlefield, 1979, p. 73.

⑥ F. N. Forman, *Constitutional Change in the United Kingdom*, London: Routledge, 2002, p.4.

召开一次。事实上,至1681年以前,议会每年都召开。议会召开的常规化,进一步强化了议会的政治地位。

其次,党派斗争日益成为英国政治舞台上的主要内容。复辟时期,整个英国社会都在朝向理性主义和现实主义的方向发展。人们不再热衷于宗教冲突,清教运动渐渐退出历史舞台,在天主教伺机复辟的时候,曾经的清教徒转而支持国教徒,建立了"新教联盟"。[1]在政治方面,党派精神从革命的废墟中成长起来。正如爱德华·福斯所说:"当查理二世复辟之时,人们兴奋地迎接旧秩序。但当一切平静下来,'反抗的精神'慢慢复兴.'顽固的特权支持者'与'大众权利的暴力党人'再次相互争斗。"[2]双方以"辉格"(Whig)和"托利"(Tory)来戏谑地称呼对方。在因查理二世之弟、约克公爵詹姆斯的王位继承问题而引发的"排斥危机"中,托利党和辉格党逐渐成形,在英国政治斗争的舞台上开启了英国政党政治的萌芽。

最后,渐进改革、妥协折中式的政治发展道路萌芽。革命虽然留下了政治遗产,但也留下了暴力和恐惧的阴影。复辟王朝一方面继承了更强有力的议会,以及克伦威尔改进过的财政、军事机构和地方政府;[3]另一方面利用人们对内战和社会秩序崩塌带来的恐惧来巩固自己的统治,消除革命期间的激进主义。正是在此基础上,复辟王朝初期确保了政治稳定性,并奠定此后英国政治发展的一条基本模式,即避免暴力革命,尽力"将冲突维持在政治层面"上。这也是"英国的中央政府经历了两次王朝变迁(1688年和1714年),甚至是面对1688年革命和外国入侵的时候,其地方行政、法律和税收仍能继续运转"[4]的根本原因。

总之,1660年斯图亚特王朝的复辟绝非简单地对早期斯图亚特王朝政制的复制,而是继承了1640年以来革命留下的宪政遗产。议会借助革命和复辟王朝的政治妥协确立了自中世纪以来就一直争取的权力,而王权一方面由于议会地位的提升而受到削弱,另一方面也由于革命中共和主义的失败而奠定了其在英国宪制中不可或缺的地位。这些政治遗产继承自革命,也深深地影响着此后数个世纪英国政治发展的基本走向。普通法法

① 邵政达、姜守明:《英国清教运动衰亡原因探微》,《学海》2016年第5期。

② Edward Foss, *The Judges of England*, Vol. VII, 1660-1714, London: Longman, Brown, Green, Longmans, & Roberts, 1864, p. 2.

③ Jennifer Carter, "Law, Courts and Constitution", in J. R. Jones, ed., *The Restored Monarchy 1660-1688*, Totowa (N. J.): Rowman and Littlefield, 1979, p. 73.

④ Jennifer Carter, "Law, Courts and Constitution", in J. R. Jones, ed., *The Restored Monarchy 1660-1688*, Totowa (N. J.): Rowman and Littlefield, 1979, p. 71.

院正是在这一背景下进入一个挫折与进步并举的新时期。

斯图亚特王朝复辟后,英国的普通法法院恢复到革命前的状态,但保留了革命的一些成果。复辟之后,查理二世并没有重建革命初期被长期议会废除的特权法院,反而在1660年又通过法令(12 Cha. II, c. 24)进一步废除国王的王室征发权(purveyance)、军事保有权和监护法庭。这一做法清晰地表明,复辟王朝并没有致力于恢复早期斯图亚特王朝君主的特权。与此同时,普通法法院的司法工作全面复苏。由此,普通法巩固了革命期间的一大成果——"对国王特权的胜利"①。

普通法对国王特权的胜利产生了另外三点影响:其一,这一胜利同样是普通法职业者对民法职业者的胜利。民法职业者虽然人数不多,但因其与王权的紧密关系,在英国法律体系中享有特殊地位。②普通法对特权的胜利使他们的地位迅速下降。③其二,斯图亚特王朝复辟后普通法的胜利巩固和确立了英国法律体系与大陆法律体系并驾齐驱、各自发展的模式。④其三,在早期斯图亚特王朝被破坏的普通法法院的相对独立性再次得到确立。就这一点来说,"查理二世与各个政治派别就司法应保持独立是有相同意见的,他们同样希望找到纯洁、博学的人来充当法官"⑤。这样,以法官的"品行端正"(quamdiu se bene gesserit)作为选任标准的传统重新回到英国司法领域中来,曾在革命年代的"大空位时期"任职的法官恢复原职就是最好的例证。⑥

综合看来,斯图亚特王朝复辟之初,普通法法院处于这样一种状况:一方面,特权法院被取缔,普通法法院进一步巩固了自己在司法体系中的主体地位;另一方面,普通法法院恢复了中世纪以来就具有的相对独立性。这样,王权与普通法法院及议会三者之间在一定程度上重新恢复了政治层

---

① Jennifer Carter, "Law, Courts and Constitution", in J. R. Jones, ed., *The Restored Monarchy 1660-1688*, Totowa (N. J.): Rowman and Littlefield, 1979, pp. 84-85.

② 根据B. P. 莱瓦克的统计,在詹姆斯一世和查理一世时期,普通法职业群体与民法职业群体的人数比例约为10比1。B. P. Levack, *The Civil Lawyers in England: A Political Study, 1603-1641*, Oxford: Clarendon Press, 1973, pp. 3, 201.

③ 直到19世纪英国新一轮司法改革中,民法职业者的地位才逐步恢复。

④ Jennifer Carter, "Law, Courts and Constitution", in J. R. Jones, ed., *The Restored Monarchy 1660-1688*, Totowa (N. J.): Rowman and Littlefield, 1979, pp. 85-86.

⑤ Edward Foss, *The Judges of England*, Vol. VII, 1660-1714, London: Longman, Brown, Green, Longmans, & Roberts, 1864, p. 3.

⑥ 主要包括马修·黑尔、爱德华·阿特金斯(Edward Atkyns)和约翰·格林(John Glynne)三人。

面上的平衡协作、互不干涉的关系。但不可否认的是，复辟初期普通法法院与王权的这种和谐关系仅仅是王权在革命的余威之下主动收敛的结果，而限制王权干涉司法事务的制度保障其实并没有建立。因而在这种表面的和谐下，隐藏着普通法法院再次沦为专制王权政治工具的危机。

第二节 复辟王权对普通法法院的控制

复辟王朝普通法法院的相对独立性并没有维持多久。关于这一转向的时间，学者们有不同的观点。爱德华·福斯认为，1667年大法官克拉伦敦伯爵的下台是查理二世司法政策的转折点。[①]他指出："直到1667年克拉伦敦伯爵解职之前，法官都是称职且受人尊敬的。但在查理二世统治后期，法官中的党派精神引发的暴力逐渐加重，当有法官忤逆国王意志，这些法官会被毫不犹豫地解职，尽管他们都是非常诚实正直的人。同时，那些擅于附和王命和众意的人则得到升迁，他们很可能成为统治者的有力工具。"[②]

哈维格斯特则认为："1676年著名的普通法学家、王座法院首席法官马修·黑尔离开司法界是查理统治政策的转折点。此前，国王对司法的政治压力始终是轻微的，法院的司法受人尊敬。此后，王权的压力加强，与此同时，法院的司法质量持续下降。"[③]

詹姆弗·卡特提出了第三种看法：查理二世在1672年发布的《信仰自由宣言》（Declaration of Indulgence）引发了国王与普通法法院的首次冲突，成为查理二世干涉普通法法院司法权的开端。[④]卡特的观点是有一定依据的。在该宣言中，查理表示要将宗教自由扩大到本王国境内外的一切不从国教者，即包括新教和天主教徒，停止惩罚背离国教的行为和执行相应的

---

① 爱德华·海德（Sir Edward Hyde）在1660年以大法官身份陪同查理二世一同回国复辟，成为复辟时期第一位大法官，后来被封为克拉伦敦伯爵。他是王党分子的领袖，1667年被议会弹劾，随后流亡海外。

② Edward Foss, *The Judges of England*, Vol VII, 1660-1714, London: Longman, Brown, Green, Longmans, & Roberts, 1864, pp. 3-4.

③ A. F. Havighurst, "The Judiciary and Politics in the Reign of Charles II", in *Law Quarterly Review*, LXVI, 1950, p.229.

④ Jennifer Carter, "Law, Courts and Constitution", in J. R. Jones, ed., *The Restored Monarchy 1660-1688*, Totowa (N. J.): Rowman and Littlefield, 1979, p. 76.

刑法。①这是查理二世利用法律中止权变更现有法律,试图复兴天主教的策略。以民诉法院陪审法官约翰·阿切尔爵士(Sir John Archer)为代表的普通法法官群体与议会站在一起,反对国王行使这一特权。最终,查理二世收回宣言,普通法维系了对国王法律特权的胜利。但查理二世利用手中的法官任免权在1675年阻碍了呼声最高的约翰·阿切尔担任民诉法院首席法官,而选择了自己的亲信、原首席检察官弗朗西斯·诺思(Sir Francis North)。②这一事件是查理二世干涉普通法法院司法的初步尝试。

无论如何,查理二世在统治后期对普通法法院的控制逐步加强。这样,复辟初期根据"品行端正"选任法官的标准重新被"国王个人意志"(durante bene placito)取代。国王利用对法官任免权的控制挑选顺从者,将忤逆王命者解职。通过统计可知,查理二世在1676至1683年的8年间解除了11名法官的职务,并强迫2名法官退休。③其中最典型的例子是王座法院首席法官斯克罗格斯(Sir William Scroggs),他通常被认为是一个"趋炎附势之徒"。在1678年11月至1679年2月的"天主教阴谋案"(Case of Popish Plot)④中,他打着维护国王利益的旗帜实施"粗暴的反天主教主义"。他宣称:"自己是独立司法的,不受任何来自政治家、公众和国王的政治压力

---

① Andrew Browning, ed., *English Historical Documents 1660-1714*, London: Taylor & Francis Routledge, 1996, p. 77.

② Jennifer Carter, "Law, Courts and Constitution", in J. R. Jones, ed., *The Restored Monarchy 1660-1688*, Totowa (N. J.): Rowman and Littlefield, 1979, p. 87.

③ 这11人为大法官或掌玺大臣:沙夫茨伯里伯爵(Earl of Shaftesbury)安东尼·阿什利(Anthony Ashley)、奥兰多·布里奇曼(Sir Orlando Bridgeman),首席法官:理查德·雷恩斯福德(Sir Richard Rainsford)、威廉·斯克罗格斯(Sir William Scroggs)、弗朗西斯·彭伯顿(Sir Francis Pemberton),陪审法官:约翰·阿切尔(John Archer)、维尔·伯蒂(Vere Bertie)、弗朗西斯·布拉姆斯顿(Francis Bramston)、威廉·多尔宾(William Dolben)、威廉·艾利斯(William Ellis)、威廉·王尔德(William Wilde)。罗伯特·阿特金斯(Robert Atkyns)和威廉·利克(William Leeke)二人则是被查理二世强迫退休的。Edward Foss, *The Judges of England*, Vol. VII, 1660-1714, London: Longman, Brown, Green, Longmans, & Roberts, 1864, p.4; A. F. Havighurst, "The Judiciary and Politics in the Reign of Charles II", in *Law Quarterly Review*, LXVI, 1950, p. 247.

④ 该案起因于提图斯·奥茨(Titus Oates)指控王后凯瑟琳(Queen Catherine of Braganza)的内科医生乔治·韦克曼(Sir George Wakeman)试图下药毒死查理二世。韦克曼最终被宣判无罪。

的影响。"①但是由于查理二世对天主教徒的偏袒,他最终在1681年被国王解职。

另一个因唯王命是从而得到晋升的典型法官是乔治·杰弗里斯。他在1683年被查理二世提拔为王座法院首席法官,随后被册封为杰弗里斯伯爵(Baron Jeffreys of Wem),他是英国历史上第一位在普通法法院法官的任上被册封的贵族。②杰弗里受到国王赏识应始于他在审理"黑麦堡阴谋案"(Case of Rye House Plot)中逢迎国王意志的表现。该案起因于一群极端的辉格派成员企图在赫特福德郡(Hertfordshire)霍斯登东北部的一处中世纪城堡——黑麦堡行刺途经于此的查理二世及约克公爵詹姆斯。这一计划是否存在并没有足够的证据,但查理二世依然决定严惩嫌犯。阿尔杰农·西德尼(Algernon Sidney)和威廉·罗塞尔(William Russell)等人被以叛国罪逮捕。在审判罗塞尔时,由于所有证据都是基于传言,负责审理该案的王座法院首席法官弗朗西斯·彭伯顿(Francis Pemberton)倾向于认为罗塞尔等人无罪。但被激怒的国王立即将彭伯顿解职,并任命杰弗里斯为首席法官。杰弗里斯唯王命是从,裁定罗塞尔有罪。对于西德尼,最主要的证据是他的一本未出版的草稿中有关于共和主义的内容,但杰弗里斯逢迎国王的意志,基于"写出来即等于实施"(to write is to act)的可怕逻辑,想当然地判定其为有罪。杰弗里斯任职法官期间对国王的逢迎和个人在司法活动中的劣迹不胜枚举。詹尼弗·卡特为此指出,杰弗里斯"代表了斯图亚特法官中最坏的法官,不仅仅是因为他缺乏法律才能,更是因为他在法庭中使用的威逼、恐吓手段,以及报复性和投机取巧的机会主义"③。

詹姆斯二世上台后,对普通法法院的控制和干涉更甚。相对于其兄的温和,詹姆斯是一个更有野心和宗教偏执的人,他对法官的控制更加肆无忌惮,"他全然不顾公众感情,竭力破坏法官的独立性,即使他们只是最轻微地忤逆了他的意志,他也会毫不犹豫地解除他们的职务,从而大大削弱

---

① J. P. Kenyon, *The Popish Plot*, New Haven: Phoenix Press, 1972, pp. 117-118; Jennifer Carter, "Law, Courts and Constitution", in J. R. Jones, ed., *The Restored Monarchy 1660-1688*, Totowa (N. J.): Rowman and Littlefield, 1979, p. 88.

② Edward Foss, *The Judges of England*, Vol. VII, 1660-1714, London: Longman, Brown, Green, Longmans, & Roberts, 1864, p.206.

③ Jennifer Carter, "Law, Courts and Constitution", in J. R. Jones, ed., *The Restored Monarchy 1660-1688*, Totowa(N. J.): Rowman and Littlefield, 1979, p.90.

法官应有的正直与诚实"①。在他不足4年的统治期间,有12名法官被解职。②并且,在他逃亡海外时三大中央法庭任职的10名法官中,只有3人是查理二世去世时留任的,③另外7人都是詹姆斯二世委任的新法官。④正是通过其手中的任免权,普通法法院被詹姆斯二世塑造成为"斯图亚特王权的代言人"⑤。

　　詹姆斯二世时期普通法法院充当国王特权工具的案例有很多,其中最具代表性的是1686年"戈登诉黑尔斯案"(*Godden v. Hales*)。该案起因于詹姆斯二世任命天主教徒黑尔斯为军官,但黑尔斯并没有放弃天主教信仰。根据1673年的《宣誓法》(Test Act 1673),任何在英国担任公职者必须宣誓承认国王至尊的地位(supremacy),并否定天主教的"变体说"(Transubstantiation)等内容。⑥这意味着,黑尔斯拒绝放弃天主教信仰而担任公职是非法的。黑尔斯的仆从戈登出于个人利益控告黑尔斯的违法行为。该案被提交到王座法院,黑尔斯不得不寻求詹姆斯二世的法律赦免权,并得到国王批准。庭审中,包括首席法官爱德华·赫尔伯特(Edward Herbert)在内的11名法官都支持国王的赦免权,只有法官托马斯·斯特里(Sir Thomas Street)对此持否定态度。最终,法庭判定黑尔斯无罪。法官们还对国王赦免权提出法理辩护:"第一,英国国王是最高统治者;第二,英国法律即是'国王的法律'(king's laws);第三,基于必要的理由对特别的案件实施赦免权是王权不可分割的部分;第四,国王是对实施赦免权与否的必要性和理

① Edward Foss, *The Judges of England*, Vol. Ⅶ, 1660-1714, London: Longmans, 1864, pp.200-201.

② A. F. Havighurst, "James Ⅱ and the Twelve Men in Scarlet", in *Law Quarterly Review*, LXIX, 1953, p.522; Edward Foss, *The Judges of England*, Vol. Ⅶ, 1660-1714, London: Longmans, 1864, pp.200-201; W. S. Holdsworth, *A History of English Law*, Vol. Ⅵ, London: Methuen & Co. Ltd., 1924, p.510.

③ 即爱德华·阿特金斯(Sir Edward Atkyns)、托马斯·斯特里特(Sir Thomas Street)与罗伯特·怀特(Sir Robert Wright)。

④ 罗伯特·鲍多克(Sir Robert Baldock)、爱德华·赫尔伯特(Sir Edward Herbert)、托马斯·詹纳(Sir Thomas Jenner)、爱德华·勒特威奇(Sir Edward Lutwyche)、托马斯·鲍威尔(Sir Thomas Powell)、约翰·罗瑟拉姆(Sir John Rotheram)与托马斯·斯特林格(Sir Thomas Stringer)。

⑤ Jennifer Carter, "Law, Courts and Constitution", in J. R. Jones, ed., *The Restored Monarchy 1660-1688*, Totowa (N. J.): Rowman and Littlefield, 1979, p.86.

⑥ 《宣誓法》全文,参见 G. B. Adams & H. M. Stephens, eds., *Select Documents of English Constitutional History*, New York: Macmillan, 1919, pp.436-439。

由唯一的判定法官;第五,国王这一赦免权并非是人民赋予国王的,而是国王权威和特权的古老传统,从来没有被剥夺过,也不能被剥夺。"[1]

普通法法院的法官对国王法律赦免权的支持使国王特权取得暂时胜利,并大大助长詹姆斯二世恣意侵蚀法律权威的气焰。对于这一时期普通法法官的职业道德及个人品德,我们还可以从詹姆斯二世时期最受人诟病的实权人物、大法官乔治·杰弗里斯对克拉伦敦伯爵说的话中看出来。他说,这些由他本人推荐或参与任命的法官,"大多数都是流氓(rogues)"。光荣革命后,由于恶劣的行径及对詹姆斯二世暴行的支持,这些法官全部被解职,其中至少有6人被排除在威廉和玛丽的议会颁布的《赦免法》(Act of Indemnity)之外。[2]

对于普通法法院司法中的另一重要部分——陪审团来说,国王也加强了控制。根据传统,陪审员应该由富有的自由土地保有者担任,议会立法(16 and 17 Cha. II, c. 5)规定:这些自由土地保有者的年收益必须达到20镑以上。但在实际司法中,或者是国王通过支持王权的治安法官挑选顺从王权的陪审员,或者是反对专制王权的治安法官挑选同样反对王权的陪审员,"陪审员总是与治安法官志趣相投"[3]。这样,伴随着国王对治安法官控制力度的加大,陪审员也越来越多地由王党分子组成。这一时期的许多司法大案中,都出现罔顾事实、完全顺从王意或法官意见的陪审团。例如在1679年"天主教阴谋案"中判定乔治·韦克曼无罪的陪审员就并非是独立行使陪审员权力的。也正因此,他们受到公众舆论的强烈谴责,甚至不得不"因恐惧公众的暴动而从各自家中逃亡"[4]。当然,伴随着对陪审员独立裁定的法律和制度的完善,这一时期也涌现出许多不畏强权的陪审团,后文会有详述。

普通法法院从复辟之初的相对独立到再度依附王权,这种转变的背后有着多重原因。从王权的角度来讲,斯图亚特王权在从与议会达成政治妥协转向加强专制统治的过程中,强化对司法的控制无疑是重要手段。查理二世复辟之初,为维护复辟王朝的政治稳定,与议会确立了政治妥协和政治

---

① Andrew Browning, *English Historical Documents 1660-1714*, London: Taylor & Francis Routledge, 1996, p. 83.

② Edward Foss, *The Judges of England*, Vol. VII, 1660-1714, London: Longmans, 1864, p.201.

③ Jennifer Carter, "Law, Courts and Constitution", in J. R. Jones, ed., *The Restored Monarchy 1660-1688*, Totowa(N. J.): Rowman and Littlefield, 1979, p.92.

④ J. P. Kenyon, *The Popish Plot*, New Haven: Phoenix Press, 1972, p.177.

宽容原则。随着复辟王朝地位的巩固，为复兴天主教并加强个人专制，他意图效法早期斯图亚特王朝君主的做法，强化对司法权的利用与干涉，打击政治反对派。从普通法法院法官的角度来讲，"复辟时期法官职位自身的天然属性决定了他们无法独立于王权。从身份上讲，他们仍是国王的仆从，而不是独立的法官"[1]。的确如此，复辟时期的法官与斯图亚特早期的法官一样缺乏独立司法的保障：一方面法官的任免权仍然掌握在国王手里；另一方面，"司法权源于国王"的古老传统限制了他们的独立性。

基于以上两点原因，查理二世统治后期和詹姆斯二世统治时期，普通法法院再次陷入与早期斯图亚特王朝相似的境地。普通法法院法官不仅成为国王特权的代言人，而且他们还成为国王强化对地方有效统治的重要力量。革命前，巡回法官在奔赴地方前，都会前往星室法院或枢密院接受国王训令。复辟时期，虽然星室法院已不存在，但普通法法院法官仍必须在进行巡回审前觐见国王并接受指示，除了负责以王权名义进行的司法工作，他们还须为国王收集各郡政治事务的信息。[2]

当然，由于复辟王朝与早期斯图亚特王朝相比，政治、社会及经济等各方面已经发生较大变革，因此普通法法院的生存与发展状况也并非完全一致。一方面，"国王很难找到足够多顺从的人选填补这么多的司法职位"[3]，因而复辟时期仍然存在许多捍卫司法公正和独立的优秀法官。如前文提到的民诉法院法官约翰·阿切尔在查理二世行使法律中止权时明确地反对国王的意愿。另一方面，复辟时期的普通法法官除受到王权随时解职的威胁外，还受到公共舆论的谴责、议会的批评和弹劾两个因素制约。一个典型例子是王座法院首席法官斯克罗克斯在1679年"天主教阴谋案"中宣告乔治·韦克曼无罪后，被一群民众追打，所乘马车里甚至被扔进一条死狗。次年，下院又成立委员会对其提出弹劾。[4]

总的来说，复辟时期正值普通法法院实现历史性转型的前夜，受制于传统和现实两方面的因素，虽然王权的控制仍然难以摆脱，但议会的制约

---

① Jennifer Carter, "Law, Courts and Constitution", in J. R. Jones, ed., *The Restored Monarchy 1660-1688*, Totowa (N. J.): Rowman and Littlefield, 1979, p. 88.

② Jennifer Carter, "Law, Courts and Constitution", in J. R. Jones, ed., *The Restored Monarchy 1660-1688*, Totowa (N. J.): Rowman and Littlefield, 1979, p. 88.

③ Jennifer Carter, "Law, Courts and Constitution", in J. R. Jones, ed., *The Restored Monarchy 1660-1688*, Totowa (N. J.): Rowman and Littlefield, 1979, p. 87.

④ Jennifer Carter, "Law, Courts and Constitution", in J. R. Jones, ed., *The Restored Monarchy 1660-1688*, Totowa (N. J.): Rowman and Littlefield, 1979, pp. 87-88.

与专制王权自身的危机已使这种控制逐渐力不从心。

第三节 议会支持下普通法法院的改革

尽管复辟王朝的普通法法院仍难以摆脱王权的控制,但仍在议会支持下完成了一系列进步改革,为光荣革命后普通法法院完成初步转型奠定了基础。

复辟王朝在英国法律发展史中的地位,一直是法律史家争论的问题。一些辉格派史家将复辟王朝与早期斯图亚特王朝并列为英国法律史上的黑暗时代。哈丁强调,1640—1660年的革命是英国法律现代化改革"错失的机遇",而复辟政府将所有的成就全部抹去。[①]对这一时期普通法职业者的政治角色,一些学者也颇有微词,如哈维格斯特指出:"普通法法院法官不去思考如何改进僵化偏狭的司法机构和程序,而是在变动的政治局势中摇摆逢迎,他们对法律改革几乎没有贡献。"[②]另一些学者则提出不同意见,如霍尔兹沃思认为,17世纪英国的法律改革是连续性的,复辟时期并非是英国这一改革进程的断层。他指出:"如果注意到革命期间确实实施的改革而非仅仅列入改革计划中的内容,那么几乎所有改革都在复辟后确立。"[③]

客观上讲,复辟王朝君主对普通法法院的控制,的确阻碍了英国法律现代化的进程,对革命期间各项司法改革计划的否定也突显了保守主义立场。一个典型的例子是被詹尼弗·卡特称为"一个很小但相当重要的倒退"是普通法法院用语的英语化改革被废除。[④]查理二世复辟后,骑士议会颁布的第一批法令中就有一项(12 Cha. II, c. 3)规定普通法法院使用英语只能持续到1660年8月1日。[⑤]拉丁语和诺曼法语再次成为英国司法的官方

① Alan Harding, *A Social History of English Law*, London: Penguin, 1966, pp. 226-227.

② A. F. Havighurst, "The Judiciary and Politics in the Reign of Charles II", in *Law Quarterly Review*, LXVI, 1950, pp. 251-252.

③ W. S. Holdsworth, *A History of English Law*, Vol. VI, London: Methuen & Co. Ltd., 1924, p.527.

④ Jennifer Carter, "Law, Courts and Constitution", in J. R. Jones, ed., *The Restored Monarchy 1660-1688*, Totowa (N. J.): Rowman and Littlefield, 1979, p. 81.

⑤ 英国法律诉讼使用英语直到乔治二世时期才最终以法令(4 Geo. II. c.26; 5 Geo. II. c. 27)的形式确立。Edward Foss, *The Judges of England*, Vol. VII, 1660-1714, London: Longman, Brown, Green, Longmans, & Roberts, 1864, p. 1.

语言。对这一改革的废除无疑给非法律专业人员造成困难，进而"强化了法律的严酷性"①。

复辟之初，议会与君主在法律改革方面的保守主义立场是一致的，但查理二世在统治后期强化君主特权，并控制普通法法院的做法，推动了议会积极地寻求改革。由此，尽管受到王权制约，但在议会的主导下及部分普通法职业者的通力合作下，普通法法院的改革还是取得了许多重要成果。

首先，正当法律程序原则初步确立，国王特权对民众人身安全的肆意侵犯受到限制。复辟之前，向王座法院申请"人身保护令"以获取保释是民众用以保护人身自由与安全的一项重要刑事司法程序。民众可以向普通法法院申请依据正当司法程序审理案件，并由法庭判定是否有罪以及拘禁是否合法。但这种司法救济程序也存在着许多弊病。例如，普通法法院可以借口休庭期而拖延发布该令状，这在国王对法院施压的情况下将使其救济功能大大弱化。此外，该令状对于是否可以帮助犯人从一个羁押地移送到另一个的规定也不清晰。复辟时期，议会下院先后在1668、1669—1670、1673—1674、1675及1676—1677年的议会开会期讨论改进这一程序。

1679年，议会最终通过《人身保护法》（*Habeas Corpus Act*）。梅特兰将这一法令的主要内容总结如下："除非明确犯有叛逆罪或重罪，否则即使是休庭期间，任何被羁押者也都可以获得人身保护令状，没有及时签发该令状的大法官或其他法官都将被以失职之名罚款500镑；监狱长应在最短时间内对羁押理由做出书面回应，否则将受刑罚；任何人都不得被关押在王国以外的监狱，否则以蔑视王权罪论处；因叛逆或重罪被羁押者有权要求尽快审理案件；对违反此法的法官或监狱长的处罚将以债务的形式交给被羁押者，这样即使是国王也无法赦免。"②这一法令的主要功能包括两点：其一，以法律的形式将这一保护民众自由的司法惯例确立起来；其二，对其程序中的缺陷予以改进，特别是以处罚性的措施反制法官在休庭期拒绝发布该令状的规定。③除了改进司法程序中对民众人身安全的保护措施，议会又于1677年通过《防止欺诈与伪证法》（Act for the Prevention of Frauds and

---

① J. P. Kenyon, ed., *The Stuart Constitution: Documents and Commentary, 1603-1688*, Cambridge: Cambridge University Press, 1966, pp.426, 433.

② F. W. Maitland, *The Constitutional History of England: A Course of Lectures Delivered*, Cambridge: Cambridge University Press, 1965, p. 315.

③ Jennifer Carter, "Law, Courts and Constitution", in J. R. Jones, ed., *The Restored Monarchy 1660-1688*, Totowa (N. J.): Rowman and Littlefield, 1979, p. 84.

Perjuries)①对法律证据制度等方面进行了改革。

其次,法官与陪审团的司法豁免权得到一定保障,作为普通法法院司法程序最关键环节的陪审团审判实现初步独立,通过控制陪审团以干涉司法公正与独立的做法受到限制。司法豁免权是法官和陪审团独立的重要条件,即免除法官或陪审团在诉讼中的个人责任。②英国普通法司法中的陪审制度源于中世纪封建体系下的"同侪审判"原则,早在《大宪章》中就有规定。英国陪审制度确立于亨利二世时期的司法改革,霍尔兹沃思对这一制度非常赞赏,认为它比"人身保护令"更能保护臣民的权利。③但自16世纪以来,在普通法司法实践中,陪审团常常无法独立地进行案件裁决,而是被迫听从法官的意见。如果做出相反的裁断,他们会受到法庭的恐吓与刑罚,如使用罚款和监禁等手段迫使他们屈服。④这在17世纪普通法法院受控于国王的背景下,成为普通法法院难以实现司法独立的重要障碍之一。复辟时期,陪审制度的弊端更是暴露无遗。

针对法官逼迫陪审员的行为,1667年,下院成立专门委员会调查最受时人诟病的王座法院首席法官约翰·基林(John Kelyng),他在巡回法庭任职期间以罚款和监禁的手段逼迫陪审员服从其判决意见。调查结果显示,基林法官在萨莫塞特郡(Somersetshire)和德文郡(Devonshire)的巡回法庭中的确曾强迫陪审员按照他的意见做出裁定。⑤调查委员会建议议会对基林法官进行弹劾,上院受理该案。在审判中,基林法官对下院专门委员会的调查指控——进行辩驳,并提出一些地方陪审员并不坚持公正和良心裁决案件的事例,如他指出在德文郡的陪审团坚持判定一位严酷伤害学徒并致其死亡的监督管理者(supervisor)为过失杀人(manslaughter)而不是谋杀。

议会最终做出如下判决:一是此后的司法审判中对陪审员使用罚款和监禁等手段迫使他们做出裁决的行为是违法的,议会将提交一份防止日后类似事情发生的法案进行讨论;二是对于首席法官基林将不再做进一步的

---

① 29 Cha. II. c. 3.

② Robert Stevens, *The Independence of the Judiciary: The View from the Lord Chancellor's Office*, Oxford: Clarendon Press, 1993, p. 5.

③ W. S. Holdsworth, *Some Lessons from Our Legal History*, New York: Macmillan, 1928, p.75.

④ Jennifer Carter, "Law, Courts and Constitution", in J. R. Jones, ed., *The Restored Monarchy 1660–1688*, Totowa(N. J.): Rowman and Littlefield, 1979, p.89.

⑤ 关于调查委员会的调查结果,参见 J. P. Kenyon, ed., *The Stuart Constitution: Documents and Commentary, 1603–1688*, Cambridge: Cambridge University Press, 1966, pp.426–427。

审判和处罚。①不久,下院提交了一份旨在保护陪审团的法案,但没有获得通过。不过,议会在审判基林法官中表明的意见为陪审团制度的改进奠定了基础。该案中,上议院最终驳回了下议院弹劾基林法官的请求。这一案件开创了陪审团和法官各自享有司法豁免权的先例。

1670年的"布谢尔案"(Bushell's Case)最终确立陪审员不应因与法官意见相左而受处罚的司法先例。该案起因于林肯律师会馆学员威廉·佩恩(William Penn)与商人威廉·米德(William Mead)参与贵格会教徒(Quakers)布道集会,伦敦当局将他们逮捕并提交到伦敦中央刑事法庭(Old Bailey Sessions)审判。以爱德华·布谢尔(Edward Bushell)为首的12人陪审团拒绝裁定两被告有罪,违背了法官的意见。对此,法庭对他们处以监禁并罚款40马克。陪审团遂向王座法院申请"人身保护令",民诉法院受理了这一案件。王座法院首席法官约翰·沃恩(John Vaughan)宣称法官不能因为陪审团成员的判决意见而惩罚他们,除非有犯罪的确切证据。他还明确提出:尽管陪审团应该以法庭中出示或听到的证据为导向,但他们可以基于他们对案件事实的认识做出决定。②

沃恩法官的意见得到多数法官的支持,从而确立了陪审团免受因案件裁决受处罚的司法先例。对于这一先例确立的意义,学者们有不同的看法。詹尼弗·卡特认为:"这一司法先例防止了对于陪审员监禁和罚款的惩罚,但却无法停止法官对陪审团的恐吓手段。"③梅特兰则认为"布谢尔案"中陪审员的胜利使"违背法官的指示做出相反裁定的陪审员不再受到处罚的原则已经完全确立"④。

同时,在该案中,民诉法院还明确驳回了布谢尔等人对伦敦刑事法庭法官在司法活动中错误行为的起诉。至此,长期争论不休的陪审团和法官的司法豁免权最终确立。这一成果推动了法官和陪审团的独立,对于保障普通法法院的司法权独立具有十分重要的意义。

---

① 首席法官基林的自我辩护及议会的判决内容,参见 J. P. Kenyon, ed., *The Stuart Constitution: Documents and Commentary 1603-1688*, Cambridge: Cambridge University Press, 1966, pp. 427-428。

② 关于该案的审理及法庭的判决,参见 Carl Stephenson & F. G. Marcham, eds., *Sources of English Constitutional History*, New York: Harper & Row, 1937, pp. 577-579。

③ Jennifer Carter, "Law, Courts and Constitution", in J. R. Jones, ed., *The Restored Monarchy 1660-1688*, Totowa (N. J.): Rowman and Littlefield, 1979, p. 89.

④ F. W. Maitland, *The Constitutional History of England: A Course of Lectures Delivered*, Cambridge: Cambridge University Press, 1965, p. 316.

最后,作为国王干涉普通法法院司法事务两大"武器"——法律赦免权和法律中止权受到限制。就前者来说,国王作为国家元首拥有一定的法律赦免权本身是不受争议的,即使是现代国家的国家元首一般也拥有一定范围的赦免权力。复辟时期,最大的争议是关于国王赦免权的范围问题,这也一直是国王与议会之间冲突的焦点问题之一。一般来讲,涉及公共利益或大范围内行使这一权力会招致议会和法院的抗议。例如,为保护英国商业利益,17世纪中后期,英国多次颁布《航海条例》(Navigation Act)。对于这一条例的常规内容,国王有权特许某些商人不受该法律约束,议会对此不予反对。但议会明确申明对1668年《航海条例》中关于"禁止进口爱尔兰牲畜"的规定不适用法律赦免权。下院认为:赦免权不可在有损公共利益的案件中使用,已经是被普遍接受的法律意见,这种进口是"一种对公众利益的损害"(a public and common nuisance),因而不得在涉及这一问题的案例中使用赦免权。①

对于天主教徒的赦免权问题反映了议会对国王法律赦免权在敏感事务适用范围上的限制。曾协助查理二世在沃尔塞斯特战役(Battle of Worcester)中逃离的天主教徒获得查理二世的法律赦免权,不受复辟时期宗教法律的限制,但议会只能容忍这种赦免权的行使范围针对一小群人。②1685年,詹姆斯二世任命90名天主教徒为军官,并利用法律赦免权免除《宣誓法》中对他们必须放弃天主教信仰的限制。议会无法接受国王这种大范围行使赦免权的行为,对此提出严正抗议和批评。在冲突愈演愈烈的情况下,詹姆斯二世宣布解散议会。次年,这一问题再次因"戈登诉黑尔斯案"成为焦点。前文已经提到,法官在王权的压力下支持了国王法律赦免权。尽管国王取得暂时胜利,但在议会的领导下,反对国王赦免权的呼声越来越高,一方面迫使詹姆斯二世不得不对该特权的使用有所收敛,另一方面也为光荣革命后废除该特权奠定了舆论基础。

就法律中止权来说,相对于国王的法律赦免权,这一特权对于法治的伤害更大,议会限制这一特权的态度更加鲜明。复辟时期围绕这一特权的争议主要涉及宗教问题。复辟后,查理二世与议会达成的政治妥协否定了

① Jennifer Carter, "Law, Courts and Constitution", in J. R. Jones, ed., *The Restored Monarchy 1660–1688*, Totowa(N. J.): Rowman and Littlefield, 1979, p. 76.

② Jennifer Carter, "Law, Courts and Constitution", in J. R. Jones, ed., *The Restored Monarchy 1660–1688*, Totowa (N. J.): Rowman and Littlefield, 1979, p. 76.

天主教徒的合法性。①随着复辟王朝的巩固,查理二世逐渐开始同情并倾向于复兴天主教,1672年提出的《信仰自由宣言》是他企图利用法律中止权恢复天主教合法性的尝试。这一次尝试的失败,使议会意识到国王中止权的巨大危害。1673年2月,议会针对此特权通过一项决议:涉及宗教事务方面的法律不能被议会以外的权力所中止。②次月,在议会的压力下,查理二世取消了宣言,议会限制国王中止权的努力获得一次胜利。此后,议会先后在1673、1678年两次通过《宣誓法》限制国王复兴天主教的图谋。查理二世始终没能突破议会的限制,"法律中止权在合法性上非常含糊,尽管它在事实上并不违法,但从未将争议提交到法院中裁定"③。

詹姆斯二世上台后,试图完成其兄未实现的目标。他于1687年发布新《信仰自由宣言》,表示要给予本王国范围内包括天主教和非国教徒在内的基督教各教派充分的宗教自由,并向他们开放政府官职。P. 厄尔指出:国王推动的宗教宽容,"实质上是国王对天主教徒赏赐的礼物"④。次年,他再次发布一份《信仰自由宣言》,利用法律中止权废除此前关于宗教问题的法律,并严令主教在所有国教教堂必须连续两个礼拜天宣读这份文件。⑤他的这一行径激起轩然大波,并引发"七主教案"(Case of the Seven Bishops)。以坎特伯雷大主教为首的七位主教联名向国王递交"七主教请求书"(Petition of the Seven Bishops),他们"谦卑而诚挚地"恳请国王收回成命,并申明他们不会违背良心和法律,以及国王无权废除议会通过的法律。⑥詹姆斯二世并不理会,反而以诽谤政府罪(seditious libel)将他们投入伦敦塔。1688年6月"七主教案"在王座法院审理,首席法官罗伯特·赖特

---

① 国教徒控制下的"骑士议会"于1661—1665年间连续通过了一系列对非国教徒的排斥性法律,合称为《克拉伦敦法典》(Code of Clarendon)。其中包括:《市政法》(The Corporation Act)、《宗教集会法》(The Conventicle Act)、《五英里法》(The Five Miles Act)和《信仰划一法》等。

② 下院对国王《信仰自由宣言》的回复,参见 J. P. Kenyon, ed., The Stuart Constitution: Documents and Commentary, 1603-1688, Cambridge: Cambridge University Press, 1966, pp.409-410。

③ Jennifer Carter, "Law, Courts and Constitution", in J. R. Jones, ed., The Restored Monarchy 1660-1688, Totowa (N. J.): Rowman and Littlefield, 1979, pp. 76-77.

④ Peter Earle, The Life and Times of James II, London: Weidenfeld & Nicolson, 1972, p.163.

⑤ Andrew Browning, ed., English Historical Documents 1600-1714, London: Taylor & Francis Routledge, 1996, p 83.

⑥ P. L. Hughes & R. F. Fries, eds., Crown and Parliament of Tudor and Stuart England, A Documentary constitutional, 1485-1714, New York: G. P. Putnam's Sons, 1959, p. 299.

爵士(Sir Robert Wright)被坎贝尔勋爵称为"英国法庭上出现过的最卑下的恶棍"①。他完全遵从国王的意志,指示陪审团裁决七名主教有罪,但法官们的强大压力下,陪审团没有做出妥协,最终裁决七主教无罪。②这样,国王利用特权中止或废除议会法令的企图失败。丹宁勋爵盛赞勇敢的陪审团"拯救了英国宪法"③。

从以上几点不难看出,复辟时期的法律已朝近代转型的方向迈出坚实步伐。国王的法律赦免权和中止权作为王权控制司法的重要手段,尽管没有完全取缔,但在议会、普通法职业群体等力量的共同努力下对其做出了必要限制,大大减轻了国王肆意行使特权的程度;以《人权保护法》的颁布为代表的司法程序上的进步在保护民众人身自由和财产安全方面发挥了重要作用;陪审制度的发展以陪审团获得初步独立地位为标志,不仅迈出了陪审制度现代化的关键一步,而且推动了整个普通法司法体系获得独立的进程。这样一来,尽管君主特权依然是法律的主要敌人,但其行动受到了法律限制。

总之,复辟时期议会、王权与普通法法院三者的关系看似回到革命以前的状态,但王权的强势地位已经频现危机。一方面,普通法法院的独立仍然缺乏必要的政治保障,自查理二世后期以来重新沦为君主加强个人专制统治的工具。另一方面,在议会和普通法职业群体共同反对王权控制普通法法院司法的斗争中,对国王特权的限制和对普通法司法制度的改进等方面取得重要进步。这些进步,构成了光荣革命后英国普通法法院转型得以实现的重要步骤和必要条件。

---

① Lord Campbell, *The Lives of the Chief Justices of England*, Vol. II, London: John Murray, 1849, p.104.

② "七主教案"的审判经过,参见 J. P. Kenyon, ed., *The Stuart Constitution: Documents and Commentary, 1603-1688*, Cambridge: Cambridge University Press, 1966, pp.442-447。

③ [英]丹宁勋爵:《法律的未来》,刘庸安、张文镇译,北京:法律出版社,2011年,第59页。

第六章 光荣革命后普通法法院的改革与独立

普通法法院在复辟王朝完成的一系列进步改革,特别是对国王法律特权的限制、陪审团的初步独立与正当法律程序原则的确立等,为普通法法院的独立与司法制度现代化奠定了基础。但由于复辟时期国王凌驾于法律之上的特权并未废除,普通法法院的独立与转型仍面临不可逾越的障碍。1688年的光荣革命及其后一系列议会立法的出台才解决了这一问题,从而为近代早期英国普通法法院转型的实现开辟了道路。

第一节 光荣革命与英国政治转型

光荣革命是英国宪制发展史上的里程碑。关于光荣革命爆发的原因,爱德华·福斯认为:"在导致这一结果的众多原因中,最重要的是詹姆斯二世无视法律与王国的宪政。"[1]琼斯指出:"为追求不切实际的、天主教英格兰的幻想,詹姆斯二世挥霍掉了自己本就不多的政治资本。"[2]从某种程度上可以说,光荣革命是詹姆斯二世逆历史发展潮流企图恢复查理一世专制主义而引发的革命。诚如福曼所说:"斯图亚特王朝复辟以来,宪政发展也一直艰难地朝向君主立宪和议会政府的方向前进。当詹姆斯二世企图通过重建个人专制统治和罗马天主教而往回拨转时针时,议会领导者进行了一次应急而有效的行动,这是(1640年革命以来)宪政冲突的又一次大爆发。"[3]

1679年,以沙夫茨伯里伯爵(Earl of Shaftesbury)为首的辉格派议员第一次提出《排斥法案》(The Exclusion Bill),即排斥查理二世的弟弟——天

---

① Edward Foss, *The Judges of England*, Vol. VII, 1660–1714, London: Longmans, 1864, pp. 200–201.

② J. R. Jones, "The Later Stuart Monarchy", in J. R. Jones, ed., *The Restored Monarchy 1660–1668*, Totowa (N. J.): Rowman and Littlefield, 1979, p. 45.

③ F. N. Forman, *Constitutional Change in the United Kingdom*, London: Routledge, 2002, p. 5.

主教徒约克公爵詹姆斯的王位继承权。①但该法案遭到议会中丹比伯爵（Earl of Danby）为首的托利派议员的反对，最后以查理二世解散议会而失败。次年辉格派又再次提出该法案，并在下院通过，但因上院的否决再次流产。1681年辉格派第三次提出《排斥法案》，但旋即因查理二世解散议会而失败，且此后查理二世未再召开过议会。②这场革命之所以能以不流血的方式完成，《排斥法案》的失败恰恰起到积极推动作用。其原因在于：正是这一法案的失败，詹姆斯二世得以顺利登上王位，开启他四年倒行逆施的暴政。他的统治以充分的事实"证明了他偏执和专制的倾向，在将英国民众的自由、信仰甚至将生命安全置于危险境地的同时，失去了一切政治力量的支持"。福斯指出："对于英国来说，《排斥法案》未获得通过是幸运的。如果这一法令成功的话，那必将重启一场可怕的内战。"③

詹姆斯二世登上王位后，立刻开始重建个人专制和复辟天主教的计划。一方面，他公然绕开议会，在和平时期引入军事法律（martial law）④，并大肆封赏宠臣为政府大臣和法官。另一方面，他企图推翻一个多世纪以来英国宗教改革的成果，复辟罗马天主教。他两次发布《自由信仰宣言》，打着信仰自由的名号，试图给予天主教徒合法地位，甚至公然违背1673年的《宣誓法》（Test Act），委任天主教徒为政府官员甚至是法官；他还无视议会立法中禁止建立类似高等教务法庭的明确规定，⑤悍然将教会的管理权交给一个七人委员会，并授予他们剥夺圣职和革除教籍的大权。梅特兰一针见血地指出："他的目的几乎无须掩饰，那就是强行复辟罗马天主教。"⑥

对詹姆斯二世的普遍不满为一场不流血的革命做了充分准备。主导议会的辉格派和托利派抛开异见，达成一致意见，共同迎接詹姆斯二世的女儿玛丽与其丈夫荷兰执政威廉为英国国王。詹姆斯二世逃亡海外，英国

---

① P. L. Hughes & R. F. Fries, eds., *Crown and Parliament of Tudor and Stuart England*, *A Documentary constitutional 1485-1714*, New York: G. P. Putnam's Sons, 1959, pp.285-286.

② 钱乘旦、许洁明：《英国通史》，上海：上海社会科学院出版社，2002年，第180页。

③ Edward Foss, *The Judges of England*, Vol. Ⅶ, 1660-1714, London: Longman, Brown, Green, Longmans, & Roberts, 1864, p. 200.

④ Edward Foss, *The Judges of England*, Vol. Ⅶ, 1660-1714, London: Longman, Brown, Green, Longmans, & Roberts, 1864, pp.200-201.

⑤ 1641年7月5日，英国通过一系列法令废除星室法院、高等教务法庭等特权法院，并明令今后禁止组建类似法庭。

⑥ F. W. Maitland, *The Constitutional History of England: A Course of Lectures Delivered*, Cambridge: Cambridge University Press, 1965, p.312.

确立了立宪君主政体。

关于这场革命的性质及意义引起长期而广泛的争论，与1640年革命一样，光荣革命引发的宪政问题同样棘手。正如梅特兰所说："对于任何法律职业者来说，要论证这场革命的合法性都是极其困难的。"[1]革命后召开的公约议会（Convention Parliament）提出的解释是：詹姆斯二世试图破坏国王与民众的契约来颠覆王国的宪政，并受耶稣会士及其他邪恶分子的蛊惑侵犯王国的基本法律，现在他离开了王国，正式退位，王位已空置。[2]但由于缺乏国王的召集令，这届议会本身的合法性就遭到质疑。该届议会依照1660年公约议会的先例，自己通过一项法律宣布自己是英格兰议会。1690年3月，威廉三世和玛丽女王召集的新议会赋予这场议会合法性，并通过新法令（1. William and Mary，c. 1）宣称：公约议会制定的所有法律是合法的，过去及现在都是王国的法律。[3]这种事后予以补认的做法本身的合法性极其牵强。但正是在公约议会中，英国诞生了影响至为深远的《权利法案》（Bill of Rights）。正是由于公约议会在合法性上的欠缺，梅特兰指出：具有新宪法性质的《权利法案》及所确立的宪政制度还"需要其他的议会法令的支持来巩固其持久性，这个巩固过程一直持续到1714年乔治一世继位"[4]。

光荣革命推动了一个世纪以来国王与议会冲突的终结，奠定了政治现代化的基础，其中最重要的一点就是"议会主权"原则的确立。《权利法案》作为"1640年伊丽莎白宪政解体后一系列宪政冲突的最终妥协"[5]，它解决了王权与议会关于最高主权问题的长期争端，既没有像革命时期那样废除国王，同时又解除了国王的专制权力，确立了议会的最高主权。1701年《王位继承法》作为《权利法案》的补充，再次确认了"议会主权"原则。至此，王权与议会的最高主权之争以议会的胜利而告终。具体而言，光荣革命后的宪政生成与发展主要表现在以下几个方面。

① F. W. Maitland, *The Constitutional History of England: A Course of Lectures Delivered*, Cambridge: Cambridge University Press, 1965, p. 283.

② F. W. Maitland, *The Constitutional History of England: A Course of Lectures Delivered*, Cambridge: Cambridge University Press, 1965, pp. 283–284.

③ G. B. Adams & H. M. Stephens, eds., *Select Documents of English Constitutional History*, New York: Macmillan, 1919, pp. 454–456.

④ F. N. Forman, *Constitutional Change in the United Kingdom*, London: Routledge, 2002, p.6.

⑤ Barry Coward, *The Stuart Age: A History of England, 1603–1714*, London: Longman, 1980, p. 305.

首先,议会既确立了征税的批准权,又控制了对王国收入的支配权。《权利法案》第4款明确规定:"非经议会同意,借口国王特权,为国王征收或供国王使用,超出议会限定的时间和方式的,都属非法。"①换句话说,不仅征税要经过议会同意,而且税收的使用也应限定在议会规定的时间和方式之内。在17世纪以前,议会插手税收的使用只是个别现象,如要求国王向议会提交账单,但总体来讲,王国的收入基本由国王及其行政机构支配。

议会参与税收支出始于1624年,当时议会为限制詹姆斯一世对税收的滥用,提出凡经由议会批准的税收必须交由议会提名的财务专员保管。这种做法将税收的支出纳入议会的监督之下。但在查理一世统治期间,议会的征税权本身就遭到王权的侵夺,对于税收支配的监管更是力不从心。革命期间,议会设立专门委员会控制税收的支配,但随着复辟后王权与议会冲突的再起,关于税收的支配权也再次引发冲突。1665年,议会即将为对荷兰的战争批准一笔很大的费用,法案中引入了这样的条款:"此次征税的目的仅仅是为此次战争,所征税收也仅用于本次战争。"但这一做法只是一种临时性限制,至詹姆斯二世建立个人专制,议会完全无法对税收进行监管。光荣革命后《权利法案》的颁布最终确立了这一制度。一般而言,除固定的王室年金(civil list)外,王国的收入须由议会以投票的形式决定其用途。这种做法也产生另一个影响,即"由于每年都要决定王国收入的分配和政府的开支,议会必须每年都开会"②。这样,议会的地位进一步巩固。

其次,"王在法下"原则的确立。光荣革命后,法律确立了高于王权的地位,这可以从君主加冕誓词的转变得到印证。中世纪国王加冕誓词中,国王要承诺遵守和维持王国民众所选择的法律和正当习惯。亨利八世加冕时,为突出专制王权的合法性,他本人亲自修改加冕誓词,宣称他遵守和维护的法律和习俗必须"对王权或国王的统治不构成侵害"。查理一世即位时的加冕誓词也有所改动,宣称:国王"同意遵守并维护王国现有的法律和正当习俗",即否定了民众选择法律的权力。查理二世和詹姆斯二世沿用了查理一世的加冕誓词。但光荣革命一结束,国王加冕誓词就得到议会的规范,国王须遵守和维护的法律也得到法令(1 William and Mary, c. 6)的明确,即"国王宣誓将依据议会制定法与经议会认可的法律和习俗来统

① G. B. Adams & H. M. Stephens, eds., *Select Documents of English Constitutional History*, New York: Macmillan, 1919, pp. 462–469.

② F. W. Maitland, *The Constitutional History of England: A Course of Lectures Delivered*, Cambridge: Cambridge University Press, 1965, p.310.

治"①。这一变化突出了议会的主权地位,并明确了"王在法下"的宪政原则。值得一提的是,这里的"法"有了明确的界定,即议会制定法和经议会认可的法律,实质上否定了爱德华·科克等人主张的"普通法"。

最后,"新教体制"(Protestant Constitution)的形成。在新的加冕誓词中,还有另外一项重要内容,即国王必须宣誓他将全力"维护真正的福音书信仰和法律所建立的改革后的新教",并"保证王国的主教、教士和被委以责任的教会享有法律所赋予或与之相关的一切权利和特许权"。1689年在议会和威廉三世推动下通过的《宗教宽容法》(Act of Toleration)废除了伊丽莎白一世以来一系列针对新教不奉国教者(Nonconformists)的严苛法令。②1701年的《王位继承法》进一步强调:国王必须在其首届议会的第一天公开宣布反对罗马天主教的圣餐变体论(transubstantiation),并且任何与罗马天主教会结盟、承认天主教或与天主教徒联姻者均不得继承、保有王位或以其他名义管理王国。③在此基础上,英国的"新教体制"形成,它涵盖两个方面的内容:一是新教徒内部的和解与宗教宽容,二是国教徒仍享有特权统治地位,二者互为基础和条件。④

值得注意的是,具有主权地位的议会在内部权力的分配上也发生一定变化。光荣革命后,下院宣称,不仅财政法案必须首先由其提出,而且上院还不能进行修改,只能接受或拒绝。上院对此做出让步。梅特兰对此指出:"就实际权力而言,下院由此取得相对上院的优势地位。"⑤

光荣革命后的政治转型标志着17世纪英国宪政革命的完成。这场革命具有鲜明的英国传统特色。福曼评价说:"英国革命的开创性(pioneering characteristics)、革命的临时性(provionality)及影响力的长久性(influentially long-lasting)是区别于其他国家类似革命的最本质特征。"就其开创性而言,它为近代世界各国"提供了第一个宪政和政治秩序通过内部激发而

---

① F. W. Maitland, *The Constitutional History of England: A Course of Lectures Delivered*, Cambridge: Cambridge University Press, 1965, p. 287.

② C. G. Robertson, ed., *Select Statutes Cases and Documents*, *to Illustrate English Constutuional History 1660–1832*, London: Methuen & Co., 1923, pp.123–128.

③ Andrew Browning, ed., *English Historical Documents 1600–1714*, London: Taylor & Francis Routledge, 1996, pp. 129–135.

④ 邵政达:《论英国新教体制的形成(1660—1714)》,《基督宗教研究》(第23辑),2018年。

⑤ F. W. Maitland, *The Constitutional History of England: A Course of Lectures Delivered*, Cambridge: Cambridge University Press, 1965, pp. 287–288.

转型的现代模式"①,被现代化史家认为是第一个"内发型"或"原生型"的现代化国家。就革命的临时性而言,英国人在1640年革命中得到教训,学会了妥协的艺术,光荣革命完成后,英国的政治家没有"留下任何如有组织的政治恐怖或野蛮的军事独裁等革命后遗症"②。就其长久的影响力而言,革命的遗产如此丰厚,它不仅奠定了英国直至今日宪政的基础,而且将宪政原则传播到全世界,迄今依然影响着现代化进程中的许多国家。

历经两次革命的洗礼,至17世纪末,议会终于确立了最高主权,君主被限定在议会和法律之下。对于英国普通法法院的发展来讲,光荣革命所确立的近代宪制为其实现司法独立提供了必要的前提和基础。普通法法院最终得以借助议会的保障摆脱王权的控制。这样,普通法法院实现了以司法独立和司法制度初步现代化为标志的一次重大转型。

第二节 "议会主权"下的普通法法院改革

自1640年长期议会召开起,英国革命历经内战、共和国、护国政府、复辟王朝和光荣革命,持续半个多世纪,直至1689年《权利法案》和1701年《王位继承法》等宪法性法律的颁布才宣告结束。这场革命最主要的成果是确立了近代英国宪制,普通法法院的司法独立正是在其推动下实现的。

17世纪初,爱德华·科克在其编纂的《科克报告》中提出了"司法权独立于王权"的主张,并通过阐释"技艺理性"理论为法官的独立地位辩护。他认为"法律是一门技艺,任何人都必须经过长期的学习与实践才能真正掌握。在法院的司法活动中,国王虽然可以出席,但裁决不能基于国王的"自然理性"做出,而必须由拥有"技艺理性"的法官做出。③科克提出的早期司法独立思想由之后的马修·黑尔、约翰·塞尔登等普通法法学家们继承和发展。但伴随着1660年斯图亚特王朝的复辟,革命期间的司法改革均被废除,"没有一朵改革之花结出果实"④。复辟王朝时期,普通法法院仍被视为代行国王司法权的一个政府机关,从属于国王的行政权力,渊源于科克的独立主张仅仅停留在理论层面上。普通法法院的真正独立是伴随着

① F. N. Forman, *Constitutional Change in the United Kingdom*, London: Routledge, 2002, p.4.

② F. N. Forman, *Constitutional Change in the United Kingdom*, London: Routledge, 2002, p.4.

③ Edward Coke, *The Twelfth Part of the Reports of Sir Edward Coke*, London: Joseph Butterworth and Son, 1826, pp.64–65.

④ [比]R.C.范·卡内冈:《法官、立法者与法学教授》,薛张敏敏译,北京:北京大学出版社,2006年,第77页。

光荣革命推动下"议会主权"原则与"王在法下"原则的确立而实现的。

1688年12月11日詹姆斯二世逃亡后,英国陷入持续两个月的无政府状态,普通法司法体系也陷于瘫痪,司法业务全部中断。大法官杰弗里斯被关进伦敦塔,王座法院首席法官罗伯特·怀特则被关押在新门监狱[①](Newgate),民诉法院首席法官爱德华·赫尔伯特则随同詹姆斯二世一起流亡。其他法官也都自动离职,等待着新王对他们的处置。这样,1689年春季开庭期没有如期开展,司法业务彻底中断。这种情况为破除旧的司法制度、实现普通法法院的司法转型提供了条件。

1689年3月,公约议会颁布法令,宣称将采取一切措施补救因国王叛逃和法官职位空缺造成的影响。3月11日,公约议会委任威廉·多尔宾爵士(Sir William Dolben)、大约翰·鲍威尔爵士(Sir John Powell, senior)和爱德华·内维尔爵士(Sir Edward Nevil)分别为王座法院、民诉法院和财税法院法官,恢复了三大中央法院的运作,这样,普通法法院度过权力交接时期的困境期。至4月17日,复活节开庭期如期开展,公约议会于当天任命王座法院首席法官约翰·霍尔特(John Holt)和财税法院首席法官罗伯特·阿特金斯(Sir Robert Atkyns)。至5月初,三大普通法法庭的新任法官全部到任,普通法司法体系得以恢复。[②]

光荣革命后普通法法院的变革当然不只是位于威斯敏斯特的三大普通法法院的法官"大换血",最重要的乃是经历近一个世纪的努力,起源于爱德华·科克的司法独立思想最终得以实现。爱德华·福斯指出:"这场革命赢得的伟大胜利之一是英国的司法开启了一个新时代。"[③]

首先,法官遴选制度的改革与任职保障制度的建立。自斯图亚特早期开始,关于法官的选任应基于"品行端正"还是"国王个人意志"的争论一直不休。法官们因逢迎国王而获得任命和升迁,或因忤逆国王而被解职的例子比比皆是。1640年英国革命爆发伊始,长期议会就提出将"品行端正"作为遴选法官的新标准。革命进入高潮后,议会清洗了普通法法院中由查理一世任命的法官,但革命初期的政治动荡使得普通法法院的正常工作受到严重冲击,法官的遴选工作也无法正常进行。同时,议会各派之间及议

---

① 位于伦敦西门的监狱。

② Edward Foss, *The Judges of England*, Vol VII, 1660-1714, London: Longmans, 1864, p. 291.

③ Edward Foss, *The Judges of England*, Vol VII, 1660-1714, London: Longmans, 1864, p. 291.

会与王党之间在斗争中也都试图利用司法权作为政治工具。普通法法院一度成为各派政治力量的角力场，司法活动的独立性并没有比革命前好转。克伦威尔建立护国政府后，普通法法院的司法工作虽然得到恢复，但法官的任命基于克伦威尔本人的意志，革命初期的改革思想只存在于理论层面。复辟王朝建立后，法官的任免权随之重归国王。上述问题产生的根本原因显而易见，无论是国王、议会还是护国公都通过选任顺从的法官以直接控制司法权，为自身的统治服务，因而专制主义强权的存在是法官选任制度改革的最大障碍。

光荣革命的爆发为法官任免制度的改革提供了政治条件。1688年12月，詹姆斯二世自动退位的次日，议会就提出一项改革草案即"权利宣言"提交给威廉三世。其中规定："应根据'品行端正'原则任免法官；除非通过正当法律程序，不得罢免、调动法官或暂停其职权。"虽然由于威廉三世的反对，在最终通过的《权利法案》中没有上述内容，但这一提案最终被加入1701年《王位继承法》并获得通过。该法令规定："法官的委任基于'品行端正'，罢免法官须由议会两院决定。"①这样，法官的任免权由国王和议会共同掌握，法官的任期有了法律保障，而其选任基于"品行端正"的原则也得以确立。此后，尽管法官在理论上仍由国王任命，但伴随着18世纪以后大法官司法行政权的兴起和责任内阁制的发展，国王在遴选法官中的话语权被严重削弱。法官遴选制度的改革是司法摆脱王权干涉的重要步骤，也是法官独立的前提和保障。

法官终身任职保障制度在光荣革命后逐步确立。在最初的"权利宣言"中，议会提出："除非通过正当法律程序，不得罢免、调动法官或暂停其职权。"②1701年《王位继承法》第7条明确规定："罢免法官的决定必须由议会上下两院联合做出。"③有学者认为，这种方式在本质上是一种"简化的弹劾程序"，体现了"议会主权"的基本原则。④但自1701年以来，这种弹劾仅

---

① Andrew Browning, *English Historical Documents 1660–1714*, London: Taylor & Francis Routledge, 1996, p. 134.

② L. G. Schwoerer, *The Declaration of Rights, 1689*, Appendix I, Baltimore: Johns Hopkins University Press, 1981, pp. 295–298.

③ *Act of Settlement* 1701, s.7, See *Halsbury's Statutes of England*, Vol. 6, London: Butterworths, 1969, pp. 496–500.

④ Robert Stevens, *The Independence of the Judiciary: the View from the Lord Chancellor's Office*, Oxford: Clarendon Press, 1993, p.3.

仅使用过一次。①由于法官任免权曾是斯图亚特历任君主干涉法院独立司法的主要手段,因此1701年《王位继承法》相关条款对法官任职的保障具有特殊的重要意义,通常被认为是英国"司法独立确立的标志"②。

当然,上述任职制度还留下一个隐藏的问题:法官任职的合法性须现任君主颁给的委任状确认,一旦君主驾崩,委任法官的权力会自动转到新任国王手中,前朝法官只有得到新委任状才能留任。安妮女王正是利用这一权力解除了威廉三世时期上任的王座法院法官约翰·特尔顿(John Turton)和财税法院法官亨利·韩赛尔(Henry Hatsell)的职务。为进一步保证法官独立于王权,并杜绝因新即位的君主未能及时颁发新委任状而造成司法工作的中断,1707年通过的一项法令规定:在前一位国王死后,所有法官的任期应自动顺延6个月,除非另调他职或被解职。③至此,法官终身任职制度得以在事实上形成。

其次,民众的正当法律权利得到保障。一方面,光荣革命后,作为凌驾于法律之上、干涉法院司法的"法宝",国王的法律赦免权和中止权以法令的形式被废除。《权利法案》中列举了詹姆斯二世的13条罪状,其中第1条即是声讨其"在未经议会同意的情况下,使用法律赦免权和中止权"。随后的限制条款第1、第2条对此进行了明确限制,规定:"未经议会同意,僭越权力废除法律或阻止法律实施的行为非法;以君主权威中止法律或施加法律赦免权也属非法。"④这一规定作为"王在法下"原则确立的标志,亦成为"司法权独立于王权"的重要依据,推动了普通法法院迈出独立的关键一步。法院作为适用法律的机关,其权力独立运行的前提是——法律本身不受任何个人的意志左右。《权利法案》将国王的意志置于议会的意志之下,从而使法律拥有了超越王权的"主权"地位。由此,法院基于法律的保障得以从国王的人治中解放出来,获得了法律与议会保障下的真正独立。

1696年的《叛国罪法案》(Treason Trials Act)进一步确立了民众应享有的接受正当法律程序审判的权利,缓解了此前司法的严酷性。该法令

---

① 1830年,海事法院法官乔纳·巴林顿爵士因挪用司法经费遭到议会弹劾,被免职并判刑。

② Robert Stevens, *The Independence of the Judiciary: the View from the Lord Chancellor's Office*, Oxford: Clarendon Press, 1993, p.3.

③ *The Succession to the Crown Act* 1707, s. 8, See *Halsbury's Statutes of England*, Vol. 6, London: Butterworths, 1969, p. 514.

④ *Act of Settlement* 1701, ss. 1–2, See *Halsbury's Statutes of England*, Vol. 6, London: Butterworths, 1969, pp. 489–491.

的主要内容包括:"被控犯有叛逆罪者有权请两名代理律师辩护;任何人被判犯有叛逆罪必须有两名证人提供的证据;非经大陪审团签署诉状,任何人不得因犯有叛逆罪或包庇叛逆的嫌疑人而受到惩罚等。"[1]这些规定切实地保证了民众的法律权利,使"国王政府无法像从前一样任意曲解法律,迫害异己"[2]。

最后,法官的固定薪俸得到有效保障,也得益于英国革命的推动。固定的司法工作收入是专职法官保持独立精神最基本的物质保障。英国法官领取薪俸始于13世纪,但数额较低。当时三大普通法法院首席法官薪俸一般为年薪60马克(约合40镑),陪审法官为40~50马克(约合30镑)。[3]至17世纪初,三大普通法法院法官年薪标准为:地位较高的王座法院首席法官和民诉法院首席法官分别为224镑19先令4便士和161镑13先令4便士;王座法院与民诉法院陪审法官与财税法院首席法官相同,为154镑19先令8便士;地位相对较低的财税法院陪审法官为133镑6先令8便士。[4]此外,如果担任巡回法官,他们可获得每次33镑左右的津贴。这一时期三大普通法法院法官固定年薪标准相对于中世纪虽然有所提高,但考虑到近代早期的通胀情况,以及许多法官已为谋得职位而花费巨额金钱,这一薪俸标准显然无法满足法官们。即便如此,薪俸的发放也难以保证,常常遭到国王的克扣。为了维持体面的生活及收回购买职位的成本,一些法官只能通过不遗余力地受贿、出卖法院官职等方式捞钱。事实上,固定薪俸以外的所得才是法官收入的主要来源。法官腐化的现象在早期斯图亚特王朝具有普遍性,这也是民众对法官群体怨声载道的原因之一。

1640年革命爆发后,长期议会立即着手改革法官薪俸制度。一方面,法官薪俸标准得以提高。议会规定法官的薪俸统一固定为年薪1000镑,由关税收入直接拨付。为了保障法官薪俸及时支付,议会还于1648年10月发布强制性命令:要求立即支付所有应付给法官的款项,并在将来准时支付薪俸。另一方面,长期议会严格禁止法官受贿行为。根据1652年1月的一项法令,"法官禁止通过自己或属下获得任何法定薪俸以外的酬金及

① 7 & 8 William III, c. 3, in G. B. Adams & H. M. Stephens, eds., *Select Documents of English Constitutional History*, New York: Macmillan, 1919, pp. 472-475.

② 李栋:《通过司法限制权力》,北京:北京大学出版社,2011年,第321页。

③ R. V. Turner, *The English Judiciary in the Age of Glanvill and Bracton 1176-1239*, Cambridge: Cambridge University Press, 1985, pp. 245-246.

④ Edward Foss, *The Judges of England*, Vol. VI, 1603-1660, London: Longmans, 1857, p. 9.

额外收入"①。在革命期间政局动荡的情况下,议会推动的薪俸改革并没有得到有效贯彻。至复辟王朝,普通法法院再度为君主所掌控,法官的固定薪俸时常遭到国王的克扣,法官腐败现象屡禁不止。

具有现代意义的法官薪俸制度的最终落实始自光荣革命之后。1701年《王位继承法》第7条明确规定:法官在从事司法工作期间,有权获得固定的薪俸。②此外,法官获得固定薪俸外补贴(perquisites)和各项杂费(sundry fees)收入的权利也得到认可。根据先后担任民诉法院和王座法院陪审法官的托马斯·罗克比(Thomas Rokeby)对自己收入的详细记载,这些固定薪俸外收入主要包括:法院书记官的委任费(dedimus money)、判决费(judgment money)和来自令状书记官、登记办公室(the enrolment office)、协议诉讼金(king's silver)的费用及办公室用品费等。③罗克比统计了担任法官期间的历年收入,包括年薪(1000镑)和固定薪俸外的津贴收入。1689—1694年间,他任职民诉法院陪审法官,每年的收入分别为:1378镑19先令、1475镑10先令10便士、2063镑18先令4便士、1570镑1先令4便士、1569镑13先令1便士、1629镑4先令6便士。1695—1698年,他转任王座法院陪审法官,每年收入分别为:1443镑7先令6便士、1478镑2先令6便士、1498镑11先令11便士和1631镑10先令11便士。④可以看出,相对于17世纪初期的年薪标准,法官的合法收入有了大幅提高,特别是固定薪俸外合法收入年均超过500镑,占全年收入的三分之一以上,在个别年份(1691年),甚至超过了固定年薪。这一收入情况能够保证法官享有较高的经济地位,对于遏止司法活动中的受贿、贪污等现象具有重要作用,为法官的独立和公正司法提供了必要的经济基础。

此外,作为签发司法令状必不可少的大法官与国玺委员会的地位与职能得到明确。光荣革命期间,詹姆斯二世的大法官杰弗里斯被逮捕。1689

① Donald Veall, *The Popular Movement for Law Reform 1640-1660*, Oxford: Clarendon Press, 1970, pp.197-198.

② *Act of Settlement* 1701, s.7, See *Halsbury's Statutes of England*, Vol. 6, London: Butterworths, 1969, pp. 496-500.

③ Edward Foss, *The Judges of England*, Vol. VII, 1660-1714, London: Longmans, 1857, p.298.

④ Edward Foss, *The Judges of England*, Vol. VII, 1660-1714, London: Longmans, 1857, pp.298-299.

年3月,新任国王威廉三世和玛丽二世女王根据惯例,将新国玺①交给一个国玺委员会②,并任命亨利·波尔(Sir Henry Powle)为卷档总管,正式恢复大法官法院的运行。光荣革命后,临时委派的国玺委员会的地位与职能得到进一步明确。此前,关于国玺委员会的职权与地位问题并没有明确的法律规定。威廉与玛丽的第一届议会颁布一项法令(1 William and Mary c. 21),对国玺委员会的职权、运作机制及委员的地位做出明确规定:国玺委员会与大法官或掌玺大臣享有同样的权力;对于一般命令的签署只需由一名委员在场即可,对于重要的法令或者须加盖国玺的任何文件的签署都要由两名委员同时出席;国玺委员会委员的地位仅次于贵族与下院议长。③

除上述保障法官独立的各项制度外,君主立宪政体的形成、法官与陪审员司法豁免权的确立及陪审团独立地位的巩固等也为普通法法院司法独立的实现提供了重要保障。

总之,在17世纪英国革命的推动下,依附王权的普通法法院渐次获得司法独立的各项保障。曾担任英国上诉法院法官的布鲁克勋爵(Lord Brooke)指出,英国的司法独立凭借四种方式得以支撑:"首先,法官独立于行政机关与立法机关;其次,根据与法官的年龄和健康有关的现代规则,法官不能被撤职,除非上下两院都通过了决定。再次,法官几乎完全免于因为自身的所作所为被起诉或者被控告的风险。最后,法官有足够的薪水而无须忧虑那可能点燃司法腐败风险的经济问题。"④显然,上述四种方式正是近代早期英国普通法法院司法独立进程的主要内容。同时,由于议会主导的革命在这一进程中的特殊地位,一种独特的司法独立模式在新宪制下应运而生。

---

① 正面刻着:"英格兰、法兰西和爱尔兰的国王和女王,信仰的捍卫者"(Willielmus III. et Maria II., Rex et Regina Angliæ Franciæ et Hiberniæ, fidei defensores),反面是骑着马的国王和女王雕像。1694年女王去世后,制作了新的国玺,只有国王一人的形象。Edward Foss, *The Judges of England*, Vol VII, 1660–1714, London: Longman, Brown, Green, Longmans, & Roberts, 1864, p. 293.

② 国玺委员会委员分别是前朝的王家高级律师(King's Serjeant)约翰·梅纳德(Sir John Maynard)、律师(barrister)安东尼·凯克(Sir Anthony Keck)和王家高级律师威廉·罗林森(Sir William Rawlinson)。

③ Edward Foss, *The Judges of England*, Vol. VII, 1660–1714, London: Longmans, 1864, p. 293.

④ [英]布鲁克勋爵:《英格兰与威尔士历史上的司法独立》,陆幸福译,《司法》(第4辑),2009年。

第三节 普通法法院司法独立的特点

"议会主权"(或"议会至上")原则的确立是17世纪英国革命最重要的成果之一,是英国宪制的精髓。詹宁斯对此指出:"议会至上就是宪法,它被认作根本法,就如同一部成文宪法被认为是根本法一样。"[1]在这个意义上,普通法法院虽实现了"独立于王权"的目标,但仍须服从议会的"主权"地位。这就奠定了英国司法独立模式的基本前提。当然,在此必须强调,基于英国议会的特殊性,"议会主权"与司法独立并不矛盾。

一方面,议会与司法体系并非彼此分立的权力实体,议会上院作为最高上诉司法机关,本身就是司法体系的一个审级。19世纪以前,上院全体贵族共同行使最高上诉管辖权。[2]1876年《上诉管辖权法》(Appellate Jurisdiction Act)通过后,上议院创设不受议会会期限制的"常任上诉司法贵族"(Lords of Appeal in Ordinary)[3],实现了上议院司法工作的常态化,由此,上诉委员会成为英国常设最高司法机关。在2009年最高法院正式运转前,上议院享有最高上诉管辖权已三个多世纪。在这个意义上,"议会至上"原则的确立也就意味着司法体系也分享了"至上"或"主权"地位。换句话说,议会并非单一"立法机构",而是作为立法与司法机构的合体而享有"至上"或"主权"地位。

议会享有司法权是源自中世纪英国的宪政传统。13世纪,随着议会制度的完善,议会的司法管辖权也逐渐明确,并主要由贵族院(上院)负责。梅特兰将中世纪贵族院的司法权总结为三个方面:一是对贵族重罪或叛逆罪案件的管辖权,二是对下级普通法法院的纠错管辖权(jurisdiction in error),三是对贵族弹劾案(impeachment)的管辖权。[4]这三种管辖权虽然受到议会会期不定的限制而无法充分行使,但这种渊源成为17世纪议会复兴司法权的重要依据。

---

① [英]詹宁斯:《法与宪法》,龚祥瑞等译,北京:生活·读书·新知三联书店,1997年,第218页。

② J. P. Kenyon, ed., *The Stuart Constitution: Documents and Commentary, 1603–1688*, Cambridge: Cambridge University Press, 1966, p. 419.

③ Appellate Jurisdiction Act 1876, s. 6, See *Halsbury's Statutes of England*, Vol. 7, London: Butterworths, 1969, p. 531.

④ F. W. Maitland, *The Constitutional History of England: A Course of Lectures Delivered*, Cambridge: Cambridge University Press, 1965, pp. 214–215.

议会在17世纪放弃了除贵族弹劾案以外所有民事和刑事案件的初审管辖权,但强化了对普通法法院的纠错管辖权。在"斯金纳诉东印度公司案"(*Skinner v. The East Indian Company*)中,上议院力图行使对该案的初审管辖权,遭到下院极力反对。①上院被迫做出让步,"放弃了对民事案件的初审管辖权",但以此换来一项新权力,即对衡平法院上诉案件的管辖权。②这一权力在1675年"雪利诉法格案"(*Shirley v. Fagg*)中得到认可,上议院由此正式受理来自衡平法院的上诉案,并形成惯例。③这样,上院确立了对普通法法院和衡平法院共同的最高上诉管辖权,成为事实上的最高司法机关。1694年,议会通过《三年法案》(Triennial Act),确定议会每三年必须召开一次。④由此,上议院司法权的行使得到进一步巩固。

议会上院作为最高上诉司法机关的角色反映了英国政治权力分立的模糊性与交叉性,也从另一个角度佐证了"议会主权"原则与司法独立并不矛盾的事实。针对这种权力交叉现象,英国学者自有一套合理性的解释。维尔认为:"权力分立只是政治智慧的一个规则,当公共政策有坚实的理由需要该规则让路时,它就必须让路。"⑤还有一些学者干脆将英国排除于"三权分立"的范畴之外。正如贝克所说:"英国宪法原则不是源于孟德斯鸠或布莱克斯通,而是源于先例,'三权分立'对于英国实乃无稽之谈。"⑥

另一方面,议会是普通法法院司法独立最主要的推动者和保障者。自1640年长期议会召开起,议会一直担当推动普通法法院司法独立改革的主导力量。光荣革命后颁布的1689年《权利法案》和1701年《王位继承法》等法令最终确立了这一原则。从法理上讲,议会还为英国法院的司法独立提供了"宪法依据"。众所周知,美国的司法独立是由一部实体宪法(即《1787年宪法》)予以确认和保障的,其第3条第1款明确规定:"合众国之司法权属于最高法院及国会随时规定设置之低级法院。最高法院与低级

① J. P. Kenyon, ed., *The Stuart Constitution: Documents and Commentary 1603-1688*, Cambridge: Cambridge University Press, 1966, pp. 415-417.

② F. W. Maitland, *The Constitutional History of England: A Course of Lectures Delivered*, Cambridge: Cambridge University Press, 1965, pp. 316-317.

③ J. P. Kenyon, ed., *The Stuart Constitution: Documents and Commentary 1603-1688*, Cambridge: Cambridge University Press, 1966, p. 419.

④ Carl Stephenson & F. G. Marcham, eds., *Sources of English Constitutional History*, New York: Harper & Row, 1937, pp. 608-609.

⑤ [英]维尔:《宪政与分权》,苏力译,北京:生活·读书·新知三联书店,1997年,第220页。

⑥ J. H. Baker, *An Introduction to English Legal History*, London: Butterworths, 1979, p.193.

法院之法官如忠于职守得继续任职,并定期领取酬金,该项酬金于继续任职期间不得减少。"①英国虽无成文宪法,但正如詹宁斯指出的:对于英国,"唯一的根本法便是议会至上"②。在这个意义上,议会保障下的司法独立与实体宪法保障下的司法独立并无本质区别。此外,还有一种观点认为英国宪法并非完全不成文,它由"成文的宪法性法律、不成文的宪法性惯例以及涉及宪法制度的判例"三部分共同组成。③在这个意义上,保障法官任职的1701年《王位继承法》等宪法性法律同样为司法独立提供了不可或缺的"宪法依据"。因此,无论如何定义"英国宪法",议会的推动和保障都是英国普通法法院司法独立最权威的法理依据。

　　除了上述两大特点外,在具体的司法进程中,普通法法院的司法独立是以"议会主权"原则为前提和基础的。换言之,普通法法院不仅受到议会上院最高上诉管辖权的约束,还要在议会立法限定的范围内行使权力。正如詹宁斯所说:英国法院"行使着制定法赋予的职能……所有这些权力(司法权力)总是可以通过立法予以缩减或者增加的"④。的确,1640年革命以来普通法法院与衡平法院司法管辖权的变迁背后都体现着议会的权威。例如,议会在19世纪司法改革中通过立法创设了上诉法院,并将普通法法院与衡平法院进行合并,同时对各法庭的管辖权和司法程序等做出了一系列新的规定。⑤此外,对于常规的司法审判,法院也要在议会立法的限定下活动。诚如詹宁斯所说:对于议会立法,法院只能无条件地遵从,任何判决不能与之相冲突。虽然法官们可以通过法律解释技术进行变相的"司法审查",但是"如果法律措辞足够清晰,它们只能受到约束",因而它们"只能在比较小的范围内自由活动"。⑥

　　正是由于享有"最高主权"的议会与法院之间的上下级关系,普通法法院的司法独立只能是一种单纯的"司法权"独立,而不具有对议会立法的审

①《美国宪法及其修正案》,朱曾汶译,北京:商务印书馆,2014年,第10页。

②[英]詹宁斯:《法与宪法》,龚祥瑞等译,北京:生活·读书·新知三联书店,1997年,第218页。

③何勤华、张海斌:《西方宪法史》,北京:北京大学出版社,2006年,第310页。

④[英]詹宁斯:《法与宪法》,龚祥瑞等译,北京:生活·读书·新知三联书店,1997年,第67页。

⑤ Supreme Court of Judicature Act 1881, ss.3-4, See Halsbury's Statutes of England, Vol. 7, London: Butterworths, 1969, p. 537.

⑥[英]詹宁斯:《法与宪法》,龚祥瑞等译,北京:生活·读书·新知三联书店,1997年,第168、175页。

查权力,这也可以视为英国司法独立模式的又一特点。不过,值得注意的是,现代司法审查原则正是起源于17世纪的英国,它源于爱德华·科克提出的"普通法代表最高理性"的学说。科克认为,普通法是至高无上的,代表了"最高理性",因而"能够审查议会法令,甚至裁定其无效"。①但这一主张显然与"议会主权"原则存在根本冲突,因此这一初生的法律原则并没有在英国"生根发芽",而是首先在美国成长起来的。直至20世纪后期,伴随着英国加入欧共体(1973年)和1998年《人权法案》(Human Rights Act)的通过,英国法院才积极寻求通过"宣告权"(declarations of incompatibility)变相审查议会立法。②

从进程与特点来看,英国模式体现出鲜明的"原生性"和对本国法律传统和宪制的独特适应性。这一"原生性"特点与18世纪以后美、法等国基于"三权分立"原则构建的司法独立模式形成鲜明对比;其"适应性"则在18世纪以来的三百余年间展现出强劲的生命力,迟至21世纪初,这一模式才在工党政府宪政改革的推进下结束历史使命。

综合来讲,17世纪英国普通法法院司法独立的进程,展现出一条与政治革命相伴而生的历史轨迹。从早期斯图亚特王朝至复辟王朝,尽管议会主导的改革取得一定成果,但法院依附于王权的地位并未发生实质改变。其本质原因在于:王权仍享有凌驾于法律之上的特权,而法官们没有保持独立的政治条件。光荣革命后,伴随着1689年《权利法案》和1701年《王位继承法》等宪法性法律的颁布,英国确立了"议会主权"和"法律至上"等宪法原则,法院的独立地位才获得切实保障,英国独具特色的司法独立模式也渐趋形成。这一模式最根本的特点在于:它结合了源远流长的法官独立传统和长期的司法实践,在保留旧制度框架的基础上,通过一场不流血的革命(光荣革命)和一种"旧瓶装新酒"的方式,重新构建了法院、王权与议会之间的权力关系。这种新型权力关系最突出的表现为——法院司法权的独立与"议会主权"原则的有机结合。一方面,议会(上议院)充当最高司法机关,使司法权分享和融入"最高主权";另一方面,议会担当推动和保障法院独立司法的强大后盾。

在西方各国中,与英国司法独立模式形成鲜明对比的是以美国为代表

---

① Edward Coke, *The Eighth Part of the Reports of Sir Edward Coke*, London: Joseph Butterworth and Son, 1826, p. 118.

② 即在议会立法与《欧共体法》(European Communities Act 1972)或《人权法案》存在法律冲突时,宣告议会立法"不适用",进而向议会施压修改或废除相关立法。

的另一种模式。美国司法独立建立在孟德斯鸠"三权分立"学说和汉密尔顿等人成熟的司法独立理论基础之上,通过成文宪法的明确保障和最高法院司法能动性的有效发挥而逐步确立。1803年美国联邦最高法院开始行使司法审查权通常被视为美国司法独立确立的标志。尽管英、美两种模式在形成中都借助了法官的司法能动性和法律的保障,但其不同之处仍是鲜明的。首先,相较于没有成文宪法的英国,美式司法独立由明确的宪法文本予以法律保障;其次,英国最高司法权掌握在兼具立法职能的上议院手中,而美国司法机关自上而下都是形式独立的;再次,英国司法独立是经验主义的产物,而美式司法独立是在成熟的理论指导下,通过人为设计和司法实践互动而成;最后,美国拥有一个独立行使最高司法权的联邦最高法院,它不仅独立于国会和总统,而且能够通过司法审查权这一强大武器对二者形成制约,从而能够为司法独立提供进一步的现实保障。

相较于英国模式,美式司法独立看似在理论上更成熟、框架也更清晰,但二者并无优劣之分,它们都源出于各自特殊的历史背景与政治现实,表现出适应本国国情的独特性。英国这种结合本国宪政传统的"原生型"模式对致力通过渐进改革式道路实现司法独立的国家尤其具有参考价值。事实上,包括美国在内的西方各国在司法现代化道路上无不受到过英国经验的启迪。科克等人在推动英国司法独立进程中提出的"司法权独立于王权""法律至上"和"司法审查"等思想,经过18世纪启蒙思想家的发展和美、法等国革命的助推,现已成为西方各国宪制的理论基础。最后必须指出,无论是英国模式还是美国模式,司法独立作为西方宪政原则之一,有其在西方特殊历史背景中的适应性,并非放之四海而皆准,后发现代化国家应在吸取西方经验和教训的基础上,积极探索适合本国国情的司法现代化道路。

第七章 革命与司法的互动：
近代早期普通法法院转型之路

历时两个多世纪，普通法法院的转型围绕着两条主线完成了自身现代化转型的阶段性任务。第一条线索是普通法法院与王权、议会关系的变化，或者说司法独立进程的演进。从依附王权到革命期间依附于长期议会和军政府，再到复辟王朝重新依附王权，最后到光荣革命后的独立，这一变化反映了近代早期英国普通法法院独立道路的曲折性。第二条线索是普通法法院为适应近代早期英国社会转型需要而进行的司法改革，包括组织机构、司法人员、司法程序等多个方面。这两条线索贯穿于近代英国普通法法院司法转型的整个历程之中。

对于近代早期英国普通法法院司法独立与司法制度现代化的成效，当做何评价？换言之，近代早期普通法法院的司法转型在英国历史发展中居于什么样的地位？它与当下仍在转型道路上摸索前进的英国司法改革有何关联？它与近代以来英国的政治变革又有何联系？这些都是在了解了近代早期英国普通法法院司法转型后值得思考的问题。只有理解这些问题，才能够更宏观、更客观地把握以普通法法院转型为核心内容的英国司法现代化的发展脉络及其历史价值。

第一节 政治变革与普通法法院独立的关系

近代早期是英国普通法法院发展史上的重要转型时期，亦是英国整个司法体系现代化的关键阶段。这一时期恰逢英国政治变革最为剧烈的阶段，无论是都铎时期的"宗教改革"与"政府革命"，还是17世纪的两场革命，都深深改变了英国政治发展道路，并最终推动英国近代宪制的生成。政治上的剧烈变革直接影响了普通法法院的发展道路。在专制王权不断强化的同时，议会也在诉诸传统权力的基础上不断崛起，二者之间的冲突使普通法法院不得不在强权的夹缝中生存，其依附地位长期没有根本性改变。但在爱德华·科克等普通法职业者的努力下，普通法寻求独立的努力最终融入由议会一方主导的政治转型道路中来，并最终实现了议会对王权的胜利，为司法独立提供了政治前提和保障。政治变革下普通法法院的独立进程鲜明地体现了政治与司法的互动。这种关系具体来说，可以分成如下四个阶段：

其一，都铎王朝建立后，英国中世纪封建体制进一步瓦解，剧烈的政治、经济与社会变动对普通法法院的转型提出了时代诉求。都铎前期，特权法院借助王权的力量兴起，大法官法院司法管辖权不断扩张，海事法院等也迎来扩张期。由此，13世纪以来普通法法院在英国司法体系中的主体地位受到王权支持下的衡平法院和罗马法法院的严峻挑战。为寻求自救，适应近代以后英国政治、经济、社会的变迁，普通法法院及普通法职业群体被迫应战。一方面，普通法法院改造司法制度，提高司法效率；另一方面，普通法职业共同体积极寻求与衡平法院、罗马法法院的共存和融合。普通法的改革取得成效，挽救了普通法法院的颓势。

其二，在早期斯图亚特王朝与英国革命年代，普通法法院处于对强权的依附和屈从地位。这是普通法法院在都铎王朝遭遇王权支持下的衡平法院、罗马法法院的挑战以来，遭受到的来自政治上的重大挫折。这一时期，普通法法院卷入了王权与议会的冲突。在王权高压下，原本保持相对独立的普通法法院成为斯图亚特君主实现个人专制统治的政治工具。革命爆发后，特权法院被废除，大法官法院的司法功能也被迫中断，普通法法院一度陷入混乱和无序状态，几近瘫痪。普通法法院受控于长期议会各派和后来的护国政府，沦为各派强权打击政治对手的工具，完全没有获得民众在革命前期望得到的司法独立和司法公正。

其三，复辟王朝的普通法法院仍无法摆脱王权的控制，但在议会的强有力支持与配合，以及法律职业群体的共同努力下，完成了一系列进步改革。主要包括：国王法律特权受到限制、陪审团获得基本独立、正当法律程序原则确立等。当然，国王对法官任免权的控制等仍然是普通法法院实现司法独立的主要障碍。

其四，光荣革命后，"议会主权"与"法律至上"原则确立，国王用以干涉普通法法院的法律中止权和赦免权等法律特权受到严格限制，同时普通法法官的固定高薪制度、遴选制度、任职保障制度和司法豁免权等得到确立，并通过议会颁布立法的形式予以有效保障。至此，历经两个多世纪之久，普通法法院终于在现代化转型的道路上取得了阶段性胜利。

客观上讲，近代早期英国普通法法院的转型只是英国司法现代化进程中的初级阶段，司法体系的完全独立尚没有在形式上完全实现，司法制度的现代化改造也仍有很长的路要走。但无论如何,普通法法院终于从中世纪封建体制下的王权附庸中脱胎,在近代宪制生成的政治土壤中实现了初步的独立,从而助推近代英国司法现代化完成阶段性任务。1714年,斯图亚特王朝的结束作为一个重要的历史拐点,标志着英国普通法法院开始沿着一条平稳的道路前进。一直到19世纪后期,普通法法院才在新的政治、经济与社会背景下开始新一轮的转型。

毋庸置疑,近代早期英国普通法法院的发展历程并非一场完全的内部改革,推动转型的力量既离不开爱德华·科克等普通法职业者的努力,也离不开更根本的力量——政治变革的推动。16—17世纪是英国政治发展史上最关键的转型阶段,16世纪的宗教改革、王权兴起、立法权扩张与17世纪的两场宪政革命从根本上改变了英国的国家属性和政治模式。诚如孟德斯鸠在18世纪以一个局外人身份指出的:英国"外表是君主政体,实际上却是共和政体"[1]。即使是信奉绝对君主权力的霍布斯也不得不承认,法律作为国家的一条臂膀,存在于议会手中。[2]显而易见,近代早期英国普通法法院的转型是与政治变革同步的,或者说,普通法法院地位的变化既反映了政治生态的改变,也同步影响着政治的变革。

一方面,普通法法院发展的停滞或倒退往往缘于政治冲突或革命。无论是哪一股政治力量都企图控制司法机器,以法律名义打击对手或维系统治。在宪政冲突激烈的早期斯图亚特王朝,专制王权取得对议会的优势,普通法法院依附于王权,法律遂成为霍布斯所称的"主权者(专制君主)向臣民公开做出的命令"[3]。革命爆发后,议会在战场上取得了对国王的优势,成为新的"主权者"。普通法法院又转而成为执行"新主权者"命令的工具。王政复辟后,议会与国王的政治妥协尽管维持了短暂的稳定,但查理二世统治后期,宪政冲突再起,普通法法院再度沦为国王与议会争夺的工具。

另一方面,普通法法院司法独立的实现是建立在议会与国王达成的政治妥协基础之上的。普通法法院在传统上对王权的从属性质,是其无法获得独立地位的重要原因之一,在这种情况下,依靠国王任命的法官试图在

---

[1] [法]孟德斯鸠:《论法的精神》(上),张雁深译,北京:商务印书馆,1995年,第70页。

[2] 原文为"武力和法律是国家的两条臂膀,前者存在于国王手中,后者存在于议会手中"。[英]霍布斯:《利维坦》,黎思复、黎廷弼译,北京:商务印书馆,1986年,第209页。

[3] Thomas Hobbes, *Dialogue between a Philosopher and a Student of the Common Laws of England*, Joseph Cropsey, ed., Chicago: University of Chicago Press, 1971, p. 71.

法院内部保持独立是无意义的。爱德华·科克最早意识到这点,他后来投身政治革命,并选择议会作为斗争舞台,在起草和推动《权利请愿书》的过程中发挥了重要影响,也取得了重要战果。后来的普通法职业者大多追随科克的脚步,通过政治斗争来实现法律目标。无论是1640年革命,还是光荣革命,处处可见普通法职业者的身影。他们的合作也得到了议会的报答。革命时期,议会曾多次尝试司法改革,特别是马修·黑尔领导的司法改革委员会提出过许多影响深远的改革建议。复辟时期,议会为法院的改革保驾护航,诸多成果在议会法令的保障下得以存续。光荣革命后,"法律至上"原则的确立为普通法法院的司法独立提供了至关重要的政治保障。国王最终放弃了法律特权,而议会为普通法法院的独立提供了可靠的立法保障。

当然,除了政治变革作为普通法法院转型的直接动力外,近代早期英国经济、社会的转型也为司法转型提出了时代要求。16—17世纪英国土地的流转与产权的变迁、社会阶层的重构、工商业的兴起、人们思维方式的变化、文化教育水平的提高等,都或多或少地作用于这个国家的上层建筑,推动着英国自上而下和自下而上的双线变革。普通法法院作为上层建筑的组成部分,在多方面因素的共同作用下,紧随时代脚步,完成了历史任务。

第二节 普通法法院在英国宪制中的角色

爱德华·科克是现代西方司法独立思想的源头之一。17世纪初,早期斯图亚特王朝君主为强化个人专制,加强对普通法法院司法活动的干预,基于"司法权源于国王"的古老传统和国王掌握任免权的现实,大部分普通法法官被迫屈从于国王。科克在"禁制令案"中率先提出"司法权独立于王权"的主张,即"国王可以出席裁判,但判决必须由基于法律裁断的法院做出"。[1]为论证这一思想,科克又提出"技艺理性"的概念。他认为:"上帝确实赋予了国王陛下非凡的智慧和天赋,但陛下并未研习过英格兰的法律,也不了解英格兰民众的生活方式、财产继承等案件的裁夺。判决并非基于'自然理性',而是基于技艺理性和法律的裁判。法律是一门艺术,任何人

---

① [日]藤仓皓一郎、木下毅等主编:《英美判例百选》,段匡、杨永庄译,北京:北京大学出版社,2005年,第181页。

都必须经过长期的研习与实践才能真正掌握法律。"①

科克的主张奠定了17世纪英国司法独立改革的理论基础,但他的思想仍然从"司法权从属于王权"这一传统观念出发,同时,他也没有提出用以保障法官独立的具体措施。此后,马修·黑尔等人继承科克的思想,在革命时期和复辟时期都曾提出过一些具体的改革主张,但遗憾的是,他们也并没有跳出科克思想的窠臼,司法权仍被视为国王行政权的一部分而未被单独提出。

光荣革命后,洛克提出分权主张,但他的"三权分立"指的是立法权、执行权和对外权,而将司法权视为立法权的下属执行机构。②近代西方司法独立理论的成熟是由法国思想家孟德斯鸠最终完成的。基于对英国宪政发展的考察,在1748年出版的《论法的精神》中的"英格兰政制"一节中,他提出系统、完整的"三权分立"学说,即立法权力、国家行政权力、司法权力的分立。其中,立法权力是制定或废止法律的权力;行政权力是"媾和或宣战,派遣或接受使节,维护公共安全,防御侵略的权力";司法权力是"惩罚犯罪或裁决私人诉争"的权力。③他还进一步强调:"如果司法权不同立法权和行政权分立,自由也就不存在了。如果司法权同立法权合而为一,则将对公民的生命和自由施行专断的权力,因为法官就是立法者。如果司法权同行政权合而为一,法官便将握有压迫者的力量。"④对于"权力分立"理论,英国法学家直到18世纪后期才明确提出"司法权独立于行政权和立法权"的主张。布莱克斯通在其名作《英国法释义》中指出:"在任何国家中,除非司法权在某种程度上与立法权和行政权相分离,国民自由是不可能长久保持的。"⑤

英国的宪制是典型的内生型,融合了古老的宪政传统与现代原则,是经验主义和折中主义政治革命的产物。正如福曼指出的:"英国的宪政安排既有变革也有连续。宪法中的许多基本原则、规则和惯例都是在17世纪漫长的革命中逐步确立的。"⑥以普通法法院司法独立为核心的英国司法独立模式的形成也同样经历漫长的过程,其中既有创新的步伐,也涵盖许

---

① Edward Coke, *The Twelfth Part of the Reports of Sir Edward Coke*, London: Joseph Butterworth and Son, 1826, pp. 64–65.

② [英]洛克:《政府论》(下),叶启芳、瞿菊农译,北京:商务印书馆,1996年,第89—91页。

③ [法]孟德斯鸠:《论法的精神》(上),张雁深译,北京:商务印书馆,1995年,第155页。

④ [法]孟德斯鸠:《论法的精神》(上),张雁深译,北京:商务印书馆,1995年,第156页。

⑤ 程汉大、李培锋:《英国司法制度史》,北京:清华大学出版社,2007年,第157页。

⑥ F. N. Forman, *Constitutional Change in the United Kingdom*, London: Routledge, 2002, p.4.

多传统的因素。并且,司法独立的实现也是借助于革命与议会的力量完成的。这样就产生一个必然的结果,即"英国在司法独立实现后,司法机关与立法机关甚至行政机关之间仍保持某种程度的联系"①。这种联系使英国宪制表现出立法权、行政权与司法权之间界限的模糊性与权力的交叉性。李栋等学者认为:"司法权在英国政制中的作用与功能并不是一个简单的传统政治学说研究中的三权划分的司法权,它不仅关涉司法机构独立享有的审判权问题,而且关乎国家政治事务和规范、平衡国家统治权等问题。"②的确,英国宪制语境下的司法权在内涵上与美国等奉行的孟德斯鸠式"三权分立"语境中的司法权存在明显的不同。

尽管存在权力上的交叉和模糊性特征,但英国宪制中的三大权力角色却是十分清晰的,即议会、国王和法院。如果对他们进行界定,那么这里的"议会"不仅仅是由上院和下院组成的两院制议会,其突出特点是"王在议会",即国王也是议会一员,且其权力受制于议会,正是基于这一基础,议会享有最高主权;这里的"国王"则由国王的现有权力及传统权力构成,其突出特点是国王在法理上的权力或者说"传统权力"与实际上的权力之间存在着根本不同;这里的"法院"由衡平法院和普通法法院等组成,其中普通法法院是司法体系的核心,衡平法院以普通法法院辅助者的身份存在。对于这三者之间错综复杂的权力交叉,可概括为以下三点:

其一,议会享有主权、部分立法权和部分司法权。这里的主权是指议会享有相对于国王和法院的最高主权,议会的立法是最高法律权威;对于部分立法权来说,议会是立法的主要机构,但对于遵循先例原则的英国法来说,无论是普通法法官还是大法官都充当着立法者的角色,因而议会并不能享有完全的立法权;对于部分司法权来说,在光荣革命以前,上院已经确立了如下司法管辖权:对衡平法院和普通法法院的上诉案件的司法管辖权、对犯叛逆罪和重罪的贵族的刑事审判权、对弹劾案件的司法管辖权等。

其二,国王享有部分行政权、部分立法权和部分司法权。这里的部分行政权指的是国王及其下属的行政机构具有一般行政权力,但这种行政权力不是绝对的,而是受制于拥有最高主权的议会和适用普通法的法院的制约;部分立法权是指国王作为议会的组成部分,享有一定的立法权,任何法案成为法律都必须经过国王批准;部分司法权是指国王是一切司法权力的

---

① 程汉大主编:《英国法制史》,济南:齐鲁书社,2001年,第367页。

② 李栋:《英国宪政的精髓:议会主权与司法独立相结合的宪制》,《法学论坛》2012年第2期。

源泉,国王享有任命法官的权力等。

其三,法院享有部分司法权、部分立法权及部分行政权。法院无疑是司法权行使的主要载体,但它并不能独占司法权。事实上,在光荣革命以后至2009年英国最高法院成立之间的三百多年,上院(19世纪以后由上院的上诉委员会负责)一直充当着英国最高法院的角色;就其部分立法权而言,无论是普通法法院还是衡平法院都遵循先例,这赋予英国法官"造法"的功能。同时,作为适用法律的群体,法官还享有一定的法律解释权;部分行政权是指法官还享有对行政案件适用普通法的司法管辖权,①这就使法院能够分享一定的行政权。

立法、行政与司法三大权力的交叉还可以从大法官一职中明显地看出来。大法官最突出的特点是其"三栖"性。首先,他是最高司法长官。在理论上,他有维护司法体系的运转、监管整个司法体系的职责。其次,他是政府重臣。大法官最初是以行政性的王室大臣的身份出现在历史舞台上。起初,他是国王的国玺保管者和国王的私人文书。中世纪后期,他成为国王谘议会的核心成员,其属衙是王国的常务机构文秘署。近代以后,大法官仍是国王或内阁政府中的重要阁臣(相当于司法大臣,掌管司法行政权)和司法界领袖(相当于法官之首)。最后,他还自铎王朝起担任上院议长。亨利八世开创了由大法官主持上院的先例,随着16、17世纪议会的定期召开,这一先例逐渐固定下来。

这种权力交叉现象至今仍是英国宪制的一大特色。②针对这种现象,大多数英国本土的学者持一种引以为豪的态度,且自有一套基于英国宪政传统的合理性解释。维尔认为:"权力分立只是政治智慧的一个规则,当公共政策有坚实的理由需要该规则让路时,它就必须让路。"③还有一些学者干脆将英国排除于"三权分立"的范畴之外。正如贝克所说:"英国的宪法

---

① 法官对行政案件的管辖权可以追溯到中世纪,近代以后,法院成为行政案件的重要裁判所。不过值得注意的是,法官对行政案件管辖权的确立是在18世纪。这一时期,限制政府肆意行政行为的"越权无效"原则逐步形成。依据该原则,英国普通法法院可以合法性、合理性、程序正当性和比例原则这四条标准为依据,对政府行政行为是否超出法定权力范围做出决定,并有权予以推翻。李栋:《英国宪政的精髓:议会主权与司法独立相结合的宪制》,《法学论坛》2012年第2期。

② 自18世纪英国的责任内阁制建立之后,行政机构权力不断扩张。特别是二战后,行政机构不仅通过建立行政裁判所(Administrative Tribunals)等方式侵夺法院的司法权,而且通过委任立法等手段,将原属议会的立法权转移到行政机构手中。

③ [英]维尔:《宪政与分权》,苏力译,北京:生活·读书·新知三联书店,1997年,第220页。

原则从来不是源于孟德斯鸠或布莱克斯通的主张,而是源于先例。'三权分立'对于英国实乃无稽之谈。"①

无论如何,立法权、行政权和司法权为议会、国王和法院共同享有,三者各司其职,相互制约。对于承载重要司法职能的普通法法院而言,其在英国宪制中的地位大大提升了。它不再是依附于斯图亚特君主的统治工具,也不是革命期间左右摇摆的、任人打扮的"小姑娘",它在"议会主权"的宪政原则下找到了自己的独特位置。这种独特的位置伴随着英国宪政的进一步发展不断巩固。20世纪的法官、法律改革家丹宁勋爵自豪地宣称:"法官必须是独立的,这一点在英国已经实现。到现在为止,近三百年来法官一直是绝对独立的,不仅独立于政府和大臣,而且还独立于工会,独立于报界和其他新闻媒介。他们不会受到任何外来的影响,不会因希望得到褒奖或害怕遭到惩罚,或因阿谀奉承谁或愤怒指责谁而丢掉自己的饭碗。正是由于这一点,人民信任法官。"②

对于英国司法权在事实而非形式上的独立,英格兰上诉法院法官布鲁克勋爵指出四种用以支撑的论据。他认为:首先,法官独立于行政机关与立法机关,反之,法官也不干预政治争端。其次,根据与法官的年龄和健康有关的现代规则,法官不能被撤职,除非上下两院都通过了决定。再次,法官几乎完全免于因为自身的所作所为被起诉或者被控告的风险。最后,法官有足够的薪水而无需忧虑那可能点燃司法腐败风险的经济问题。③李栋进一步指出:在"议会主权"之下,司法权对"议会主权"下国家统治权的限制主要体现在如下方面:一是,英国司法权自身所具有的"造法"功能和法律解释权,消解和约束"议会主权"原则下议会享有的立法权。二是,"光荣革命"后开启的由普通法法院适用普通法审理行政案件的传统,使英国行政权始终受到司法权的限制。从理论上讲,英国司法权有权对任何人、任何机构的行为进行合法性的审查。从实践中,我们看到英国宪政在内部结构上是由两部分组成的:"议会主权"下由议会制、责任内阁制和两党制共同行使的立法权(主权)和行政权(治理权)以及由司法体系所独立享有的

---

① J. H. Baker, *An Introduction to English Legal History*, London: Butterworths, 1979, p.193.

② [英]丹宁勋爵:《法律的未来》,刘庸安、张文镇译,北京:法律出版社,2011年,第387—388页。

③ [英]布鲁克勋爵:《英格兰与威尔士历史上的司法独立》,陆幸福译,《司法》(第4辑),2009年。

司法权(审判权)。①

　　总之,在并不十分清晰的英国宪制中,分权与制衡的原则仍然存在,普通法法院作为司法权的主要载体具有独特的宪政地位。尽管在理论上法院受制于享有主权地位的议会和享有法官任命权的国王,但由于普通法法院本身也对王权和议会的行政权和立法权构成制约,因而它在实质上作为一支宪政力量保持了自身的独立地位。

第三节　经验主义与渐进式司法现代化道路

　　英国在传统与变革之间游走的渐进式发展道路具有典型的内生性与民族特色。近代早期普通法法院的转型作为英国司法现代化进程中的重要组成部分,在政治变革的助推下得以实现,这一过程也体现出典型的英国特色。

　　英国人具有一种内在的民族自豪感,珍视传统又富于创新精神,二者共同推动一条符合英国政治传统与现实国情的司法现代化道路的形成。综观英国普通法法院的演进史,不难发现,英国的道路是"典型的内源自发型……是完全依靠本土资源和内部力量开始和完成司法现代化的"②。这种原生性使英国司法的发展在传统与现代之间并未出现突然断裂的鸿沟。亨利二世以来,普通法法院经历了多次转型,但至少在表面上,普通法法院并没有发生根本性的形式改变。这种对传统的继承塑造了英国司法的保守主义色彩。保守主义根植于英吉利民族珍视传统的民族特性之上,这种特性是由"不列颠最早的法律观念、行为模式和习惯"所造就。③ 不过,这种表面上的保守性并不能掩盖普通法法院不断发展的内在现代性。正如卡内冈所说:"英格兰法律史在过去八个世纪的发展中没有出现过彻底的断裂,并不意味着不存在任何发生改变的时期,毕竟英格兰法律发展史不是一个如睡美人一般静止不动的童话。"④近代以后的普通法法院正如一座不断装配各种现代化家具、家电的千年古堡,这种形式上的保守主义和对

① 李栋:《英国宪政的精髓:议会主权与司法独立相结合的宪制》,《法学论坛》2012年第2期。

② 程汉大:《英国司法现代化述评》,《法制现代化研究》(第十二卷),南京:南京师范大学出版社,2009年,第57页。

③ 张彩凤:《现代英国法治的古代渊源》,《中国人民公安大学学报》2001年第2期。

④ [比]R. C. 范·卡内冈:《法官、立法者与法学教授》,薛张敏敏译,北京:北京大学出版社,2006年,第9页。

内在现代性的追求正是英国司法现代化的最大特点。

无疑,形成这种特点的主要因素在于英国的经验主义法律哲学。科克在"禁制令案"中提出的"技艺理性"理论正是这种哲学的有力诠释。17世纪另一位法学家、法官马修·黑尔传承了科克思想的衣钵,他在批驳霍布斯的"自然理性"时盛赞英国法律的经验主义。他说:"只有最明智者才能意识到法律乃是不断重复的、长期经验的结晶……它是人类最明智的方式。"①科克与黑尔所称的经验主义的确是英国法律的基本特色之一。与科克和黑尔两人的职业生涯一样,所有的普通法职业者在从业前接受的普通法教育和担任普通法律师或法官的司法实践都是以经验为基础的。他们养成的是从个别到个别和因袭先例的思维习惯,总是把"法律的生命不是逻辑,而是经验"②奉为最高信条,这与大陆法系崇尚逻辑推理,注重抽象概念,从个别到一般、再从一般到个别的思维模式大相径庭。因此,只有浸润在古老传统和经验哲学中的英国人自己才能理解他们的司法理念与司法模式,也只有他们才能使各式各样的现代化设备在英国司法体系这座从中世纪流传下来的"千年古堡"中正常运转。

经验主义在司法实践中最鲜明的体现是普通法的判例主义,这也是英国法与欧洲大陆法最具区分性的一大内容。布莱克斯通曾对判例主义的优势给予过较高的评价,他说:"当新的诉讼中再次出现同类案件时,遵循先例是一项既定的规则","除非存在明显荒谬性或不合理,否则先例和规则必须被遵循"。对于判例原则的优势,他强调:一方面可以"保持司法天平的稳定性与公正性,不易因为后任法官的个人观点而产生波动";另一方面经过判决的法律成为"永久性的规则",后任法官"不能凭其个人情绪随意对其加以改动"。③判例主义使英国法官在创造判例的过程中,不自觉地充当了"立法者"的角色。对判例的尊重反映了法官对传统的珍视,判例的创造又显示出了法官的创造精神,因此判例主义诠释了英国既保守又富于创新的法律精神,也体现了英国法律中的经验主义哲学。19世纪的英国诗人丁尼生(Alfred Tennyson)这样颂扬作为英国法标志的判例主义:"这国

① Matthew Hale, "Reflections by the Lord. Chief Justice Hale on Mr. Hobbes His Dialogue of the Laws," in W. S. Holdsworth, *A History of English Law*, Vol. V, London: Meuthen, 1924, pp.504-505.

② [德]K. 茨威格特、H. 克茨:《比较法总论》,潘汉典等译,贵州:贵州人民出版社,1992年,第334页。

③ [英]威廉·布莱克斯通:《英国法释义》(第一卷),游云庭、缪苗译,上海:上海人民出版社,2006年,第82—83页。

土有公正、古老之名/有个稳定的政府在治理/凭着一个又一个判例/自由慢慢地扩展到下层。"①

近代英国普通法及普通法法院的转型呈现出一条在传统与变革之间寻找平衡、在保守主义的表象下追求现代性的独特道路。我们可以将之概括为渐进的经验主义之路。注重传统与实践的经验主义保证了普通法法院发展的平稳与持续,但在这种法律哲学的引领下,英国司法现代化的道路却一度落在许多后发现代化国家的后面。直到20世纪,英国仍然在司法是否独立的问题上争论与徘徊。司法独立道路的漫长与曲折无疑是这种保守主义法律哲学得到践行的产物。

前文已经讨论过,近代英国的司法独立思想起源于科克的普通法思想。在"禁制令案"中,科克明确提出:"国王可以出席裁判,但判决必须由基于法律裁断的法院作出。"②这一主张表明了科克"司法独立于王权"的主张,被认为是英国近代司法独立思想的萌芽。在"博纳姆案"(*Dr. Bonham's Case*)中,科克提出:"当制定法违反普通法的一般权利和理性(common right and reason),或与其规定相矛盾,或无法履行之时,普通法将对其审查,并裁定该制定法无效。"③这一主张则被认为是现代西方"司法审查"原则的理论源头。通过上述主张,科克将普通法法院与国王和议会置于同等地位。从这点来说,科克亦可被视为现代西方"司法独立"理论的开创者之一。遗憾的是,由于缺乏基本的宪政土壤,科克的主张并没有在英国茁壮成长,特别是其司法审查主张未能在英国的宪政架构中得到明确。

与科克同时代的哲学家、大法官弗朗西斯·培根尽管在司法改革方面有着突出成就,但他的"司法从属于王权"的主张却是守旧和传统的。他认为法官作为国王司法权力的代理人,应听从国王的命令,甘当"王座下的狮子"。另一位哲学家霍布斯继承培根的主张,坚称法官应与主权者保持一

---

① 《你问我,既然感到不自在》,[英]丁尼生:《丁尼生诗选》,黄杲炘译,上海:上海译文出版社,1995年,第88页。

② [日]藤仓皓一郎、木下毅等主编:《英美判例百选》,段匡、杨永庄译,北京:北京大学出版社,2005年,第181页。

③ Edward Coke, *The Eighth Part of the Reports of Sir Edward Coke*, London: Joseph Butterworth and Son, 1826, p. 118.

致，完全听命于主权者的指示与命令。①他所谓的"主权者"，在17世纪王权专制的时代，就是英国的专制君主。培根与霍布斯的主张成为专制王权控制普通法法院的理论工具。

光荣革命后，"议会主权"原则得到确立，霍布斯所称的"主权者"从君主转移到议会头上，但法院仍未获得独立的宪政地位。洛克尽管反对君主控制司法，但他认为司法机构是法律的执行部门，应从属于立法机构。他在论及国家起源时指出，"设置在人世间的裁判者"是"进入一个国家的状态"的前提条件，这个裁判者"有权裁判一切争端和救济国家的任何成员可能受到的损害，这个裁判者就是立法机关或立法机关所委任的官长"②。显然，在洛克看来，法官不过是立法机关"委任的官长"，充当立法者的下级。在论及国家权力统属时，他进一步明确了这一上下级关系，他说：国家"只能有一个最高权力，即立法权，其余一切权力都是而且必须处于从属地位"③。布莱克斯通是最早将司法权与立法权、行政权相提并论的法学家，但他所指的司法独立仍是建立在立法主权基础之上的。他认为："立法机关，作为事实上的最高权力者……始终拥有绝对的权威，它不承认世界上有比其地位更高的事物。"④对于司法权与立法权的地位问题，他强调，如果"将司法权力凌驾于立法机关之上，这对所有的政体都是颠覆性的"⑤。布莱克斯通尽管提出了司法权独立于立法权和行政权的主张⑥，但在本质上却与洛克的思想存在继承性。

可见，法律哲学家对司法独立的认识建立在英国宪制的基础之上。在近代早期的宪政斗争中，主权不过是从国王转归议会，而司法权并未获得独立于立法权和行政权的地位。18世纪末，以1783年宪法的颁布为标志，美国在世界上第一个建立"三权分立"政体。以美国为样板，在世界现代化

---

① 在霍布斯的著作《利维坦》中，他说："在所有的法庭中，实行裁判的是主权者，也就是国家法人，下级法官应当尊重主权者订立这一法律的理由，以便使其判决与之相符；这样一来，他的判决就成了主权者的判决，否则就是他自己的判决，同时也是不公正的判决。"[英]霍布斯：《利维坦》，黎思复、黎廷弼译，北京：商务印书馆，1986年，第210页。

② [英]洛克：《政府论》(下)，叶启芳、瞿菊农译，北京：商务印书馆，1996年，第54—55页。

③ [英]洛克：《政府论》(下)，叶启芳、瞿菊农译，北京：商务印书馆，1996年，第91页。

④ [英]威廉·布莱克斯通：《英国法释义》(第一卷)，游云庭、缪苗译，上海：上海人民出版社，2006年，第103页。

⑤ [英]威廉·布莱克斯通：《英国法释义》(第一卷)，游云庭、缪苗译，上海：上海人民出版社，2006年，第104页。

⑥ [英]威廉·布莱克斯通：《英国法释义》(第一卷)，游云庭、缪苗译，上海：上海人民出版社，2006年，第293页。

潮流推动下,许多后发现代化国家也迈开司法转型的步伐,但如果从现代西方多数国家奉为"圭臬"的权力分立原则的视角来看,英国这个最早开启司法现代化的国家反而落后了。

19世纪后期,英国尽管进行了一系列司法改革,[①]但并未在司法独立问题上取得实质性进展。上院作为英国司法体系最高审级的地位也没有撼动。20世纪末,伴随着欧洲一体化进程的加快,形式上不独立的司法体系成为英国融入欧洲的绊脚石。为适应时代的新要求,在工党政府的主导下,英国开启了新的宪政改革,通过2005年《宪政改革法》的颁布,英国的司法独立最终取得突破性进展,建立了独立的最高法院,至少在形式上完成了近代早期开启、但未彻底完成的历史任务。[②]当然,随着英国脱欧,英国的司法体系也还面临新的转型,这里暂且不做讨论。

中国人历来重视历史的垂训价值,强调"以史为镜,可以知兴替"。德国历史学家兰克也指出,研究历史的意义在于"评判过去,教导现在,以利于未来"。那么,英国这条渐进的经验主义司法现代化道路及其在实现过程中经历的挫折与教训,对于社会转型期的中国来说,是否具有镜鉴意义呢?我想答案应该是肯定的。作为一个有着深厚历史积蕴,正开创独特现代化道路的东方国家,中国当然不能将西方的司法制度和司法现代化模式照搬过来。同样是"摸着石头过河"、寻找符合本国传统与现实国情的发展道路,英国普通法法院转型的历程无疑能够为我国的司法改革提供有益参考。

---

① 19世纪英国司法现代化最重要的标志是1873年制定、1875年实施的《司法组织法》。该法结合此前一系列改革成果,对法院体系进行全面整合,并进一步简化司法程序,废除令状及相应的程式诉讼制度,大大提高了司法效率。

② 1997年上台执政的布莱尔政府发表了实现司法独立的宣言。1998年《人权法案》(the Human Rights Act 1998)强化了法院对立法权和行政权的制约权力。2003年,布莱尔改组内阁,撤销大法官建制。2004年,议会通过《宪法性改革法案》(Constitutional Reform Bill)提出废除上院司法职能、成立独立最高法院及独立法官任命委员会的改革方案,并于次年颁布。2009年7月1日,议会通过《最高法院规则》,并于10月1日生效。至此,英国新的宪政格局基本确立,司法独立的道路向前迈出重要一步。

附　录

一、主要术语译名对照

Appellate Committee of the House of Lords 上议院上诉委员会

Artificial reason 技艺理性

Attorney General 首席检察官

Borough courts 市镇法院

Bill procedure 诉状程序

Cavalier Parliament 骑士议会

Chancellor of the Exchequer 财政大臣

Chief Baron 财税法院首席法官

Chief clerk 王座法院首席书记官

Chief Justice 王座法院(或民诉法院)首席法官

Clerk of the Crown 王座法院公诉书记官

Commission of Assize 特别委任巡回法庭

Commission of Gaol Delivery 清监委任巡回法庭

Commissions of Oyer and Terminer 刑事特别委任巡回法庭

Commission of the Great Seal 国玺委员会

Common lawyers 普通法职业共同体/群体

Convention Parliament 公约议会

Council of the North 北方委员会

Court of Admiralty 海事法院

Court of Admiralty for the Cinque Ports 五港联盟海事法院

Court of Appeal 上诉法院

Court of Augmentations 土地没收法庭

Court of Common Pleas 民事诉讼法院(民诉法院)

186

Court of Exchequer Champer 财政上诉法院

Court of King's Bench 王座法院

Court of Upper Bench 上座法院

Court of the Exchequer 财税法院

Court of Wards and Liveries 监护法庭

Court of General Surveyors 王室地产检查员法庭

Court of First Fruits and Tenths 首年金和什一税法庭

Court of Wales and The March 威尔士边区法庭

Court of Requests 恳请法院

Court of Star Chamber 星室法院

Court of Vice-Admiralty 初级海事法庭(或海岸事务法庭)

Custos Brevium 王座法院(或民诉法院)令状保管官

Due process of law 正当法律程序

Equity Court 衡平法院

Easter term 复活节开庭期

Ecclesiastical sanctuary 教会庇护权

Felony 重罪

Gray's Inn 格雷会馆

Habeas corpus 人身保护令

High Court of Delegates/ Commission 高等教务法庭

Hilary term 春季开庭期

Inner Temple 内殿会馆

Inns of Chancery 预备律师会馆

Judicial Immunity 司法豁免权

Legal fiction 法律拟制

Lincoln's Inn 林肯会馆

Long Parliament 长期议会

Lord Chancellor 大法官

Lord Keeper (of the Great Seal)掌玺大臣

Lord Treasurer 王室财务大臣

Lords of Appeal in Ordinary 常任上诉司法贵族

Marshalsea prison 王室内务法庭监狱

Master of Rolls 卷档总管

Master 主事官

Michaelmas term 米迦勒节开庭期

Natural reason 自然理性

Original jurisdiction 初审管辖权

Parliamentary Sovereignty 议会主权

Pleas of the crown 国王之诉

Prohibition 禁制令

Protestant Constitution　新教体制

Puisne Judge 王座法院(或民诉法院)陪审法官

Puisne Baron 财税法院陪审法官

Praemunire 蔑视王权罪

Prothonotary 民诉法院首席书记官

Recorder of London 伦敦司法官

Rump Parliament 残缺议会

Separation of Powers 权力分立

Serjeant 高级律师

Six Clerks 六书记官

Solicitor General 副检察官

Supreme Court of United Kingdom 英国最高法院

Supreme Court of the United States 美国联邦最高法院

Trepass 非法入侵

Trinity term 圣三一开庭期

二、主要涉及的司法案件和议会法令

1.主要涉及的司法案件

1495年"罗尔斯利诉托夫特案"(*Rollesley v. Toft*)

1516年"摩根案"(*R. v. Marshal of Household*, *ex parte Ap Morgan*)

1516—1520年"庞斯福特诉萨维奇案"(*Pauncefote v. Savage*)

1518年"托马斯·阿普莱斯案"(*Case of Thomas Apryse*)

1532年"皮克里昂诉瑟古德案"(*Pykeryng v. Thurgoode*)

1546年"霍吉斯和希思案"(*Ex parte Hogges and Heyth*)

1604年"古德温当选下院议员案"(*Case of Goodwin*)

1606年"贝特案"(*Case of Bate*)

1608年"禁制令案"（*Case of Prohibitions*）

1610年"博纳姆案"（*Dr. Bonham's Case*）

1614年"格兰维尔案"（*Case of Glanville*）

1615年"皮奇姆案"（*Case of Peacham*）

1616年"薪俸代领权案"（*Case of Commendams*）

1626年"五骑士案"（*Case of Five Knights*）

1668—1670年"斯金纳诉东印度公司案"（*Skinner v. The East Indian Company*）

1637年"船税案"（*Case of Ship money*）

1670年"布谢尔案"（*Bushell's Case*）

1675年"雪利诉法格案"（*Shirley v. Fagg*）

1678—1679年"天主教阴谋案"（*Case of Popish Plot*）

1683年"黑麦堡阴谋案"（*Case of Rye House Plot*）

1686年"戈登诉黑尔斯案"（*Godden v. Hales*）

1688年"七主教案"（*Case of the Seven Bishops*）

2.主要涉及的议会法令

1540年《监护法院法》（Court of Wards Act）

1641年《三年法案》（Triennial Act 1641）

1641年《砘税和磅税法》（*The Tonnage and Poundage Act*）

1641年《取消船税法》（Act Declaring the Illegality of Ship-Money）

1660年《赔偿和赦免法》（Act of Indemnity and Oblivion）

1661年《市政法》（The Corporation Act）

1662年《信仰划一法》（Act of Uniformity）

1664年《宗教集会法》（The Conventicle Act）

1665年《五英里法》（The Five Miles Act）

1673年《宣誓法》（Test Act 1673）

1677年《防止欺诈与伪证法》（Act for the Prevention of Frauds and Perjuries）

1679年《人身保护法》（Habeas Corpus Act）

1689年《权利法案》（Bill of Rights）

1689年《宗教宽容法》（Act of Toleration）

1694年《三年法案》（Triennial Act 1694）

1696年《叛国罪法案》（Treason Trials Act）

1701年《王位继承法》（Act of Settlement 1701）

1832年《程序统一法》(Uniformity of Process Act)

1835年《市政改革法》(Municipal Corporations Act 1835)

1837年《高级法院(官员)法》[Superior Courts (Officer) Act]

1873—1875年《司法组织法》(Judicature Acts)

1876年《上诉管辖权法》(Appellate Jurisdiction Act 1876)

1879年《司法(职位)法》[Judicature (Officers) Act]

1972年《欧共体法》(European Communities Act 1972)

1998年《人权法案》(Human Rights Act 1998)

2005年《宪政改革法》(Constitutional Reform Act 2005)

三、近代早期历任英国君主(1485—1714年)

在位君主	在位时间
都铎王朝(1485—1603年)	
亨利七世(Henry VII)	1485.08—1509.04
亨利八世(Henry VIII)	1509.04—1547.01
爱德华六世(Edward VI)	1547.01—1553.07
简·格雷(Jane Grey)	1553.07—1553.07
玛丽一世(Mary I)	1553.07—1558.11
伊丽莎白一世(Elizabeth I)	1558.12—1603.03
早期斯图亚特王朝(1603—1649年)	
詹姆斯一世(James I)	1603.03—1625.03
查理一世(Charles I)	1625.03—1649.01
共和国时期(1649—1653年)	
护国政府(1653—1659年)	
斯图亚特复辟王朝(1660—1688年)	
查理二世(Charles II)	1660.05—1685.02
詹姆斯二世(James II)	1685.02—1688.12
晚期斯图亚特王朝(1688—1714年)	
威廉三世(William III)与玛丽二世(Mary II)	1689.04—1694.12
威廉三世(William III)	1694.12—1702.03
安妮女王(Queen Anne)	1702.03—1714.08

四、三大普通法法院历任首席法官(1485—1714年)

表1 王座法院历任首席法官

王座法院首席法官	任职时间
亨利七世(Henry VII,1485—1509年在位)	
威廉·休斯(William Huse)	1485.08—1495.09
约翰·菲尤克斯(John Fineux)	1495.09—1509.04
亨利八世(Henry VIII,1509—1547年在位)	
约翰·菲尤克斯(John Fineux)	1509.04—1526.01
约翰·菲茨-詹姆斯(John Fitz-James)	1526.01—1539.01
爱德华·蒙塔古(Edward Montagu)	1539.01—1545.09
理查德·莱斯特(Richard Lyster)	1545.09—1547.01
爱德华六世(Edward VI,1547—1553年在位)	
理查德·莱斯特(Richard Lyster)	1547.01—1552.03
罗杰·乔姆利(Roger Chomley)	1552.03—1553.07
玛丽一世(Mary I,1553—1558年在位)	
托马斯·布罗姆利(Thomas Bromley)	1553.10—1555.06
威廉·波特曼(William Portman)	1555.06—1557.05
爱德华·桑德斯(Edward Saunders)	1557.05—1558.11
伊丽莎白一世(Elizabeth I,1558—1603年在位)	
爱德华·桑德斯(Edward Saunders)	1558.12—1559.01
罗伯特·凯特林(Robert Catlin)	1559.01—1574.11
克里斯托弗·雷(Christopher Wray)	1574.11—1592.06
约翰·波帕姆(John Popham)	1592.06—1603.03
詹姆斯一世(James I,1603—1625年在位)	
约翰·波帕姆(John Popham)	1603.03—1607.06
托马斯·弗莱明(Thomas Fleming)	1607.06—1613.10
爱德华·科克(Edward Coke)	1613.10—1616.11
亨利·蒙塔古(Henry Montagu)	1616.11—1621.01
詹姆斯·李(James Ley)	1621.01—1625.01
伦纳尔夫·克鲁(Ranulphe Crew)	1625.01—1625.03
查理一世(Charles I,1625—1649年在位)	
伦纳尔夫·克鲁(Ranulphe Crew)	1625.03—1626.11
尼古拉斯·海德(Nicholas Hyde)	1627.02—1631.10

王座法院首席法官	任职时间
托马斯·理查德森(Thomas Richardson)	1631.10—1634.04
约翰·布拉姆斯顿(John Bramston)	1634.04—1642.10
罗伯特·希思(Robert Health)	1642.10—1645.11
亨利·罗尔(Henry Rolle)	1648.10—1649.01
共和国和护国政府(Commonwealth and the Protectorate,1649—1660年)	
亨利·罗尔(Henry Rolle)	1649.02—1655.06
约翰·格林(John Glynne)	1655.06—1660.01
理查德·纽迪盖特(Richard Newdigate)	1660.01—1660.05
查理二世(Charles II,1649—1660年在位)	
罗伯特·福斯特(Robert Foster)	1660.10—1663.10
罗伯特·海德(Robert Hyde)	1663.10—1665.11
约翰·基林(John Kelyng)	1665.11—1671.05
马修·黑尔(Matthew Hale)	1671.05—1676.04
理查德·雷恩斯福德(Richard Rainsford)	1676.04—1678.05
威廉·斯克罗格斯(William Scroggs)	1678.05—1681.04
弗朗西斯·彭伯顿(Francis Pemberton)	1681.04—1683.01
爱德蒙·桑德斯(Edmund Saunders)	1683.01—1683.06
乔治·杰弗里斯(George Jeffreys)	1683.09—1685.02
詹姆斯二世(James II,1660—1688年在位)	
乔治·杰弗里斯(George Jeffreys)	1685.02—1685.09
爱德华·赫尔伯特(Edward Herbert)	1685.10—1687.04
罗伯特·怀特(Robert Wright)	1687.04—1689.03
威廉三世和玛丽二世(William III,1689—1702年在位;Mary II,1689—1694年在位)	
约翰·霍尔特(John Holt)	1689.04—1702.03
安妮女王(Queen Anne,1702—1714年在位)	
约翰·霍尔特(John Holt)	1702.03—1710.03
托马斯·帕克(Thomas Parker)	1705.10—1714.08

表2 民诉法院历任首席法官

民诉法院首席法官	任职时间
亨利七世（Henry VII，1485—1509 年在位）	
托马斯·布莱恩（Thomas Bryan）	1485.08—1500.10
托马斯·伍德（Thomas Wood）	1500.10—1502.09
托马斯·弗罗（Thomas Frowyk）	1502.09—1506.10
罗伯特·里德（Robert Read）	1506.10—1509.04
亨利八世（Henry VIII，1509—1547 年在位）	
罗伯特·里德（Robert Read）	1509.04—1519.01
约翰·厄恩利（John Ernle）	1519.01—1521.04
罗伯特·布鲁德内尔（Robert Brudenell）	1521.04—1531.01
罗伯特·诺维奇（Robert Norwich）	1531.01—1535.04
约翰·鲍德温（John Baldwin）	1535.04—1545.09
爱德华·蒙塔古（Edward Montagu）	1545.09—1547.01
爱德华六世（Edward VI，1547—1553 年在位）	
爱德华·蒙塔古（Edward Montagu）	1547.01—1553.07
玛丽一世（Mary I，1553—1558 年在位）	
理查德·摩根（Richard Morgan）	1553.09—1554.10
威廉·波特曼（Robert Brook）	1554.10—1558.10
安东尼·布朗（Anthony Browne）	1558.10—1558.11
伊丽莎白一世（Elizabeth I，1558—1603 年在位）	
安东尼·布朗（Anthony Browne）	1558.12—1559.01
詹姆斯·戴尔（James Dyer）	1559.01—1582.05
爱德蒙·安德森（Edmund Anderson）	1582.05—1603.03
詹姆斯一世（James I，1603—1625 年在位）	
爱德蒙·安德森（Edmund Anderson）	1603.03—1605.08
弗朗西斯·高迪（Francis Gawdy）	1605.08—1606.06
爱德华·科克（Edward Coke）	1606.06—1613.11
亨利·蒙塔古（Henry Montagu）	1613.11—1625.03
查理一世（Charles I，1625—1649 年在位）	
亨利·霍巴特（Henry Hobart）	1625.03—1625.12
托马斯·理查德森（Thomas Richardson）	1626.11—1631.10
罗伯特·希思（Robert Health）	1631.10—1634.10
约翰·芬奇（John Finch）	1634.04—1640.01

民诉法院首席法官	任职时间
爱德华·利特尔顿（Edward Lyttelton）	1640.01—1641.01
约翰·班克斯（John Banks）	1641.01—1644.12
奥利弗·圣约翰（Oliver St. John）（议会任命）	1648.10—1649.02
共和国和护国政府（Commonwealth and the Protectorate，1649—1660）	
奥利弗·圣约翰（Oliver St. John）（议会任命）	1649.02—1660.10
查理二世（Charles II，1649—1660 年在位）	
奥兰多·布里奇曼（Orlando Bridgeman）	1660.10—1668.05
约翰·沃恩（John Vaughan）	1668.05—1675.01
弗朗西斯·诺思（Francis North）	1675.01—1683.01
弗朗西斯·彭伯顿（Francis Pemberton）	1683.01—1683.09
托马斯·琼斯（Thomas Jones）	1683.09—1685.02
詹姆斯二世（James II，1660—1688 年在位）	
托马斯·琼斯（Thomas Jones）	1685.02—1686.04
亨利·贝丁菲尔德（Henry Bedingfield）	1686.04—1687.04
罗伯特·怀特（Robert Wright）	1687.04—1687.04
爱德华·赫尔伯特（Edward Herbert）	1687.04—1588.07
威廉三世和玛丽二世（William III，1689—1702 年在位；Mary II，1689—1694 年在位）	
亨利·波莱克斯芬（Henry Pollexfen）	1689.05—1691.06
乔治·特里（George Treby）	1692.05—1700.12
托马斯·特雷弗（Thomas Trevor）	1701.06—1702.03
安妮女王（Queen Anne，1702—1714 年在位）	
托马斯·特雷弗（Thomas Trevor）	1702.03—1714.08

表3　财税法院历任首席法官

财税法院首席法官	任职时间
亨利七世（Henry VII，1485—1509 年在位）	
汉普莱·斯塔基（Humphrey Starkey）	1485.08—1486.10
威廉·赫迪（William Hody）	1486.10—1509.04
亨利八世（Henry VIII，1509—1547 年在位）	
威廉·赫迪（William Hody）	1509.04—1513.01
约翰·斯考特（John Scott）	1513.01—1522.02
约翰·菲茨-詹姆斯（John Fitz-James）	1522.02—1526.01

财税法院首席法官	任职时间
理查德·布鲁克（Richard Broke）	1526.01—1529.05
理查德·利斯特（Richard Lyster）	1529.05—1545.11
罗杰·乔姆利（Roger Cholmley）	1545.11—1547.01
爱德华六世（Edward VI，1547—1553 年在位）	
罗杰·乔姆利（Roger Cholmley）	1547.01—1552.05
亨利·布莱德肖（Henry Bradshaw）	1552.05—1553.07
玛丽一世（Mary I，1553—1558 年在位）	
亨利·布莱德肖（Henry Bradshaw）	1553.07—1553.08
大卫·布鲁克（David Brook）	1554.10—1558.03
克莱门特·海厄姆（Clement Heigham）	1558.03—1558.11
伊丽莎白一世（Elizabeth I，1558—1603 年在位）	
克莱门特·海厄姆（Clement Heigham）	1558.12—1559.01
爱德华·桑德斯（Edward Saunders）	1559.01—1577.01
罗伯特·贝尔（Robert Bell）	1577.01—1577.10
约翰·杰弗里（John Jeffrey）	1577.10—1578.11
罗杰·曼胡德（Roger Manwood）	1578.11—1593.02
威廉·佩亚姆（William Peryam）	1593.02—1603.03
詹姆斯一世（James I，1603—1625 年在位）	
威廉·佩亚姆（William Peryam）	1603.03—1604.10
托马斯·弗莱明（Thomas Fleming）	1604.10—1607.06
劳伦斯·坦菲尔德（Laurence Tanfield）	1607.06—1625.03
查理一世（Charles I，1625—1649 年在位）	
劳伦斯·坦菲尔德（Laurence Tanfield）	1625.03—1625.05
约翰·沃尔特（John Walter）	1625.05—1630.11
汉弗莱·达文波特（Humphrey Davenport）	1631.01—1644.01
理查德·雷恩（Richard Lane）	1644.01—1644.08
约翰·王尔德（John Wilde）	1648.10—1649.02
共和国和护国政府（Commonwealth and the Protectorate，1649 年—1660 年）	
约翰·王尔德（John Wilde）	1649.02—1653.10
威廉·斯蒂尔（William Steele）	1655.05—1656.08
托马斯·威德林顿（Thomas Widdrington）	1658.06—1660.01
约翰·王尔德（John Wilde）	1660.01—1660.06

财税法院首席法官	任职时间
查理二世（Charles II，1649—1660 年在位）	
奥兰多·布里奇曼（Orlando Bridgeman）	1660.06—1660.10
马修·黑尔（Matthew Hale）	1660.11—1671.05
爱德华·特纳（Edward Turnour）	1671.05—1676.04
威廉·蒙塔古（William Montagu）	1676.04—1685.02
詹姆斯二世（James II，1660—1688 年在位）	
威廉·蒙塔古（William Montagu）	1685.02—1686.04
爱德华·阿特金斯（Edward Atkyns）	1686.04—1689.03
威廉三世和玛丽二世（William III，1689—1702 年在位；Mary II，1689—1694 年在位）	
约翰·霍尔特（Robert Atkyns）	1689.04—1694.10
爱德华·沃德（Edward Ward）	1694.10—1702.03
安妮女王（Queen Anne，1702—1714 年在位）	
爱德华·沃德（Edward Ward）	1702.03—1714.07

五、大法官法院历任大法官（1485—1714 年）

大法官、掌玺大臣或国玺委员会	任职时间
亨利七世时期（Henry VII，1485—1509 年在位）	
约翰·阿尔科克（John Alcock）	1485—1486
约翰·莫顿（John Morton）	1486—1500
亨利·迪恩（Henry Dene）	1500—1502
威廉·沃勒姆（William Warham）	1502—1509
亨利八世（Henry VIII，1509—1547 年在位）	
威廉·沃勒姆（William Warham）	1509—1515
托马斯·沃尔西（Thomas Wolsey）	1515—1529
国玺委员会	1529.06—1529.10
托马斯·莫尔（Thomas More）	1529—1532
托马斯·奥德利（Thomas Audley）	1532—1544
托马斯·奥赖斯利（Thomas Wriothesley）	1544—1547
国玺委员会	1547.01
爱德华六世（Edward VI，1547—1553 年在位）	
托马斯·奥赖斯利（Thomas Wriothesley）	1547

大法官、掌玺大臣或国玺委员会	任职时间
威廉·波利特（William Paulet）	1547
理查德·里奇（Richard Rich）	1547—1551
托马斯·古德里奇（Thomas Goodrich）	1551—1553
玛丽一世（Mary I,1553—1558 年在位）	
斯蒂芬·加德纳（Stephen Gardiner）	1553—1555
国玺委员会	1555.11—1556.12
尼古拉斯·希思（Nicholas Heath）	1556—1558
伊丽莎白一世（Elizabeth I,1558—1603 年在位）	
尼古拉斯·培根（Nicholas Bacon）	1558—1579
托马斯·布罗姆利（Thomas Bromley）	1579—1587
克里斯托弗·哈顿（Christopher Hatton）	1587—1591
国玺委员会	1591.11—1592.05
约翰·帕克林（John Puckering）	1592—1596
托马斯·埃杰顿（Thomas Egerton）	1596—1603
詹姆斯一世（James I,1603—1625 年在位）	
托马斯·埃杰顿（Thomas Egerton）	1603—1617
弗朗西斯·培根（Francis Bacon）	1617—1621
国玺委员会	1621.05—1621.07
约翰·威廉姆斯（John Williams）	1621—1625
查理一世（Charles I,1625—1649 年在位）	
约翰·威廉姆斯（John Williams）	1625—1625
托马斯·考文垂（Thomas Coventry）	1625—1640
约翰·芬奇（John Finch）	1640—1641
爱德华·利特尔顿（Edward Lyttelton）	1641—1645
国玺委员会（长期议会任命）	1643.11—1646.10
理查德·雷恩（Richard Lane）（国王任命）	1645—1649
国玺委员会（长期议会任命）	1646.10—1648.03
国玺委员会（长期议会任命）	1648.03—1649.01
共和国和护国政府（Commonwealth and the Protectorate,1649—1660 年）	
国玺委员会（长期议会任命）	1649.02—1654.04
国玺委员会（奥利弗·克伦威尔任命）	1654.04—1659.01
国玺委员会（理查德·克伦威尔任命）	1659.01—1659.05

大法官、掌玺大臣或国玺委员会	任职时间
国玺委员会（长期议会任命）	1659.06—1659.10
国玺委员会（公约议会任命）	1660.01—1660.05
查理二世（Charles II，1649—1660年在位）	
爱德华·海德（Edward Hyde）	1660—1667
奥兰多·布里奇曼（Orlando Bridgeman）	1667—1673
赫尼奇·芬奇（Heneage Finch）	1673—1682
弗朗西斯·诺思（Francis North）	1682—1685
詹姆斯二世（James II，1660—1688年在位）	
弗朗西斯·诺思（Francis North）	1685—1685
乔治·杰弗里斯（George Jeffreys）	1685—1688
威廉三世和玛丽二世（William III，1689—1702年在位；Mary II，1689—1694年在位）	
国玺委员会（公约议会任命）	1689.03—1690.05
国玺委员会	1690.05—1693.03
约翰·萨莫尔斯（John Somers）	1693—1700
国玺委员会	1700.05—1700.05
内森·怀特（Nathan Wright）	1700—1702
安妮女王（Queen Anne，1702—1714年在位）	
内森·怀特（Nathan Wright）	1702—1705
威廉·考珀（William Cowper）	1705—1710
国玺委员会	1710.09—1710.10
西蒙·哈考特（Simon Harcourt）	1710—1714

参考文献

一、中文译著

1.[德]K.茨威格特、H.克茨:《比较法总论》,潘汉典等译,北京:法律出版社,2003年。

2.[比]R.C.范·卡内冈:《法官、立法者与法学教授》,薛张敏敏译,北京:北京大学出版社,2006年。

3.[法]伏尔泰:《风俗论》下册,谢戊申等译,北京:商务印书馆,1997年。

4.[法]基佐:《一六四〇年英国革命史》,伍光建译,北京:商务印书馆,1986年。

5.[法]孟德斯鸠:《论法的精神》(上),张雁深译,北京:商务印书馆,1961年。

6.[法]泰勒、利维:《法律与资本主义的兴起》,纪琨译,上海:学林出版社,1996年。

7.[美]博登海默:《法理学—法律哲学与法律方法》,邓正来译,北京:中国政法大学出版社,1996年。

8.[美]罗斯科·庞德:《法理学》(第1卷),邓正来译,北京:中国政法大学出版社,2004年。

9.[美]卢埃林:《普通法传统》,陈绪刚等译,北京:中国政法大学出版社,2002年。

10.[美]威格摩尔:《世界法系概览》(上、下),何勤华等译,上海:上海人民出版社,2004年。

11.[日]藤仓皓一郎、木下毅等主编:《英美判例百选》,段匡、杨永庄译,北京:北京大学出版社,2005年。

12.[英]丹宁勋爵:《法律的界碑》,刘庸安、张弘译,北京:法律出版社,2011年。

13.[英]丹宁勋爵:《法律的未来》,刘庸安、张文镇译,北京:法律出版社,2011年。

14.[英]戴雪:《英宪精义》,雷宾南译,北京:中国法制出版社,2001年。

15.[英]弗·培根:《培根论说文集》,水天同译,北京:商务印书馆,1983年。

16.[英]弗雷德里克·波洛克:《普通法的精神》,北京:商务印书馆,2015年。

17.[英]霍布斯:《利维坦》,黎思复、黎廷弼译,北京:商务印书馆,1986年。

18.[英]约翰·福蒂斯丘:《论英格兰的法律与政制》,袁瑜珺译,北京:北京大学出版社,2008年。

19.[英]约翰·哈德森:《英国普通法的形成——从诺曼征服到大宪章时期英格兰的法律与社会》,刘四新译,北京:商务印书馆,2006年。

20.[英]詹宁斯:《法与宪法》,龚祥瑞等译,北京:生活·读书·新知三联书店,1997年。

21.[英]詹姆斯:《国王詹姆斯政治著作选》(影印本),北京:中国政法大学出版社,2003年。

22.[英]洛克:《政府论》(上、下),叶启芳、瞿菊农译,北京:商务印书馆,1996年。

23.[英]拉努尔夫·德·格兰维尔:《论英格兰王国的法律和习惯》,吴训祥译,北京:中国政法大学出版社,2015年。

24.[英]密尔松:《普通法的历史基础》,李显冬等译,北京:中国大百科全书出版社,1999年。

25.[英]梅因:《古代法》,沈景一译,北京:商务印书馆,1986年。

26.[英]梅特兰:《普通法的诉讼形式》,王云霞等译,北京:商务印书馆,2010年。

27.[英]维尔:《宪政与分权》,苏力译,北京:生活·读书·新知三联书店,1997年。

二、中文专著

1.程汉大主编:《英国法制史》,济南:齐鲁书社,2001年。

2.程汉大、李培峰:《英国司法制度史》,北京:清华大学出版社,2007年。

3.柴惠庭:《英国清教》,上海:上海社会科学院出版社,1994年。

4.陈绪刚:《法律职业与法治——以英格兰为例》,北京:清华大学出版社,2007年。

5. 何勤华主编：《英国法律发达史》，北京：法律出版社，1998年。

6. 何勤华主编：《20世纪外国司法制度的变革》，北京：法律出版社，2003年。

7. 侯建新：《现代化第一基石——农民个人力量与中世纪晚期社会变迁》，天津：天津社会科学院出版社，1991年。

8. 姜守明：《从民族国家走向帝国之路：近代早期英国海外殖民扩张研究》，南京：南京师范大学出版社，2000年。

9. 焦洪宝主编：《英美司法案例解读》，天津：南开大学出版社，2017年。

10. 刘金源：《现代化与英国社会转型》，北京：生活·读书·新知三联书店，2013年。

11. 刘承韪：《英美契约法的变迁与发展》，北京：北京大学出版社，2014年。

12. 李栋：《通过司法限制权力：英格兰司法的成长与宪政的生成》，北京：北京大学出版社，2011年。

13. 李栋：《英国法治的道路与经验》，北京：中国社会科学出版社，2014年。

14. 李红海：《普通法的历史解读——从梅特兰开始》，北京：清华大学出版社，2003年。

15. 冷霞：《英国早期衡平法概论——以大法官法院为中心》，北京：商务印书馆，2010年。

16. 马克垚：《英国封建社会研究》，北京：北京大学出版社，1992年。

17. 孟广林：《英国封建王权论稿——从诺曼征服到大宪章》，北京：人民出版社，2002年。

18. 牛淑贤：《英国近现代司法改革研究》，济南：山东人民出版社，2013年。

19. 钱乘旦、许洁明：《英国通史》，上海：上海社会科学院出版社，2002年。

20. 钱乘旦、陈晓律：《英国文化模式溯源》，上海：上海社会科学院出版社，2003年。

21. 钱乘旦、陈晓律主编：《世界现代化历程》（西欧卷），南京：江苏人民出版社，2012年。

22. 齐树洁：《英国民事司法改革》，北京：北京大学出版社，2004年。

23. 屈文生：《普通法令状制度研究》，北京：商务印书馆，2011年。

24. 邵政达：《英国宗教史》，北京：中国社会科学出版社，2017年。

25.童建华:《英国违宪审查》,北京:中国政法大学出版社,2011年。

26.王建新:《英国行政裁判所制度研究》,北京:中国法制出版社,2014年。

27.徐美君:《司法制度比较:以英、美、德三国为主要考察对象》,北京:中国人民公安大学出版社,2010年。

28.咸鸿昌:《英国土地法律史——以保有权为视角的考察》,北京:北京大学出版社,2009年。

29.阎照祥:《英国政治制度史》,北京:人民出版社,1999年。

30.尹虹:《十六、十七世纪前期英国流民问题研究》,北京:中国社会科学出版社,2003年。

31.张彩凤:《英国法治研究》,北京:中国人民公安大学出版社,2001年。

32.张玮麟:《法治的黄昏:英国2005年宪法改革法案立法研究》,北京:中国政法大学出版社,2018年。

三、中文论文

1.程汉大:《12—13世纪英国法律制度的革命性变化》,《世界历史》2000年第5期。

2.程汉大:《政治与法律的良性互动——英国法治道路成功的根本原因》,《史学月刊》2008年第12期。

3.程汉大:《英国司法现代化述评》,《法制现代化研究》(第十二卷),南京:南京师范大学出版社,2009年。

4.程汉大、于民:《在专制与法治之间:都铎悖论解析》,《世界历史》2002年第5期。

5.陈敬刚:《英国普通法的形成:一个初步的分析》,北京:中国政法大学博士学位论文,2004年。

6.陈晓律:《从习俗到法治——试析英国法治传统形成的历史渊源》,《世界历史》2005年第5期。

7.初庆东:《近代早期英国"诉讼爆炸"现象探析》,《史林》2014年第5期。

8.曹永军:《陪审制度变革的历史成因——以国家与社会的关系为视角》,长春:吉林大学博士学位论文,2007年。

9.邓云清、宫艳丽:《"王之和平"与英国司法治理模式的型塑》,《历史研究》2010年第5期。

10.龚敏:《早期斯图亚特英国贵族官员腐败原因初探》,武汉:武汉大学博士学位论文,2005年。

11.龚春霞:《浅述令状在英国普通法发展中的作用——从王室司法管辖权的角度阐述》,《云南大学学报》2007年第3期。

12.宫雪:《延续抑或改革:中世纪英国民事执行制度研究》,《外国法制史研究》(第19辑),2016年。

13.郭光东:《陪审团的历史与价值》,上海:华东政法学院博士学位论文,2004年。

14.郭丰秋:《审判查理一世与英国君权观的变化》,武汉:武汉大学博士学位论文,2011年。

15.顾荣新:《英国上议院刑事上诉管辖权的演变与英国宪政改革》,《理论界》2006年第12期。

16.何国强、李栋:《早期英格兰行政司法化传统的宪政意义》,《广东社会科学》2012年第4期。

17.胡健:《衰亡还是重生——英国大法官的历史演进》,《比较法研究》2005年第6期。

18.韩慧:《英国近代法律教育转型研究》,济南:山东大学博士学位论文,2010年。

19.焦诸华:《英国陪审制度的历史嬗变及存废之争》,《政治与法律》2001年第5期。

20.冀明武:《16世纪罗马法复兴运动在英国失败原因探究——论培根新归纳法的法哲学意义》,《外国法制史研究》(第17辑),2014年。

21.李源:《英格兰罗马法继受运动中的星座法院》,《外国法制史研究》(第17辑),2014年。

22.李栋:《英国宪政的精髓:议会主权与司法独立相结合的宪制》,《法学论坛》,2012年第2期。

23.李栋:《英国法律职业者在"英国宪政革命"中的推动性作用》,《世界历史》2013年第2期。

24.李栋:《试述中世纪英格兰统一司法体系的建立》,《南京大学法律评论》2012年秋季卷。

25.李栋:《立基之本与发展之源:英国宪政中的经验理性》,《清华法学》2010年第6期。

26.李栋:《英国宪政革命中的辉格党律师》,《华东政法大学学报》2011年第5期。

27. 李红海:《自足的普通法与不自足的衡平法——论英国普通法与衡平法的关系》,《清华法学》2010年第6期。

28. 李巍涛:《中世纪英国令状制度与普通法的发展》,《法律文化研究》(第五辑),2009年。

29. 李巍涛:《令状制度对英国法律文化的影响》,《辽宁大学学报》2007年第5期。

30. 赵立行:《论中世纪的"灰脚法庭"》,《复旦学报》2008年第1期。

31. 梁津明、张馨艳:《习惯法到普通法:中世纪后期英国法律制度的演化路径》,《民间法》(第十八辑),2016年。

32. 刘城:《英国中世纪教会法院与国王法庭的权力关系》,《世界历史》1998年第3期。

33. 刘树勇:《通过司法改革的法律近代化之路——以英国法的历史连续性为视角》,北京:中国政法大学硕士学位论文,2005年。

34. 马登峰:《从条件看英国历史上的司法独立》,烟台:烟台大学硕士论文,2007年。

35. 马瑛:《中世纪的王座法院》,上海:华东政法大学硕士学位论文,2008年。

36. 孟凡哲:《普通法系的判例制度——一个源与流的解读》,长春:吉林大学博士学位论文,2004年。

37. 屈文生:《令状制度研究》,上海:华东政法大学博士学位论文,2009年。

38. 屈文生:《试论亨利二世的法律改革》,《贵州社会科学》2009年第11期。

39. 曲兵:《试析英国上院的司法职能》,《南京大学学报》2009年第2期。

40. 齐树洁:《英国陪审团制度的发展与改革》,《司法改革论评》(第9辑),厦门:厦门大学出版社,2009年。

41. 孙德鹏:《令状的司法化与普通法的形成——早期英国法治理方式的历史考察》,重庆:西南政法大学硕士学位论文,2004年。

42. 孙宏伟:《中世纪英国中书法庭的起源和演进》,《首都师范大学学报》2003年第3期。

43. 孙银钢:《盎格鲁-撒克逊法探析》,上海:华东师范大学博士学位论文,2013年。

44. 沈宗灵:《论普通法与衡平法的历史发展和现状》,《北京大学学报》1986年第3期。

45. 邵政达:《16世纪英国律师大法官的兴起及其法律意义》,《经济社会史评论》2020年第2期。

46. 王婧:《论14世纪至19世纪英国上议院司法权的变迁》,《政治与法律》2011年第2期。

47. 汪栋:《霍布斯与英国普通法的近代转型》,《政法论坛》2011年第2期。

48. 汪栋:《普通法令状与英国司法化国家治理路径的形成》,《经贸法律评论》2020年第2期。

49. 魏建国:《近代早期英国普通法法院司法独立的特点及其意义》,《广西社会科学》2004年第3期。

50. 魏建国:《司法独立:近代英国法治秩序与市场经济建构的制度之基》,《学习与探索》2006年第2期。

51. 温祥国:《论司法独立的基础——以十七世纪前的英国为中心的分析》,南京:南京师范大学硕士学位论文,2004年。

52. 吴迪莱、陆群:《司法独立:学说、制度与现实考辩》,《求索》2009年第2期。

53. 项焱、张烁:《英国法治的基石——令状制度》,《法学评论》2004年第1期。

54. 谢汉卿:《英国律师会馆研究》,长春:东北师范大学博士学位论文,2021年。

55. 肖崇俊:《英国海事法院的历史探析(1360—1873)》,上海:华东政法大学硕士学位论文,2010年。

56. 徐煜:《论英国斯图亚特王朝早期的宪政斗争》,《武汉大学学报》2009年第3期。

57. 徐煜、高志平:《论英国斯图亚特王朝早期争取司法独立的斗争》,《湖北大学学报》2010年第5期。

58. 杨利敏:《亨利二世司法改革的国家构建意义》,《比较法研究》2012年第4期。

59. 杨晓艳:《英国商人法纳入普通法的历史探析(1606—1788)》,上海:华东政法大学硕士学位论文,2016年。

60. 叶晓川、陈博:《亨利二世司法改革和普通法的形成》,《法制与社会》2007年第5期。

61. 于洪:《论英国普通法形成的核心因素》,《历史教学》2010年第6期。

62. 于洪:《科克法治思想研究》,长春:东北师范大学博士学位论文,

2010年。

63.于明：《法律传统、国家形态与法理学谱系——重读科克法官与詹姆斯国王的故事》，《法制与社会发展》2007年第2期。

64.于明：《爱德华·科克爵士与英国法学近代化——对〈科克报告〉与〈英国法总论〉的初步考察》，上海：华东政法学院硕士学位论文，2007年。

65.于明：《早期普通法中的司法与王权——英国司法独立的"中世纪起源"的再思考》，《南京大学法律评论》（秋季卷），2014年。

66.於兴中：《培根法律思想初探》，《杭州师范大学学报》2012年第2期。

67.张彩凤：《现代英国法治的古代渊源》，《中国人民公安大学学报》2001年第2期。

68.张传玺：《私人喊冤及国家应对：英国普通法上的控诉状》，《历史研究》2016年第6期。

四、英文论著

1.Adams, G. B., *A Constitutional History of England*, 2nd ed., by R. Schuyler, London: Cape, 1963.

2. Allison, J. W. F., *The English Historical Constitution: Continuity, Change and European Effects*, Cambrige: Cambridge University Press, 2007.

3. Aylmer, G. E., *Rebellion or Revolution? England, 1640-1660*, Oxford: Oxford University Press, 1986.

4. Aylmer, G. E., *The Interregnum: the Quest for Settlement, 1646-1660*, Conn: Archon Books, 1972.

5. Aylmer, G. E., *The Struggle for the Constitution 1603-1689: England in the 17th Century*, 4th ed., London: Blandford Press, 1975.

6. Bacon, Francis, *The Elements of the Common Laws of England*, London: Printed by the Affignes of J. More, 1636.

7. Bacon, Matthew, *A New Abridgement of the Law*, London: A. Strahan, 1832.

8. Baker, J. H., *An Introduction to English Legal History*, London: Butterworth, 1979. 9. Baker, J. H., *The Common Law Tradition: Lawyers, Books, and the Law*, London: Hambledon Press, 2000.

10. Baker, J. H., *The Legal Profession and the Common Law*, London: Hambledon Press, 1986.

11. Baker, J. H., *The Oxford History of the Laws of England*, Vol. VI, 1485-

1558, Oxford: Oxford University Press, 2003.

12. Beattie, J. M., *Crime and the Courts in England 1660–1800*, Oxford: Clarendon Press, 1986.

13. Billson, W. W., *Equity in Its Relations to Common Law*, *A Study in Legal Development*, Boston: Boston Book Co., 1917.

14. Blatcher, M., *The Court of King's Bench 1450–1550*, London: The Athlone Press, 1978.

15. Blackstone, W. M., *Commentaries on the laws of England*, Vol. 1–4, Portland: Thomas B. Wait, & Co., 1807.

16. Bowen, C. D., *The Lion and the the Throne: the Life and Times of Sir Edward Coke*, London: Hamilton, 1957.

17. Brand, Paul and Joshua Getzler, eds., *Judges and Judging in the History of the Common Law and Civil Law*, *From Antiquity to Modern Times*, Cambridge: Cambridge University Press, 2012.

18. Brooks, C. W., "Litigants and Attorneys in the King's Bench and Common Peas, 1560–1640", in J. H. Baker, ed., *Legal Records and the Historian*, London: Royal Historical Society, 1978.

19. Brooks, C. W., *Pettyfoggers and Vipers of the Commonwealth: The "Lower Branch" of the Legal Profession in Early Modern England*, Cambridge: Cambridge University Press, 2004.

20. Bryce Lyon, *A Constitutional and Legal History of Medieval England*, New York: W.W.Norton & Co., 1980.

21. Burgess, Glenn, *Absolute Monarchy and the Stuart Constitution*, New Haven and London: Yale University Press, 1996.

22. Caenegem, R. C. Van, *Judges, Legislators and Professors*, Cambridge: Cambridge University Press, 1987.

23. Campbell, Lord, *The Lives of the Chief Justices of England*, Vol I, II, London: John Murray, 1849.

24. Cam, Helen, *Law–Finders and Law–Makers in Medieval England*, New York: Barnes & Noble Inc, 1963.

25. Cannon, John & R. A. Griffiths, *The Oxford Illustrated History of the British Monarchy*, Oxford: Oxford University Press, 1988.

26. Carter, Jennifer, "Law, Courts and Constitution", in J. R. Jones, ed., *The Restored Monarchy 1660–1688*, Totowa (N. J.): Rowman and Littlefield,

1979.

27. Carter, A. T., *A History of English Legal Institutions*, London: Butterworth, 1906.

28. Carter, A. T., *A History of the English Courts*, 7th ed., London: Butterworth, 1944.

29. Cecil, Henry, *The English Judge*, London: Stevens & Sons, 1970.

30. Clark, George, *The Later Stuarts 1660–1714*, Oxford: Oxford University Press, 1956.

31. Cockburn, J. S., *A History of English Assizes 1558–1714*, Cambridge: Cambridge University Press, 1972.

32. Coffey, John, *Persecution and Toleration in Protestant England 1558–1689*, London: Longman, 2000.

33. Coward, Barry, *The Stuart Age: A History of England, 1603–1714*, New York: Longman, 1980.

34. Cotterell, Mary, "Interregnum Law Reform: the Hale Commission of 1652", *English Historical Review*, No. 83, 1968.

35. Cromartie, Alan, *The Constitutionalist Revolution: An Essay on the history of England 1450–1642*, Cambridge: Cambridge University Press, 2009.

36. Cross, Claire, David Loades and J. J. Scarisbrick, eds., *Law and Government under the Tudors*, Cambridge: Cambridge University Press, 1988.

37. Curzon, L. B., *English Legal History*, Plymouth: Macdonald & Evans, 1979. 38. David, Rene and J. E. C. Brierley, *Major Legal Systems in the World Today*, London: Stevens & Sons, 1978.

39. Dezalay, Yves & B. G. Garth, *Lawyers and the Construction of Transnational Justice*, New York: Routledge, 2012.

40. Devlin, Patrick, *The Judge*, Oxford: Oxford University Press, 1981.

41. Drew, K. F., *Magna Carta*, London: Greenwood Press, 2004.

42. Elton, G. R., *Studies in Tudor and Stuart Politics and Government, Papers and Reviews 1946–1972*, Vol. 1–2, Cambridge: Cambridge University Press, 1974.

43. Elton, G. R., *The English Law in the 16th Cerntury, the Reforms in the Change Age*, London: Selden Society, 1979.

44. Elton, G. R., *The Tudor Revolution in Government, Administrative Changes in the Reign of Henry VIII*, Cambridge: Cambridge University Press,

1969.

45. Earle, Peter, *The Life and Times of James II*, London: Weidenfeld & Nicolson, 1972.

46. Firth, Charles, *Oliver Cromwell and the Rule of the Puritans in England*, New York and London: G. P. Putnam's Sons, 1900.

47. Firth, Charles, *The House of Lords during the Civil War*, London: Longmans, 1910.

48. Forsyth, W., *History of Trial by Jury*, London: Parker, 1852.

49. Foster, E. R., *The House of Lords 1603–1649: Structure, Procedure, and the Nature of Its Business*, Chapel Hill: University of North Carolina Press, 1984.

50. Foss, Edward, *The Judges of England*, Vol. V, 1485–1603, London: Longman, Brown, Green, Longmans, & Roberts, 1857.

51. Foss, Edward, *The Judges of England*, Vol. VI, 1603–1660, London: Longmans, 1857.

52. Foss, Edward, *The Judges of England*, Vol. VII, 1660–1714, London: Longman, Brown, Green, Longmans, & Roberts, 1864.

53. Forman, F. N., *Constitutional Change in the United Kingdom*, London: Routledge, 2002.

54. Gardiner, S. R., *History of the Great Civil War 1642–1649*, Vol. I, London: Longman, 1886.

55. Gardiner, S. R., *The First Two Stuarts and the Puritan Revolution 1603–1660*, New York: Charles Scribner's Sons, 1898.

56. Gearey, Adam, Wayne Morrison & Robert Jago, *The Politics of the Common Law: Perspectives, Rights, Processes, Institutions*, London and New York: Routledge– Cavendish, 2009.

57. Gough, J. W., *Fundamental Law in English Constitutional History*, Oxford: Clarendon Press, 1955.

58. Gunn, S. J., *Early Tudor Government 1485–1558*, London: Macmillan, 1995.

59. Guy, John, *Politics, Law and Counsel in Tudor and Early Stuart England*, Aldershot (Hampshire) and Burlington: Ashgate, 2000.

60. Hale, Matthew, "Reflections by the Lord Chief Justice Hale on Mr. Hobbes His Dialogue of the Laws," in W. S. Holdsworth, *A History of English Law*, Vol. V, London: Meuthen, 1924.

61. Hale, Matthew, *The History of the Common Law of England*, 6th ed. London: Henry Butterworth, Law-Bookseller, 1820.

62. Hale, Matthew, *The History of the Pleas of the Crown*, Vol. I, II, Philadelphia: Robert H. Small, 1847.

63. Harding, Alan, *A Social History of English Law*, London: Penguin, 1966.

64. Harding, Alan, *Social History of English Law*, Harmondsworth: Penguin, 1966.

65. Harding, Alan, *The Law Courts of Medieval England*, London: George Allen & Unwin LTD, 1973.

66. Harris, Tim, *Politics under the Later Stuarts: Party Conflict in a Divided Society, 1660-1715*, London: Longman, 1993.

67. Harris, Tim, *Revolution: The Great Crisis of the British Monarchy, 1685-1720*, London: Penguin Books, 2007.

68. Hart, J. S., *Justice upon Petition: The House of Lords and the Reformation of Justice, 1621-1675*, London: Harper Collins Academic, 1991.

69. Havighurst, A. F., "James II and the Twelve Men in Scarlet", *Law Quarterly Review*, LXIX, 1953.

70. Havighurst, A. F., "The Judiciary and Politics in the Reign of Charles II", *Law Quarterly Review*, LXVI, 1950.

71. Margaret Hastings, *The Court of Common Pleas in Fifteenth Century England: A Study of Legal Administration and Procedure*, Ithaca, NY, University Press for American Historical Association, 1947.

72. Hatchard, John and Peter Slinn, eds., *Parliamentary Supremacy and Judicial Independence: A Commonwealth Approach*, London: Cavendish Publishing Limited, 1999.

73. Havighurst, A. F., "James II and the Twelve Men in Scarlet", *Law Quarterly Review*, LXIX, 1953.

74. Havighurst, A. F., "The Judiciary and Politics in the Reign of Charles II", *Law Quarterly Review*, LXVI, 1950.

75. Helmholz, R. H., *Canon Law and the English Common Law*, London: Selden Society, 1983.

76. Helmholz, R. H. & T. Green, *Juries, Libel and Justice: the Role of English Juries in 17th and 18th Century Trials for Libel and Slander*, Los Angeles:

W. A. Clark Memorial Library, 1981.

77. Hildreth, Richard, *Atrocious Judges*, *Lives of Judges Infamous*, *Tools of Tyrants and Instruments of Oppression*, New York and Auburn: Miller, Orton & Mulligan, 1856.

78. Hill, Christopher, *Reformation to Industrial Revolution 1530–1780*, New York: Pantheon Books, 1967.

79. Hill, Christopher, *The Century of Revolution 1603–1714*, Edinburgh: Thomas Nelson and Sons, 1961.

80. Hindle, Steve, *The State and Social Change in Early Modern England 1550–1640*, London: Palgrave, 2000.

81. Holdsworth, W. S., *A History of English Law*, Vol. 1–9, London: Methuen, 1922–1931.

82. Holdsworth, W. S., *Some English Makers of Law*, Cambridge: Cambridge University Press, 1938.

83. Holdsworth, W. S., *Some Lessons from Our Legal History*, New York: Macmillan, 1928.

84. Hobbes, Thomas, *Dialogue between a Philosopher and a Student of the Common Laws of England*, Joseph Cropsey, ed., Chicago: University of Chicago Press, 1971.

85. Ives, E. W., *The Common Lawyers of Pre–Reformation England*, *Thomas Kebell*, *A Case Study*, Cambridge: Cambridge University Press, 1983.

86. Jenks, Edward, *A Short History of English Law*, 6th ed., London: Methuen, 1949.

87. Jenks, Edward, *Edward I: The English Justinian or the Making of Common Law*, London and New York: G. P. Putnam's Sons, 1923.

88. Jenks, Edward, *Law and Politics in the Middle Ages*, 2nd ed., London: Murray, 1913.

89. Jenks, Edward, *The Constitutional Experiments of the Commonwealth 1649–1660*, Cambridge: Cambridge University Press, 1890.

90. Jones, W. J., *Politics and the Bench: the Judges and the Origins of the English Civil War*, London: Allen and Unwin, 1971.

91. Jones, W. J., *The Elizabethan Court of Chancery*, Oxford: Clarendon Press, 1967.

92. Jones, J. R., "The Later Stuart Monarchy", in J. R. Jones, ed., *The Re-*

stored Monarchy 1660–1668, Totowa (N. J.): Rowman and Littlefield, 1979.

93. Jones, J. R., ed., *The Restored Monarchy 1660–1688*, Totowa (N. J.): Rowman and Littlefield, 1979.

94. Judson, M. A., *The Crisis of the Constitution: An Essay in Constitutional and Political Thought in England, 1630–1645*, New York: New Brownnsvic, 1949.

95. Kavanagh, Aileen, "A New Supreme Court for the UK, Some Reflections on the Judicial Independence, Activism and Transparency", *Legal Research Paper Series*, 2010, No. 58.

96. Keeton, G. W., *The Norman Conquest and the Common Law*, London: Benn, 1966.

97. Kenyon, J. P., *The Popish Plot*, New Haven: Phoenix Press, 1972.

98. Kerly, D. M., *An Historical Sketch of the Equitable Jurisdiction of the Court of Chancery*, London: Cambridge University Press, 1890.

99. Kishlansky, Mark, *A Monarchy Transformed Britain 1603–1714*, London: Penguin Books, 1997.

100. Knappen, M. M., *Constitutional and Legal History of England*, New York: Harcourt, Brace and Company, 1942.

101. Koenigsberger, H. G. & George L. Mosse, *Europe in the Sixteenth Century*, London: Longman, 1968.

102. Mears, Thomas Lambert, "The History of the Admiralty Jurisdiction", in A Committee of the Association of American Law Schools ed., *Select Essays in Anglo- American Legal History*, Vol. II, Boston: Little, Brown, and Company, 1908.

103. Levack, B. P., *The Civil Lawyers in England: A Political Study, 1603–1641*, Oxford: Clarendon Press, 1973.

104. Lockyer, Roger, *The Early Stuarts: A Political History of England, 1603–1642*, London and New York: Longman, 1999.

105. Lockyer, Roger, *Tudor and Stuart Britain 1471–1714*, New York: St. Martin's Press, 1964.

106. Lovell, C. R., *English Constitutional and Legal History*, Oxford : Oxford University Press, 1962.

107. Lyon, Ann, *Constitutional History of the UK*, London: Cavendish Publishing Limited, 2003.

108. Macinnes, A. I., *The British Revolution 1629-1660*, New York: Palgrave- Macmillan, 2005.

109. Maitland, F. W. & F. C. Montague, *A Sketch of English Legal History*, New York and London: G. P. Putnam's Sons, 1915.

110. Maitland, F. W., *Equity: Also the Forms of Action at Common Law*, Cambridge: Cambridge University Press, 1929.

111. Maitland, F. W., *Roman Canon Law in the Church of England*, London: Methuen, 1898.

112. Maitland, F. W., *The Constitutional History of England: A Course of Lectures Delivered*, Cambridge: Cambridge University Press, 1965.

113. Masterman, Roger, *The Separation of Powers in the Contemporary Constitution*, Cambridge: Cambridge University Press, 2011.

114. Matthews, N. L., *William Sheppard, Cromwell's Law Reformer*, Cambridge: Cambridge University Press, 1984.

115. Mian, B. K., *English Habeas Corpus: Law, History and Politics*, San Francisco: Comos of Humanists Press, 1984.

116. Michael Landon, *The Triumph of the Lawyers: Their Role in English Politics, 1678-1689*, Alabama: University of Alabama Press, 1970.

117. Mitchell, B. R., *British Historical Statistics*, Cambridge: Cambridge University Press, 1988.

118. Milsom, S. F. C., *Studies in the History of the Common Law*, London: Hambledon, 1985.

119. Milsom, S. F. C., *The Legal Framework of English Feudalism*, Cambridge: Cambridge University Press, 1976.

120. Morrill, John, *Stuart Britain*, Oxford: Oxford University Press, 1984.

121. Nenner, H., *By Colour of Law: Legal Culture and Constitutional Politics in England 1660-1689*, Chicago: Chicago University Press, 1977.

122. Ogilvie, C., *The King's Government and the Common Law 1471-1641*, Oxford: Blackwell, 1958.

123. Orr, D. A., *Treason and the State, Law, Politics, and Edeology in the English Civil War*, Cambridge, Cambridge University Press, 2002.

124. Perrett, George, *A Constitution in Making 1660-1714*, London: G. Bell and Sons, LTD., 1928.

125. Plucknett, T. F. T., *Studies in English Legal History*, London: Hamble-

don, 1983.

126. Plucknett, T. F. T., *A Concise of History of the Common Law*, Boston: Little, Brown and Co., 1956.

127. Pollock, F., *The Expansion of the Common Law*, London: Stevens, 1904.

128. Pollock, Frederick and F. W. Maitland, *History of English Law*, Vol. 1, Vol. 2, Cambridge: Cambridge University Press, 1895.

129. Potter, Harold, *A Historical Introduction to English Law and Its Institutions*, London: Sweet & Maxwell, 1958.

130. Prall, S. E., *The Agitation for Law Reform during the Puritan Revolution 1640–1660*, Hague: Nijhoff, 1966.

131. Rex, Richard, *Henry VIII and the English Reformation*, New York: St. Martin's Press, 1993.

132. Reeves, J., *History of the English Law from the Time of the Roman to the End of the Reign of Elizabeth*, 3 vols., (New ed. By W. F. Finlason), London: Reeves and Turner, 1869.

133. Roscoe, E. S., *The Growth of English Law: Being Studies in the Evolution of Law and Procedure in England*, London: Stevens, 1911.

134. Robbins, Caroline, *The Eighteenth–Century Commonwealthman*, Cambridge: Cambridge University Press, 1959.

135. Roper, William, *The Life of Sir Thomas More, c. 1556*, Dallas: Center for Thomas More Studies, 2003.

136. Sayles, G. O., *The Court of King's Bench in Law and History*, London: Selden Society, 1959.

137. Schwoerer, L. G., *The Declaration of Rights, 1689*, Baltimore and London: The Johns Hopkins University Press, 1981.

138. Smith, A. G. R., *The Emergence of a Nation State*, London: Longman, 1984.

139. Smith, D. L., *Constitutional Royalism and the Search for Settlement 1640–1649*, Cambrige: Cambridge University Press, 1994.

140. Smith, Goldwin, *A Constitutional and Legal History of England*, New York: Charles Scribner's Sons, 1955.

141. Stenton, D. M., *English Justice: Between the Norman Conquest and the Great Charter 1066–1215*, Philadelphia: The American Philosophical Society,

1964.

142.Stevens, Robert, *The Independence of the Judiciary: The View from the Lord Chancellor's Office*, Oxford: Clarendon Press, 1993.

143.Tanner, J. R., *English Constitutional Conflicts in 17th Century*, Cambridge: Cambridge University Press, 1928.

144.Thompson, F., *Magna Carta: Its Role in the Making of the English Constitution 1300–1629*, New York: Octagon, 1978.

145.Tite, C. G., *Impeachment and Parliamentary Judicature in Early Stuart England*, London: Athlone Press, 1974.

146. Tittler, Robert, "Sir Nicholas Bacon and the Reform of the Tudor Chancery", *The University of Toronto Law Journal*, Vol. 23, No. 4, 1973.

147.Tompson, R. S., *Islands of Law: A Legal History of the British Isles*, New York: Peter Lang Publishing, Inc., 2000.

148.Turner, R.V., *The English Judiciary in the Age of Glanvill and Bracton 1176–1239*, Cambridge: Cambridge University Press, 1985.

149.Turner, R. V., *The King and His Courts: the Role of John and Henry III in the Administration of Justice 1199–1240*, Ithaca: Cornell University Press, 1968.

150. Underhill, Nicholas, *The Lord Chancellor*, Lavenham, Suffolk: Terence Dalton Ltd., 1976.

151.Veall, Donald, *The Popular Movement for Law Reform 1640–1660*, Oxford: Clarendon Press, 1970.

152. Welsby, W. N., ed., *Eminent English Judges of the Seventeenth and Eighteenth Centuries*, Philadelphia: T. & J. W. Johnson, 1840.

153. White, A. B., *The Making of the English Constitution 449–1485*, 2nd ed., London: Putnam, 1925.

154.Windt, A. De and E. De Windt, *Royal Justice and the Medieval English Countryside*, Toronto: Pontifical Institute of Medieval Studies, 1981.

155.Woodhouse, Diana, "United Kingdom: the Constitutional Reform Act 2005– Defending Judicial Independence the English Way", *International Journal of Constitutional Law*, Vol. 5, 2007.

156.Yale, D. E. C., "A View of the Admiral Jurisdiction: Sir Matthew Hale and the Civilians", in D. Jenkins, ed., *Legal History Studies 1972*, Cardiff, 1975.

五、档案文献

1.Adams, G. B. & H. M. Stephens, eds., *Select Documents of English Constitutional History*, New York: Macmillan, 1919.

2.Baker, J. H. & S. F. C. Milsom, eds., *Sources of English Legal History: Private Law to 1750*, London: Butterworths, 1986.

3.Baker, J. H., ed., *Reports from the Lost Notebooks of Sir James Dyer*, Vol. I, London: Selden Society, 1994.

4.Baker, J. H., ed., *The Notebook of Sir John Port*, London: Selden Society, 1986. 5.Baker, J. H., ed., *Reports of Cases by John Caryll*, Part II, 1501–1522, London: Selden Society, 2000.

6.Baker, J. H., ed., *The Reports of Sir John Spelman*, Vol. II, London: Seldon Society, 1978.

7.Blitzer, Charles, ed., *The Commonwealth of England*, *Documents of the English Civil Wars*, *The Commwealth and Protectorate*, New York: G. P. Putnam's Sons, 1963.

8.Browning, Andrew, ed., *English Historical Documents 1660–1714*, London: Taylor & Francis Routledge, 1996.

9.Coke, Edward, *Institutes of the Laws of England*, London, 1629–1644.

10.Coke, Edward, *Reports of Sir Edward Coke*, London: Joseph Butterworth and Son, 1826.

11.Elton, G. R., ed., *The Tudor Constitution: Documents and Commentary*, Cambridge: Cambridge University Press, 1982.

12.Firth, C. H. & R. S. Rait, eds., *Acts and Ordinances of the Interregnum 1642–1660*, London: His Majestys Stationery Office, 1911.

13.Gardiner, S. R., ed., *The Constitutional Documents of Puritan Revolution 1628–1660*, Oxford: Clarendon Press, 1889.

14.Hughes, Paul L. & Robert F. Fries, eds., *Crown and Parliament in Tudor-Stuart England: A Documentary Constitutional History*, *1485–1714*, New York: G. P. Putnam's Sons, 1959.

15.*Halsbury's Statutes of England*, Vol. 6–7, London: Butterworths, 1969.

16.Kenyon, J. P., ed., *The Stuart Constitution: Documents and Commentary 1603–1688*, Cambridge: Cambridge University Press, 1966.

17.Lodge, E. C. & G. A. Thornton, eds., *English Constitutional Documents*

1307–1485, Cambridge: Cambrigde University Press, 1935.

18.Robertson, C. G., ed., *Select Statutes Cases and Documents, to Illustrate English Constututional History 1660–1832*, London: Methuen & Co., 1923.

19. Rothwell, Harry, ed., *English Historical Documents 1189–1327*, London: Eyre & Spottiswoode, 1975.

20.Sayles, G. O., ed., *Select Cases in the Court of King's Bench under Edward I, Edward II, Edward III, Richard II, Henry IV, Henry V*, London: Selden Society, 1936–1971.

21.Stephenson, Carl & F. G. Marcham, eds., *Sources of English Constitutional History*, New York: Harper & Row, 1937.

22.Tanner, J. R., ed., *Constitutional Documents of the Reign of James I*, Cambridge: Cambridge University Press, 1960.

23.Tanner, J. R., ed., *The Constitutional Documents 1485–1603, With Historical Commentary*, Cambridge: Cambridge University Press, 1922.

24.Prothero, G. W., ed., *Select Statutes and other Constitutional Documents Illustrative of the Reigns of Elizabeth and James I*, Oxford: Clarendon Press, 1913.

25. Montagu, Basil, ed., *The Works of Francis Bacon*, Vol. VII, London: William Pickering, 1827.

26.Notestein, W., F. H. Relf & H. Simpson, eds., *Commons Debates 1621*, Vol. 2, New Haven: Yale University Press, 1935.

27.Williams, C. H., ed., *English Historical Documents 1485–1558*, London and New York: Routledge, 1967.

后　记

本书以我的博士学位论文《近代早期英国司法转型(1485—1714)》为基础,将其中关于近代早期普通法法院转型的部分进行拓展和深化而成,并先后获得江苏省社科基金后期资助项目(19HQ009)和国家社科基金后期资助项目(20FSSB014)立项资助。

从事英国史研究始于硕士阶段,在导师姜守明教授指导下,我主要学习和研究近代早期英国的宗教与政治。2011年,我进入南京大学攻读博士学位,师从刘金源教授,导师鼓励我从事方兴未艾的英国法制史研究。博士阶段的第一年,除了学习博士课程外,我奔走于南京大学鼓楼校区图书馆和宿舍之间,钻研国内外法制史论著。程汉大教授的《英国法制史》和《英国司法制度史》(与李培锋教授合著)是我进入法制史研究领域的启蒙著作。之后我研读了梅特兰、波洛克、贝克等人的论著,逐步进入法制史研究的神圣殿堂。为了弥补法学理论和专业知识的不足,我时常在南京大学法学院蹭课和聆听讲座,受到很多启发。2012年,我正式确立了"近代早期英国司法转型"这一研究主题,主要围绕普通法法院、大法官法院等的制度改革和司法独立问题展开。经过两年多的不懈努力和导师的悉心指导,我于2014年6月顺利通过博士学位论文答辩。

毕业工作后,我在教书之余沿着近代早期英国司法转型的研究理路不断拓展和深化。对于博士学位论文已初步涉及的衡平法院和大法官制度,我将研究时限扩展到当代,以"英国大法官制度变迁研究(1529—2003)"为题申报了2016年国家社科基金青年项目,并获得立项。经过三年研究,该项目于2019年初顺利结项,研究成果也将于近期出版。之后,我将研究重点转向普通法法院,在对博士论文相关部分进行拓展的基础上形成本书初稿,并于2020年获得国家社科基金后期资助项目立项。此后又经过两年多的思考和沉淀,最终完成了本书终稿。当然,本书的研究还有很多不足,请学界师友多多批评指正!

本书的顺利完成和出版离不开师友和家人的支持。在此表示由衷的感谢！

首先要感谢我的两位导师。我的博士生导师刘金源教授是我进入英国法制史研究的领路人。本书的完成也凝结了刘老师的无数心血，从我博士学位论文的选题，到研究框架的制定、行文语言逐字逐句的编排，刘老师可谓事无巨细地给予手把手的教导。每一版论文上细致入微的批注和评语都不断推动我学术研究和写作技能的提升。毕业以后，刘老师仍时常教导和鼓励我，本书在修改完善的整个过程中，刘老师都给予了关键性的指导和建议。还要特别感谢我的硕士导师姜守明教授。姜老师把我引进英国史研究的殿堂，正是在姜老师家的书房里，我学会了历史学论文的写作。本书对近代早期英国史的关注也正是源于姜老师指导我对都铎王朝宗教问题的研究。刘老师和姜老师严谨的治学态度，对学术语言精练准确的追求对我产生了极为重要的影响。师恩深重，难以为报，唯有不负两位恩师期望，在学术道路上不懈追求。

感谢在我学习和研究工作中给予支持的各位老师和同事们！感谢南京大学历史学院世界史系的各位老师在我攻读博士学位期间和毕业以后给予的指导和帮助。每次回到母校参加学术会议或拜访师友，各位老师的鼓励和关怀都是我学术成长的不竭动力。感谢江苏师范大学的老师和同事们在工作上给予我的支持和帮助，正是他们的关怀与付出，我才能没有后顾之忧地从事学术研究。还要特别感谢天津人民出版社的编辑老师们在本书出版过程中付出的辛劳。本书的部分内容已发表在《世界历史》《经济社会史评论》《英国研究》等杂志，感谢编辑老师们和匿名评审专家们给予的宝贵建议！

最后，要特别感谢我的家人。感谢父母对我求学生涯和生活上的帮助和鼓励，感谢爱人和儿子的陪伴和支持。家人是我在学术道路上不断前进的强大后盾和精神源泉。

邵政达

于江苏师大泉山校区

2023 年 5 月